LE PREVOT

DIT

DE BEAUMONT

J. C. G. le Prévôt de Beaumont, Secrétaire du ci-devant Clergé de France, captif pendant vingt-deux ans & deux mois, pour avoir dénoncé un pacte de famine concerté entre les Ministres Laverdy, Sartine, Boutin, Amelot, Lenoir, Vergennes &c. &c rendu à la liberté le 5 Octobre 1789.

E. LE MERCIER

LE PREVÔT

DIT

DE BEAUMONT

PRISONNIER D'ÉTAT

DÉTENU PENDANT VINGT-DEUX ANS ET DEUX MOIS A LA BASTILLE
ET DANS DIFFÉRENTES PRISONS
POUR AVOIR DÉNONCÉ LE PACTE DE FAMINE

BERNAY

MIAULLE-DUVAL, IMPRIMEUR-ÉDITEUR

1883

AVERTISSEMENT

Bien que les infortunes de Le Prevot de
Beaumont aient inspiré un roman et une
pièce de théâtre (1) qui ont joui naguères
d'une certaine popularité, la véritable histoire de cet honnête et courageux citoyen
est restée peu connue, même dans son
propre pays.

Nous avons pensé que cette histoire méritait, cependant, d'être mise en lumière et
nous avons résolu de la présenter dans toute
sa simplicité, sans aucune fiction ni embel-
lissement, ne recherchant que l'exactitude
historique.

Nous avons puisé abondamment dans les
divers écrits de Le Prevot de Beaumont, devenus assez rares, et, pour être plus exact,
nous nous sommes efforcés de reproduire

(1) Le *Pacte de Famine,* par Elie Berthet et Paul Foucher.

autant que possible littéralement ses récits, préférant laisser le malheureux prisonnier parler lui-même.

Si nous nous sommes un peu étendus sur la législation relative au commerce des grains, sur les lettres de cachet et sur la Bastille, c'est que nous avons considéré que ces matières se rattachaient intimement à l'histoire de Le Prevôt.

En effet, Le Prevot ayant dénoncé *le Pacte de Famine*, il fallait bien faire connaître ce Pacte dont la révélation lui est due et le système économique qui lui a donné naissance.

Le Prevot ayant été victime d'une *lettre de cachet*, il était nécessaire d'expliquer ce que c'était que ces lettres si redoutées.

Le Prevot, enfin, ayant été détenu à la Bastille, il était naturel de parler de cette trop fameuse prison d'État, où il a été retenu captif.

D'ailleurs, quelque admiration que l'on ait pour un homme, nous croyons qu'on ne saurait écrire son histoire uniquement dans un but de curiosité; mais qu'on doit toujours chercher à en retirer un enseignement. Or l'enseignement, que renferme l'histoire de Le Prevot de Beaumont, tient à ces matières dont nous venons de parler.

Il est facile de l'en dégager.

Nous sommes persuadés que nos lecteurs sauront bien le faire eux-mêmes et qu'après avoir achevé la lecture de ce volume, en res-

sentant comme nous une juste admiration
pour l'une des plus nobles et des plus tou—
chantes victimes des lettres de cachet. Ils
comprendront, par son exemple frappant,
combien il importe de faire respecter la *Liberté individuelle,* dans tous les temps et
sous tous les régimes et l'immense service
que les législateurs de 1789 ont rendu à la ci-
vilisation, en faisant prévaloir et en inscri-
vant en tête de nos constitutions modernes,
ce grand principe si longtemps méconnu :

« *Que nul ne puisse jamais être détenu sans*
« *être jugé publiquement, conformément aux*
« *lois du pays.* »

E. L.

I

Ce qu'était Le Prevot de Beaumont
Sa retraite à Bernay
Ses habitudes et son caractère

Le 22 novembre 1823, mourait obscur et oublié, à Bernay, dans une petite maison de la rue de la Charentonne, un vieillard qui avait eu jadis son jour de célébrité, et dont le nom avait retenti un instant d'un bout de la France à l'autre, à l'aurore de la Révolution. Ce vieillard était JEAN-CHARLES-GUILLAUME LE PREVOT (1), dit de BEAUMONT, sa ville natale.

Ancien avocat syndical, secrétaire du clergé de France, Le Prevot de Beaumont avait été arrêté le 17 novembre 1768, pour avoir voulu dénoncer au Parlement de Rouen l'odieux marché connu dans l'histoire sous le nom du *Pacte de Famine*, qui avait affamé la France pendant plus de trente ans et avait fait d'innombrables victimes.

Incarcéré à la Bastille, traîné dans cinq prisons différentes, plongé dans les cachots, l'énergique avocat syndical avait expié par *vingt-deux ans et deux mois* de captivité cet acte de courage et de patriotisme et n'avait

---

(1) Pendant tout le cours de cette *Notice*, nous avons constamment écrit *Le Prevot* sans s, pour nous conformor à l'ortographe généralement admise et qu'il avait lui-même adoptée, bien que son acte de baptême porte Prevost avec un s, et que l'article *le* ne figure même pas dans le nom de son père. L'acte dit : Mre Guillaume Prevost, procureur.

été rendu à liberté qu'après la prise de la Bastille. Il avait fallu que le peuple vint forcer lui-même cette formidable prison d'Etat, pour que Le Prevot de Beaumont pût recouvrer la liberté et revoir le soleil qu'il croyait à jamais éteint pour lui. Encore s'écoula-t-il plusieurs mois après la prise de la Bastille avant qu'il vit définitivement se rouvrir les portes de sa prison.

Le Prevot, l'une des dernières victimes des lettres de cachet, était, d'après les souvenirs de quelques-uns de nos concitoyens qui se rappellent l'avoir connu à la fin de sa longue carrière, un grand et beau vieillard, à l'attitude froide, discrète et réservée et à l'aspect sévère, quoique tempéré par un sourire affable. On ne se souvenait pas de l'avoir jamais vu rire. Sa taille était au-dessus de la moyenne ; il était généralement vêtu d'un habit bleu, coupé à la française, avec de larges boutons en métal jaune ; il portait une perruque plate à bords retroussés et marchait avec un air humble et réfléchi, en s'appuyant sur une canne de jonc à pomme d'or.

Célibataire, sans aucune famille autour de lui, il vivait très-retiré, ne sortant guère que pour se rendre à l'église Sainte-Croix de Bernay, sa paroisse, où il passait de longues heures en méditation contemplative. Il avait conservé les habitudes de piété de sa jeunesse, et n'avait jamais cessé de remplir ses devoirs religieux ; aussi le voyait-on dans les grandes cérémonies de l'église marcher presque sous le dais, derrière le prêtre.

Quand on lui parlait, il paraissait peu écouter, comme un homme qui avait perdu dans l'isolement l'habitude de la conversation, et si on le questionnait, il ne répondait que par quelques rares paroles. Il n'aimait pas à s'entretenir de son histoire, qui ne pouvait, du reste, que lui rappeler de très-pénibles souvenirs.

Voici une anecdote empruntée à un article, publié en 1872 dans le journal l'*Avenir de Bernay* par un homme dont le père avait beaucoup connu Le Prevot (1), qui prouve combien il avait de répugnance à aborder ce sujet et montre son extrême retenue.

C'était pendant une discussion assez vive qui avait lieu chez Le Prevot, entre plusieurs personnes venues pour lui rendre visite, à propos d'une question qui touchait à la politique et particulièrement à la Révolution. Un des interlocuteurs, le père du docteur Cordier lui-même, qui avait figuré au nombre des vainqueurs de la Bastille et avait contribué à ce titre à la mise en liberté de Le Prevot, s'étant écrié dans la chaleur de la discussion :

— Oui, messieurs, il a fallu assez de *sans-culottes* comme moi, pour briser enfin les portes du cachot où depuis si longtemps on oubliait le digne Le Prevot.

— O mon ami, lui dit celui-ci, merci ! merci ! mais, chut ! de grâce ne parlons plus de cela !

Le motif qui faisait s'exprimer ainsi Le

___

(1) Le docteur Cordier, décédé en 1874.

Prevot n'était assurément pas la crainte. Il avait assez prouvé qu'il ne connaissait pas ce sentiment et n'avait plus d'ailleurs alors aucun sujet de crainte ; mais il avait tant souffert qu'il ne pouvait y penser sans souffrir encore, et sentir son cœur se remplir de tristesse et d'amertume.

Le lecteur va pouvoir juger lui-même de ce qu'avaient dû être les souffrances que Le Prevot avait endurées par le récit que nous allons faire de ses malheurs, en commençant par les causes de son arrestation et de sa détention, ou mieux par l'histoire du *Pacte de Famine.*

II

Ce que c'était que le Pacte de Famine
Son existence sous Louis XV et sous Louis XVI
Opinion de M. Mortimer-Ternaux

Qu'était-ce que le Pacte de Famine, ce spectre tant de fois évoqué comme le démon des vengeances dans les journées les plus funestes de la Révolution ?

« On a vu passer bien des trahisons, bien des lâchetés, bien des crimes, dit M. Maquet dans son *Histoire de la Bastille ;* on a vu l'arbitraire des rois, la tyrannie des ministres, le sanglant caprice des grands, la basse cruauté des geôliers (il aurait pu ajouter les atroces fureurs des foules)..............., jamais peut-être il ne s'est rencontré de monstruosité pareille à celle du Pacte de Famine. »

C'était un fait tellement effroyable que pour l'honneur de l'humanité et le bon sens des gouvernements, on refuserait d'y croire et on le traiterait de fable et de mensonge, s'il n'était établi par des documents irrécusables et si les preuves les plus authentiques n'en avaient pas été produites au grand jour.

« C'était un monarque qui, à bout d'expé
« dients pour se procurer de l'argent, n'avait
« pas reculé devant l'idée d'affamer son peu
« ple en concédant à une grande compagnie
« d'exploiteurs, dans laquelle il conservait
« un intérêt personnel, le privilége d'acca-

« parer les blés en les achetant à la récolte,
« pour les revendre plus tard à un haut prix
« au peuple qui avait faim ou à l'étranger
« qui les payait plus cher. »

Voilà quel était cet infâme marché que l'histoire à justement flétri de ce nom sinistre de *Pacte de Famine*, et qui, renouvelé à plusieurs reprises, a causé de nombreuses famines et fait périr des milliers de malheureux. Un roi et des ministres se réservant le *monopole du pain*, sur lequel ils spéculent honteusement et qui affament le pays pour avoir plus d'or..... « Cela passe (ainsi que le dit avec raison M. Maquet), toute idée de lucre, toute idée de crime, et pourtant cela est; cela s'est fait en France, pendant plus de quarante ans, d'abord secrètement, et ensuite ostensiblement et en quelque sorte publiquement. »

Dans son *Histoire de la Terreur*, qui est plutôt un volumineux pamphlet contre les principes et les hommes de la Révolution, qu'une véritable histoire, M. Mortimer-Ternaux, malgré son extrême indulgence pour les hommes et les abus de l'ancien régime, n'ose pas aller cependant jusqu'à nier absolument l'existence du Pacte de Famine; il ne méconnaît pas que, « pendant le XVIIIe siè-
« cle, il y ait eu de l'agiotage sur les blés;
« que certains traitants aient pu s'entendre
« avec certaines gens en place pour obtenir
« que ceux-ci fermassent les yeux sur les
« coupables manœuvres de ceux-là. »

Il concède même « sans grande difficulté
« que Louis XV, ce monarque prodigue des

« deniers de l'État, avare des siens propres,
« ait, comme on l'en a accusé plusieurs fois,
« grossi son épargne particulière des béné-
« fices que les maltôtiers qui avaient besoin
« de son appui lui offrirent pour protéger en
« en son nom leur honteux trafic. » — Mais il
n'admet pas que « ces pratiques aient pu
« continuer un INSTANT sous le règne de
« Louis XVI, le roi honnête homme, avec la
« complicité du vertueux Malesherbes, que
« Le Prevot a incriminé plusieurs fois nomi-
« nativement dans ses mémoires. »

La concession de l'ardent écrivain royaliste en ce qui concerne Louis XV n'est pas
grande et il n'y a pas grand gré à lui en savoir, en présence de l'évidence du fait. La
participation d'ailleurs de ce roi égoïste et
profondément corrompu aux odieuses spéculations des maltôtiers ne saurait étonner,
quand on sait qu'il est établi aujourd'hui par
des documents authentiques déposés dans
les archives de l'État, et notamment dans
celles du ministère de la marine, que Louis XIV
faisait, d'accord avec Colbert et ses autres
ministres, avec l'approbation de Bossuet
lui-même, la traite des esclaves, non-seulement des esclaves nègres mais encore des
esclaves blancs. Quand on sait que le
grand roi *achetait et revendait* le plus avan-
tageusement possible des Turcs et des
Maures, et cela malgré l'opposition et les
protestations de l'inquisiteur de la foi à
Malte, qui, chose curieuse, s'était constitué,
au nom de la religion, le protecteur des Turcs
et le défenseur de la liberté et de la dignité

humaine contre le roi très-chrétien, ses ministres et ses théologiens.

Après de tels exemples, il est permis de ne pas trouver extraordinaire que des pratiques comme celle du trafic des grains, sous le nom même et avec la participation du roi, qui existaient depuis longtemps, aient continué de subsister, non-seulement sous Louis XV, mais même sous Louis XVI.

L'honnêteté de cet infortuné roi et de son ministre, que leur triste sort ne permet guère de discuter, sont en pareil cas un bien faible argument; il faut tenir compte, en effet, des préjugés, des précédents et des nombreuses préoccupations de ceux qui gouvernent et quelqu'aient été les excellentes intentions de Louis XVI et de Malesherbes, il faudrait être bien naïf pour s'imaginer qu'elles ont du suffire pour mettre immédiatement un terme à des abus invétérés que leur ancienneté même devait en quelque sorte légitimer et qu'on ne pouvait d'ailleurs supprimer en un *instant*.

L'honnêteté de Louis XVI, donc pas plus que la vertu de Malesherbes, ni leur commun malheur ne sauraient contredire des faits établis non-seulement par les affirmations si positives de Le Prevot, mais encore par des documents authentiques et les faits restent dans toute leur force.

III

Origine du Pacte de Famine. — La légende des sept vaches grasses et des sept vaches maigres. — La ferme des blés du roi. — Ses débuts et ses abus. — Abus analogues sous des régimes antérieurs et postérieurs.

Si monstrueuse que fût en soi l'institution qui constitua le Pacte de Famine, elle avait eu, cependant, il faut le reconnaître, une origine honnête, louable même, qui avait servi à masquer tout d'abord aux yeux du roi et de ses ministres, ses odieuses conséquences et les avait conduits presque insensiblement aux plus épouvantables abus.

Tout le monde connaît la charmante légende de la Bible touchant les songes du Pharaon d'Egypte expliqués par Joseph : l'*Histoire des sept vaches grasses et des sept vaches maigres*. Cette légende ne contient pas seulement une ingénieuse leçon d'économie domestique, elle renferme en germe l'idée d'une institution publique, à laquelle plus d'un gouvernement a eu recours et qui est de la plus grande importance pour les gouverne ments absolus, surtout, sur lesquels la responsabilité de l'alimentation publique retombe toujours plus lourdement que sur les autres.

C'est cette idée qui paraît avoir inspiré ceux qui ont conçu le premier projet sous l'ancienne monarchie, de l'institution créée pour les achats de blé par le gouvernement qu'on a appelée : « *La ferme des blés du Roi.* »

Acheter des blés dans les années d'abondance et les conserver pour les écouler dans les années de disette, tel a dû être à l'origine le but de l'institution qui a été limitée tout d'abord à l'approvisionnement des armées et de la capitale.

Comme les provinces étaient alors séparées par de nombreuses barrières naturelles et artificielles; comme les communications étaient difficiles, les relations rares, l'abondance et la disette offraient souvent un caractère tout local et l'on voyait telle province dans une abondance relative, tandis que telle autre était en proie à une véritable famine. Il était donc tout naturel d'étendre l'institution aux approvisionnements des diverses provinces et d'acheter des blés dans les provinces favorisées par des récoltes abondantes pour les revendre dans les provinces où la récolte avait manqué, de manière à assurer l'alimentation générale et maintenir un niveau moyen dans les prix pour tout le territoire. Malheureusement cette idée de la répartition des grains, qui était très-belle en théorie et qui a été réalisée, en partie du moins, par la suppression des douanes intérieures, la liberté du commerce dans les céréales et l'établissement d'un immense réseau de voies de communication, ne pouvait réussir, mise en pratique par le despotisme; car le despotisme est soumis à une loi fatale qui veut qu'il corrompe tout ce qu'il touche et que ses meilleures intentions même tournent contre le but qu'il se propose. Grâce aux moyens qu'il emploie et aux instruments dont il se sert il engendre le plus souvent des maux beaucoup plus grands que ceux auxquels il veut porter remède.

On ne tarda pas à voir se produire ces effets à l'occasion de la ferme des blés. Le gouvernement, concentrant dans ses mains ou plutôt dans celle d'une grande compagnie à laquelle il conférait un privilége à cet effet les opérations sur les grains, en vue de la régularisation de ce commerce, fut inévitablement entraîné ainsi que cette compagnie à en abuser. A une époque où il n'y avait ni liberté ni publicité, où les spéculations les plus oppressives et les plus iniques étaient passées en habitude chez les traitants; où les ministres couvraient les opérations financières et facilitaient tous les abus ; où les hommes puissants avaient les lettres de cachet à leur disposition pour punir les indiscrétions et comprimer les plaintes, une pareile société, appuyée par le gouvernement et investie d'un privilége exclusif, ne pouvait devenir qu'une immense machine de monopole et de spoliation, et une occasion pour ses agents, pour ceux du gouvernement et pour les ministres eux-mêmes, de gains illicites, de pots de vin, de trafics honteux et une source d'abus révoltants.

Au lieu de s'attacher à repartir équitablement entre tous les habitants du territoire, les dons de la nature et les subsistances indispensables à leur alimentation, les monopoleurs priviligiés n'ayant d'autre souci que

celui de leur intérêt personnel, ne s'occupèrent que de faire par tous les moyens en leur
pouvoir baisser le prix des grains dans les
pays où ils s'approvisionnaient et de les faire
monter dans les pays où ils les revendaient,
ruinant ainsi à la fois les producteurs et les
consommateurs, affamant successivement
toutes les provinces et édifiant leur fortune
particulière sur la misère et la ruine générale.

Ces gains énormes, ces fortunes scanda-
leuses dépendant entièrement de la protection des agents du pouvoir, des grands et des
ministres, la plupart de ceux-ci en voulurent
avoir leur part et se firent donner des intérêts dans l'entreprise ; enfin, il vint un jour
où, aux prises avec des besoins pressants
d'argent, dans une grande pénurie de finances, des ministres, à demi-honnêtes, songè-
rent à faire au profit de l'état ou du roi, qui
ne faisait qu'un alors avec lui, et dont les
prodigalités de toute sorte épuisaient sans
cesse le trésor, ce que les fermiers des grains
et les monopoleurs faisaient pour leur propre
compte, et l'on vit dans l'institution un moyen
de créer des ressources à l'état et de se procurer indirectement des fonds qu'il eût été
très-difficile, sinon impossible, d'obtenir ou-
vertement et directement par l'impôt.

Telle est à nos yeux la meilleure explication que l'on puisse donner du *Pacte de
Famine*, celle qui, sans exagération et sans
déclamation, rend le mieux compte moralement de sa formation et permet de comprendre comment un roi de France en est venu à

ce degré d'abaissement et de démoralisation, de se faire l'associé et le complice des accapareurs qui affamaient son peuple. Si dégradé qu'il fût, nous ne pouvons croire qu'il ait eu pleinement conscience du crime qu'il commettait.

A ceux qui s'étonneraient que des hommes qui se trouvent appelés à gouverner un peuple et à présider à ses destinées puissent descendre à de pareils moyens pour faire face à des besoins d'argent, si grands qu'ils fussent, nous citerons, dans les temps antérieurs, la falsification des monnaies, moyen moins odieux, peut-être, mais non moins malhonnête, auxquels nos anciens rois ne craignaient pas de recourir lorsqu'ils éprouvaient de grands embarras financiers.

IV

Police des grains. — Sa théorie analysée par Condillac. — Historique de la ferme des blés du roi. — Traités successifs. — Traité de 1767 dont l'original a été découvert par Le Prévot.

« Etant donné le principe de l'intervention du gouvernement dans la réglementation du commerce des grains. Le gouvernement devait nécessairement être entraîné très-loin.

« Il paraît toujours beau à ceux qui gouvernent, dit Condorcet dans son *Essai sur les monopoles et les monopoleurs*, de se mêler de tout et de tout entreprendre, cela donne aux administrateurs beaucoup d'importance et c'est à quoi tendent, même sans qu'ils s'en aperçoivent, tous les gens en place quand ils sont médiocres. Cette masse de lois, d'ordonnances, de réglements, d'instructions, cette administration toujours active et inquiète ne manque jamais d'attirer l'admiration des sots, et le nombre des sots est toujours très-grand. C'est pourquoi le régime prohibitif ne manque jamais d'admirateurs et de partisans, il y a gloire pour les chefs et profit pour les subalternes. »

En présence de cette double tendance de la nature humaine, on conçoit aisément avec quelle ardeur les agents du pouvoir de tous ordres et de tous degrés, ministres et magistrats, ont dû se montrer zélés pour régle-

menter une matière aussi importante intéressant à un aussi haut point l'alimentation
publique, et combien ils ont dû entasser de
lois et de réglements de toute espèce sur ce
sujet inépuisable.

L'ensemble de ces lois et réglements a
constitué ce qu'on a appelle la *Police des
Grains*.

Condillac, dans son ouvrage si remarquable intitulé : « *Du commerce et du gouvernement considérés relativement l'un à l'autre,*»
qui porte la date de 1776, fait, au milieu de
certaines théories économiques discutables
et hasardées, une peinture très-curieuse de
cette *Police des grains,* telle qu'elle était
observée sous l'ancien régime, et résume
exactement l'état de la législation à son
époque dans les termes suivants :

« Défense à toute personne d'entreprendre
le trafic des grains sans en avoir obtenu la
permission des officiers préposés à cet effet.

« Défenses à tous autres, soit fermiers, soit
propriétaires, de s'immiscer directement ni
indirectement à faire ce trafic.

« Défenses de former aucune société entre
marchands de grains à moins qu'elle n'ait été
autorisée.

« Défenses d'*enharrer* ou d'acheter des blés
en vert, sur pied, avant la récolte.

« Défenses de vendre du blé ailleurs que
dans les marchés.

« Défenses d'en faire passer d'une province
à une autre sans en avoir obtenu la permission. »

Enfin, pour couronner toutes ces belles défenses, sous le prétexte d'assurer la subsistance des villes et de la capitale, concession d'abord à des sociétés particulières, ensuite à une grande société, du privilége exclusif de les approvisionner et d'acheter les grains nécessaires dans les campagnes qu'on réservait pour approvisionnement, ou du moins privilége d'acheter avant tous autres et par suite d'acheter à peu près au prix qu'il plaisait à cette grande compagnie de donner.

Ajoutez l'obligation imposée, comme conséquence, aux marchands de grains de faire inscrire leur nom au greffe; les droits de *Minage, les banalités, les communautés de boulangers* qui contribuaient encore à aggraver les effets du monopole et à les rendre plus lourds, et d'un autre côté l'opinion, qui flétrissait tous ceux qui, de près ou de loin, s'occupaient du commerce des blés; les craintes des émeutes, les vexations de toutes sortes de la part des agents subalternes qui introduisaient à côté du *monopole de droit* un *monopole de fait* plus écrasant encore; enfin la peur, qui est la mère de presque toutes les sottises humaines et surtout des sottises publiques, qu'enfantait toute cette foule de lois plus ou moins absurdes et plus oppressives les unes que les autres sur le commerce des grains, les troubles et les émeutes, et vous n'aurez encore qu'une idée incomplète de cette fameuse police des grains et de ses déplorables effets au XVIIIe siècle.

Nous n'entreprendrons pas d'énumérer ici

la liste interminable des actes législatifs qui s'étaient accumulés les uns sur les autres pendant le cours des siècles, depuis les capitulaires de Charlemagne jusqu'au fameux édit *de Turgot*, du 25 mai 1763, qui proclama théoriquement plutôt qu'il n'établit pratiquement le principe de la liberté du commerce des grains dans tout l'intérieur du royaume. Nous renvoyons aux ouvrages spéciaux qui ont traité ces matières, et nous nous contenterons de parler de la grande association qui a exploité le monopole des grains au dix-huitième siècle et d'en retracer succinctement l'histoire, telle que la rapporte Le Prevôt lui-même dans son mémoire au roi Louis XVI.

« L'origine de cette association ou de cette conjuration, dit-il, qui n'a point eu de pareille dans tous les États de l'univers, est plus que centenaire. Les archives de plusieurs intendances contiennent des preuves sans nombre de son existence sous Louis XIV, durant le ministère du fameux Colbert, qui ne l'a pas aperçue ; il semble même qu'elle ait pris naissance sous le malheureux règne de Henri III ; car le célèbre Sully, ministre de Henri le Grand, l'insinue au xxive livre de ses excellents mémoires, en citant pour une des principales causes du renversement d'un État puissant le monopole des blés. Mais si elle a échappé à la vigilance de Colbert, elle n'a du moins jamais osé se montrer ni se lier authentiquement en corps de société.

« Du temps de la Régence, après la mort de Louis le Grand, un prince du sang, le duc de Bourbon, n'eut pas honte d'entrer dans cette association, et exerça le monopole des blés avec tant d'ardeur que le public indigné, qui l'avait maudit de son vivant, lui fit, à sa mort, cette sanglante épitaphe :

> Ci-gît le grand duc de Bourbon.
> Français, ne faites plus la mine.
> Il rend compte sur le charbon
> Des vols qu'il fit sur la farine (1).

« Depuis ce ministre avare, continue Le Prevôt dans son écrit intitulé *Testament*, tous les contrôleurs généraux ont entrepris pour leur propre compte le grand monopole, mais ils ne le faisaient qu'en secret, par des agents discrets et adroits, auxquels ils donnaient tacitement permission. La multitude de déclarations et d'arrêts contradictoires, cités en partie dans le *Tarif des farines gé-nérales*, tantôt pour rétablir les droits d'en-trée sur les grains et grenailles, tantôt pour les supprimer ; les uns pour permettre, les autres, en plus grand nombre, pour interdire à la nation le commerce naturel de ses grains, n'ont été rendus depuis 1720 jusqu'à 1750 par ces contrôleurs généraux, que relativement à leurs entreprises et pour favoriser leurs bri-gandages et la manière qu'ils entendaient l'exercer. »

Le fait est que le premier privilége de la

(1) M. Lambert, dans sa *Notice sur la Seigneurie de Courbépine*, rapporte ces vers différemment :

> Ci-gît Henri de Bourbon,
> Prince d'assez mauvaise mine,
> Qui paie là-bas sur le charbon
> Ce qu'il gagna sur la farine.

ferme des blés du roi remontait à 1730, époque de l'entrée de *Philibert Orry* au ministère et que Louis XV lui-même avait fourni les premiers fonds de la société, et lui avait avancé *dix millions* sur sa cassette particulière. C'était de Versailles que partait l'impulsion donnée à la Société et les courtisans admis dans les *petits cabinets du roi* n'avaient qu'à baisser les yeux pour voir sur son secrétaire des carnets où étaient inscrits, jour par jour, les prix des blés dans les divers marchés du royaume et sur lesquels étaient calculés ses parts de bénéfices.

Louis XV, du reste, avait commencé par manier les effets publics ; il avait toujours toutes sortes de papiers, et lorsqu'on préparait au conseil quelque édit qui discréditait telle ou telle espèce de papier, il ne signait pas qu'il n'eût prévenu la perte en se défaisant des effets menacés, c'est-à-dire qu'il jouait à coup sûr (*Vie privée de Louis XV*, t. IV, p. 252).

Le deuxième privilége fut concédé par le ministre *Machaut* aux sieurs *Bouffé* et *Dufourny*.

Le troisième fut accordé par Laverdy, dont il sera question plus loin, en 1765. C'est celui dont le traité original a été découvert et révélé par Le Provôt.

Voici comment celui-ci s'exprime à l'occasion des deux concessions de Machaut et de Laverdy dans son écrit intitulé : *Testament*, que nous avons déjà cité :

« *Machaut*, plus habile qu'eux (les précédents ministres), *Machaut*, qu'on a accablé de fausses louanges et à qui le fameux abbé Velly a dédié sa *Nouvelle Histoire générale de France*, est le *premier qui ait conçu et exécuté le hardi dessein de former une ligue de tout le ministère en corps de société,* et d'affamer, au profit de sa cabale, la monarchie entière, pour la faire dévorer au nom de son maître, qu'il regardait comme uu vrai fantôme couronné. Laverdy, non moins hardi, n'a fait que suivre le même plan en le réformant et si, se voyant pressé et importuné de la nation, il lui a accordé, par un édit et par une déclaration en 1762 et 1763 la liberté pleine et entière du commerce des grains *qu'elle demandait et qui lui appartient,* ça été, moins pour la satisfaire, que pour couvrir et autoriser les manœuvres de la ligue qu'il avait résolu de renouveler à l'expiration du bail de Machaut en 1765, dont étaient preneurs les nommés *Bouffé* et *Dufourny*, qualifiés négociants, et *Houillard*, généralissime représentant la première ligue, en la convrant.

Plus clairvoyant, et en cela plus habile que Machaut, Laverdy jugeait que l'effervescence des opérations ténébreuses de sa ligue, beaucoup mieux liée, plus nombreuse et plus puissante que celle de Machaut, gênerait et anéantirait infailliblement cette même liberté de commerce qu'il se croyait contraint d'accorder aux désirs de la nation, et que nul négociant n'oserait jamais entreprendre d'acheter pour revendre des grains dans le royaume, à petit profit, quand il verrait le ministère en faire des amas prodigieux dans

toutes les provinces au nom du roi. Sa spéculation ne se trompait pas. »

Le traité de 1765 fut renouvelé en 1777 pendant la détention de Le Prevôt, conformément
à ses prévisions, par *Taboureau de Réaux*,
qui ne fit que paraître au ministère des finances. Le nouveau traité devait expirer le 12
juillet 1789; la Révolution seule en a empêché
le renouvellement. Tous les ministres des
finances depuis 1730 jusqu'à cette époque, depuis *Orry* jusqu'à *de Calonne* et à l'archevêque de Sens, *Brienne,* ont maintenu cet exhor-
bitant monopole. Tous les baux étaient rédigés dans les mêmes termes ; il n'y avait de
changé que les noms des chefs monopoleurs.

Nous verrons plus loin, par quelle circonstance fortuite, Le Prevôt découvrit l'original
du Traité de 1765, qui a été retrouvé avec tous
ses papiers et sa correspondance à la Bastille, dans les cartons de la police, après le
14 juillet 1789, et nous reproduirons à la fin
de cette Étude le texte de ce Traité qui a été
publié à l'époque. Quatre preneurs y sont
dénommés : le principal était *Malisset,* qui
était indiqué comme agissant en qualité
d'*homme du roi ;* il devait se porter partout
où l'exigeait le service de l'entreprise; quatre
intendants des finances, *Trudaine de Mon-
tigni, Boutin, Langlois et Boulongne* se par-
tageaient les provinces et correspondaient
avec des intendants de chacune d'elles.
Sartine s'était réservé l'exploitation de la
capitale et des bailliages de l'Ile de France et
la Brie.

Le quartier général des monopoleurs était

aux *moulins et aux magasins de Corbeil;*
quant au bureau général qualifié de *Bureau
général des blés du Roi,* il était établi à l'hôtel
Dupleix, rue de la *Jussienne;* il était dirigé
par *Roi de Chaumont* et *Perruchot,* et la
caisse générale par *Goujet,* qui eut pour successeur *Mirlavaux;* les comités se tenaient
chez l'un des intendants de finance ou chez
le lieutenant de police même.

Par le dernier article du bail, le ministre
Laverdy imposait aux associés monopoleurs
un don annuel de *douze cents livres* pour les
pauvres, donnant ainsi à bon marché la sanction de la charité et de la religion à une entreprise aussi impie et aussi barbare. Une pareille clause était plus qu'une dérision; c'était
plus qu'un blasphème.

CHAPITRE V

Le traité passé entre Laverdy et les monopoleurs semblait, en apparence, dans son ensemble, n'avoir pour objet qu'un approvisionnement pour les blés du Roi ; mais Le Prevôt en avait parfaitement pénétré l'économie et le but réel. Il en avait réuni les preuves en compulsant les registres et en se procurant la correspondance secrète. Si on rapproche d'ailleurs ses constatations et ses remarques des avertissements, des protestations et des réclamations des Parlements, particulièrement de ceux de Rouen et de Grenoble, on ne peut conserver le moindre doute sur le véritable caractère de ce traité et l'existence de cette association d'accaparement. Le doute, s'il pouvait exister, disparaîtrait, dans tous les cas, complètement devant le document suivant, trouvé également parmi les papiers conservés à la Bastille, qui révèle d'une manière évidente le but de cette monstrueuse opération.

C'est un extrait d'une instruction adressée par l'un des principaux agents de la Société aux agents de province.

« Voyez dit cette instruction, si sans occasionner des *disettes trop amères*, vous pouvez acheter depuis Vitry jusque dans les trois évêchés (Metz, Toul et Verdun), une quantité considérable de blé pendant six mois, sans excéder le prix de vingt livres pour le poids de deux cent quarante à deux cent cinquante livres, et faites en sorte que je puisse compter sur sept à huit mille septiers par semaine, cela fait, pour six mois, cent quatre-vingt-douze mille septiers; mais surtout, *gardez-vous de vous faire connaître et ne signez jamais les lettres de voiture.* — Je ne puis *vous procurer de nos sacs,* ils sont tous *marqués Malisset,* il serait indiscret de les faire passer chez vous ; vous me mandez que d'autres que vous font d'autres levées de grains; mais c'est un feu follet qui court sans faire de mal. *Au reste, d'après les mesures que nous prenons, ils* n'auront point longtemps la fureur de nuire à nos opérations.

« M. de Montigny, intendant des finances, a donné ordre de verser aux marchés de Méry-sur-Seine, de Mont-Saint-Péré et de Lagny et d'autres ordres de suspendre les ventes à Corbeil, à Melun, à Mennecy, non pas entièrement à cause des besoins journaliers ; mais de n'exposer par jour, dans ces marchés, que cinquante livres de farine blanche, pour la subsistance des petits enfants, ou deux cents boisseaux moitié blé, moitié seigle.

« Si dans vos achats, on tient avec trop de rigueur sur le prix que vous offrez, *dites qu'il vient d'arriver à Rouen dix-huit bâtiments chargés de blé et qu'on en attend encore vingt-trois; on ne se doute pas que ces*

bâtiments sont les nôtres. Vous vendrez farines et blés, c'est le moyen de vous y faire
acquérir de la considération Si la cherté
montait au point d'exciter le ministère public
à vous demander *d'exposer des blés du Roi*
dans les marchés de la ville, ne manquez pas
d'obéir; mais versez-en avec modération et
toujours à un prix avantageux, et faites aussitôt, d'un autre côté, le remplacement de vos
ventes.

« Il faut espérer que le calme se rétablira
dans le lieu où vous êtes, le canton y est
abondant; conséquemment l'exportation doit
y causer moins de sensation et d'inquiétude
qu'ailleurs.

« Quoique le nommé *Bourré*, marinier,
vous paraisse suspect, j'ai lieu de croire qu'il
ignore que M. de Montigny et le contrôleur
général (Laverdy) sont à la tête de notre opération. Il n'est que le secret qui puisse la
soutenir, et, si elle était connue, non-seulement les intentions de ces ministres se trou-
veraient alors traversées, mais encore le
commerce de notre pays...

« L'approvisionnement de Paris se soutient
toujours sur le même pied ; rien ne bronche.
L'ordre y est admirable et la tranquillité la
plus parfaite par les soins ardents et assidus.
de M. de Sartines qui nous est d'un grand secours, et par les ordres absolus de M. le
Contrôleur général, que M. de Montigny sait
distribuer à propos... »

On ne doit pas s'étonner du ton d'abandon
et de franchise qui se fait remarquer dans
cette lettre. Le ministre des finances, le lieu-

tenant-général de police de Paris, des chefs, des grands corps judiciaires, des intendants et des gouverneurs, étaient dans le secret de l'affaire. La Compagnie du monopole agissait sous le couvert du nom même du Roi. Ses registres, sa comptabilité, sa correspondance étaient enveloppés d'un voile qu'on croyait devoir être à jamais impénétrables.

Un arrêt du conseil défendait de rien imprimer de relatif à ses opérations. On avait cru, tout d'abord, à la nécessité absolue du secret : « *Il n'est que le secret, disait-on dans le document cité plus haut, qui puisse nous sauver;* » mais plus tard, plus enhardi, sans révéler le véritable caractère de l'association, on crut être parvenu au comble de l'habileté, en levant le masque, du moins en partie, et en se plaçant audacieusement à couvert sous le pouvoir royal lui-même. On appela publiquement les blés accaparés : « *les blés du roi,* » et l'on écrivit hardiment sur la principale porte des châteaux royaux : « *Magasins des grains du Roi.* » On poussa même le cynysme jusqu'à faire inscrire dans l'Almanach royal de 1774, au rang des officiers de finances, le nom de *Mirlavaud,* avec le titre de « *Trésorier des grains au compte de Sa Majesté.* » On prétend, il est vrai, qu'on se ravisa et qu'on voulut faire supprimer la mention, mais il était trop tard, l'édition était lancée quand on voulut l'arrêter.

Mille pamphlets, satires et brocards qui circulaient de tous côtés faisaient clairement connaître que le peuple savait bien à quoi s'en tenir et n'hésitait pas à faire re-

monter jusqu'au roi la responsabilité de l'o—
dieuse exploitation dont il était victime.

Cette pensée exprimée sous toutes sortes
de formes se retrouve dans les vers suivants,
qui parurent alors; car les hauts faits et les
révolutions commencent toujours en France
par des vers et des chansons :

> Ce qu'on disait tout bas est aujourd'hui public.
> Des présents de Cérès le *Maitre* fait trafic
> Et le bon Roi, bien qu'il se cache,
> Pour que tout le monde le sache,
> Par son grand *Almanach* sans façon nous apprend
> Et l'adresse et le nom de son honteux agent.

Les classes souffrantes s'habituèrent à
considérer les classes supérieures, gens de
cour, magistrats, financiers comme une
légion de *vampires* ligués pour sucer le sang
des malheureux, et d'implacables haines, ra-
vivées de temps en temps par des incidents
nouveaux, couvèrent dans les cœurs jusqu'au
jour où éclata l'orage révolutionnaire.

CHAPITRE VI

M. Charles Louandre, dans son *Etude sur l'alimentation publique* (1), prétend que trois mots résument l'histoire de l'ancienne monarchie : la *guerre*, la *peste* et la *famine*.

Les populations, dit-il, s'entretuent ou meurent de faim ou de maladie, et quand on suit à travers les récits du passé tant de luttes sanglantes et tant de désastres, on s'étonne qu'un peuple ait pu survivre à de pareilles misères et qu'il soit resté des hommes. »

Il y a peut-être un peu d'exagération dans cette peinture ; cependant il faut reconnaître qu'aux siècles derniers la famine était au moins périodique, sinon permanente, sur le sol fertile de la France. Tel siècle, le XIIe, l'a vue plus de cinquante fois. Sous Louis XIV, en 1663, en 1696 et en 1709, des populations entières sont mortes de faim. Indépendamment des tableaux lamentables, restés célèbres, que La Bruyère et Vauban ont fait du triste état des paysans, de nombreux docu-

(1) *Magasin du Libraire*, mai 1860, n° 32-12.

ments historiques, d'une authenticité incontestable, dépeignent l'état misérable des gens de toute condition, aux époques de disette qui se succédaient à de courts intervalles et décimaient le pays. « Les malheureux en quête d'un semblant de nourriture broutaient l'herbe des prés et dévoraient l'écorce des arbres; des femmes vêtues de soie imploraient comme une grâce, pour y faire bouillir un peu de son, de l'eau dans laquelle on avait fait dessaler de la morue, et Mme de Maintenon, elle-même, mangeait du pain d'avoine à Versailles » (1).

Pendant la guerre de Trente-Ans, la misère fut poussée à un point dont on ne saurait se faire une idée. En Lorraine, notamment, les relations font frissonner d'horreur.

« Les pauvres gens meurent de faim, disent les relations du temps. On les voit manger du chenevé pur..... Certains villages sont tellement déserts que les loups font leurs retraites dans les maisons. Bientôt, habitués à la nourriture des cadavres, ils pénètrent dans les maisons habitées, où ils ravissent et dévorent les femmes et les enfants. »

Les glands et les racines étaient devenus la nourriture ordinaire. Les charognes et les bêtes mortes étaient recueillies par les pauvres gens comme de bonnes viandes. La plupart des villages ne comptaient plus que trois ou quatre ménages; plus de quatre-vingts étaient abandonnés.

(1(Frédéric Passy, *De l'Enseignement et de l'Économie politique.*

Aussi le désespoir éclata-t-il plus d'une fois en révolte. En Normandie, ce sont les *Va-nu-pieds* ; en Guyenne les *Croquants*, pour ne citer que les plus célèbres ; d'autres moins connues ont lieu dans tout le royaume, en Dauphiné, en Bourbonnais..... Partout, dans leurs lettres, les intendants font entendre les mêmes plaintes et expriment les mêmes frayeurs.

En 1725, Saint-Simon, qui se trouvait alors dans une terre qu'il possédait en Normandie. écrivait le 25 juillet : « Au milieu des profu- « sions de Strasbourg et de Chantilly, on vit « ici de l'herbe des champs. » « Or, ajou- « tait-il, le premier roi de l'Europe ne peut « être un grand roi, s'il ne l'est que de gueux « de toutes les conditions, et si son royaume « tourne en un vaste hôpital de mourants et « de désespérés à qui on prend tout chaque « année en pleine paix. »

A cette même époque, juillet 1725, dans la généralité d'Alencon, à Bernay même, tout près de Beaumont, la ville natale de Le Pre-vot, la cherté des grains était si grande que le blé valait jusqu'à 16 livres le boisseau, « prix énorme pour le temps, dit M. Goujon dans son *Histoire de Bernay*. Défense fut faite aux boulangers de cuire du pain blanc et permission fut donnée à tous de cuire et de vendre du pain bis. Le bas peuple se souleva. A Caen, la sédition prit de telles proportions, que l'intendant eut peine de se sauver et que le lieutenant de police et plusieurs autres agents de la force publique furent arrachés de chez eux et jetés à l'eau. »

Si grand qu'ait été le mal avant 1730, il le fut encore davantage à partir de cette époque. Jusqu'au ministère d'Orry les famines ne s'étaient produites qu'à des intervalles irréguliers et relativement assez longs. A dater de ce ministère il n'en fut plus ainsi; les famines se succédèrent avec une rapidité effrayante.

L'histoire a enregistré une série de famines générales qui ont affligé Paris et dévasté toutes les provinces en 1740, 1741, 1752, 1767, 1768, 1769, 1775, 1776, 1778, enfin en 1788 et 1789. Ces dernières ont couvert la France de misère et de deuil, surtout dans les provinces méridionales.

On ne conçoit pas comment, dans les années abondantes, la France pouvait éprouver des disettes aussi fréquentes et aussi longues sur tous les points du territoire à la fois, particulièrement depuis 1768 jusqu'en 1775.

En Normandie, le désespoir, comme toujours, poussa les malheureux à la révolte et des mouvements tumultueux éclatèrent de tous les côtés. Il faut lire dans Floquet (*Histoire du Parlement de Normandie*, t. VI, p. 403), le récit des événements qui se passèrent en 1752 dans cette province, et de la lutte que le Parlement soutint courageusement contre les ministres du roi.

Ces événements et cette lutte se rattachent trop directement à l'histoire de Le Prevot, de son arrestation et de sa captivité pour ne pas reproduire un extrait de ce récit :

« Au commencement de l'année 1752, dit Floquet, dans tous les marchés et chez tous

les laboureurs, avaient paru d'avides spéculateurs achetant publiquement les blés à un prix
élevé, pour les emmagasiner et les revendre
au prix énorme qu'il leur plairait d'y mettre.
Ainsi la province, qui avait cette année des
blés en abondance, tant excrus sur son sol
que venus de l'étranger, s'en était trouvée
tout à coup dépourvue. Ces magasins illicites
étaient sans nombre ; il était arrivé que des
blés s'y étaient gâtés et qu'on en avait jeté
dans la rivière, tandis qu'il n'y en avait point
dans les marchés. De là la cherté du pain,
cherté si excessive que « *les particuliers les*
« *plus aisés avaient de la peine à en avoir*
« *pour leur subsistance ; que le commun peu-*
« *ple, qui n'y pouvait atteindre, en manquait*
« *totalement et était réduit, pour ne pas*
« *mourir de faim, à se former des nourri-*
« *tures qui faisaient horreur à l'huma-*
« *nité* » (1).

Indigné de ces spéculations inhumaines, le
Parlement avait nommé des commissaires
chargés de se transporter dans les magasins
de blé de la ville et dans tous ceux qui existaient le long de la Seine ou de la mer et de
dresser un fidèle état des blés qu'ils y pourraient trouver. Il allait supprimer ces magasins clandestins et faire porter aux marchés
les blés qu'une coupable et meurtrière avarice
y avait entassés, quand lui était venue une
lettre du roi pour censurer un si sage et si
salutaire arrêt, puis *une lettre de cachet fai-*
sant défense d'y donner suite et déclarant

(1) Mémoire du Parlement de Rouen au roi, du 9 mai 1752.

nuls les actes qui avaient pu s'en suivre. On reprochait au Parlement d'avoir, par ces mesures, intimidé les négociants qui faisaient venir des blés de loin et paru *improuver ceux qui emmagasinaient par ordre du roi.*

Le Parlement dut alors ordonner un sursis à l'exécution de ces sages mesures; mais sa douleur respire dans un *Mémoire* qu'il se hâta d'envoyer au monarque. Il y dépeignait en traits énergiques l'incroyable détresse où ces *enarrhements* des blés avaient réduit la province, la misère du peuple, faute d'ouvrage et de pain. De là le désespoir de la multitude, ses murmures, puis enfin ses coupables excès.

« Si elle avait su se borner à des plaintes, disaient ces magistrats, quel objet d'attendrissement! Par malheur elle a trop osé et son bras a armé le bras vengeur de la justice ; mais votre Parlement, en punissant sévèrement les mutins, a-t-il pu en même temps n'être pas frappé, attendri et effrayé de la misère de ses concitoyens?... Secourir les infortunés, adoucir leurs maux, en punir les auteurs, être les pères des peuples, à l'exemple de V. M., c'est la *compétence* que votre Parlement ambitionne davantage et dont il est le plus jaloux. »

La révolte réprimée, le Parlement avait voulu en prévenir d'autres en empêchant les accaparements..... Il n'avait voulu atteindre, et ses arrêts n'avaient pu mettre en peine que « les misérables, sans autre aveu que leur insatiable cupidité, ces gens durs qui préféraient leur vil intérêt aux sentiments d'humanité qui n'entrent jamais dans leur cœur, citoyens pervers qui s'arrogeaient d'eux-mêmes le droit et la licence de faire des amas de blé et qui cachaient leurs trames sous le *spécieux manteau de magasins ordonnés par le roi*, espérant qu'elles ne seraient point découvertes et qu'ils s'enrichiraient impunément de la misère et du sang du peuple. Ce sont ces gens odieux qui ont causé, qui causent encore le désespoir de votre peuple et sont les auteurs de sa misère. Leur crime doit être puni selon la rigueur des ordonnances. »

Le Parlement demandait donc qu'on le laissât continuer ses opérations et dévoiler les indignes manœuvres des spéculateurs avides, auteurs de la misère publique. A huit jours de là, un arrêt fut rendu par lui pour empêcher les enarrhements de blé dans les marchés et faire que le peuple en trouvât toujours assez à un prix modéré. Les termes de cet arrêt étaient fort clairs; il assurait la plus grande liberté aux négociants qui voudraient faire venir des blés de l'étranger ainsi qu'aux agents *autorisés*, chargés par le gouvernement d'en acheter pour son compte dans la province.

Ainsi avait répondu le Parlement aux reproches articulés contre son premier arrêt; mais que dire, quand on voit le premier ministre *Saint-Florentin* écrire au nom du roi: « que S. M. n'approuvait ni les remontrances du Parlement, ni ses arrêts, lui défendait d'en rendre de pareils en des occasions semblables qui pourraient se présenter, attendu qu'ils ne pourraient qu'alarmer le peuple et donner croyance à de *fausses idées !*

Le peuple pensait, en effet, que le roi de France, lui-même, Louis XV, spéculait sur les blés pour son propre compte, sous le manteau des agents chargés d'en acheter pour les provinces dépourvues, et il faut convenir que la lettre du ministre était bien faite pour le confirmer dans ces prétendues *fausses idées*, qui n'étaient malheureusement que trop vraies.

« La lettre lue, les chambres attristées se séparèrent sans rien dire ; mais elles eurent bien garde de consigner sur les registres du Parlement cet acte ministériel, monument à leurs yeux de honte et de délire. Puis, des commissaires furent nommés par le Parlement pour examiner au fond les antécédents en cas semblables, compulser les registres et voir ce qu'il convenait de faire au sujet de *cette lettre*; mais le résultat de toutes ces réflexions et de toutes ces recherches fut de s'en tenir aux résolutions premières et le 17 juillet 1752 « *le Parlement passa que ce qui avait été fait à ce sujet subsisterait en l'état qu'il était.* » (Floquet, t. VI, p. 419.)

CHAPITRE VII

En 1768, on vit se reproduire une nouvelle
disette non moins rigoureuse que la précédente et, par suite, de nouvelles séditions et
de nouvelles émeutes, et ce fut pis qu'en 1752.

« La misère, dit Le Prevot, dans son écrit
intitulé *Testament*, déjà cité, était alors plus
générale qu'en 1752. Les soulèvements éclataient de toutes parts. Dans Paris, même, on
ne lisait tous les jours, au coin des rues, que
des placards, menaçants pour la ville, inju-
rieux pour le prince. Les pauvres des campagnes affluaient dans la capitale pour y
mendier une misérable vie et ceux qui ne
pouvaient s'y rendre par infirmités, étaient
comme les bêtes, réduits à vivre d'herbes et
de sommités de ronces. « Les enfants du premier âge mouraient faute de nourriture. »

« La *Ligue* vendait des blés mixtionnés,
échauffés, charançonnés, avariés, dix écus
le septier et sur le même pied des farines
tripotées et mêlées de fèves blanches que
faisait moudre son général *Malisset*. Ses
hôtels étaient assiégés de pauvres et *Sar-*
tines, pour en débarrasser la ville, leur

donnait la chasse par ses espions qui les insultaient et en enfermaient des troupes dans ses granges à St-Denis: le lieutenant, tenant le langage perpétuel du mensonge aux boulangers qui déclamaient contre lui et *Malisset*, rejettait le malheur des disettes sur l'intempérie des saisons et niait, contre des tableaux frappants qu'on publiait tous les jours malgré lui, les libéralités de la divine Providence, par des déclarations fausses et blasphématoires au Parlement, pour arrêter le cours de ses perquisitions itérativement ordonnées, etc... »

Les mémoires contemporains confirment ces faits rapportés par Le Prevost, et nous font la triste peinture « des habitants des campagnes qui se traînaient avec leurs chaudrons aux abords des rivières, tourmentés par les angoisses de la faim, les yeux fixés sur les eaux, attendant des bateaux qui leur apportaient des grains qu'ils faisaient cuire sur les lieux même. » Trop heureux encore quand les bateaux arrivaient et quand ces malheureux affamés n'en étaient pas réduits à se nourrir de racines et d'herbes !

On était parvenu, en effet, à fabriquer une espèce de pain avec certaines plantes telles que la fougère, mais quel pain, hélas ! Le marquis d'Argenson raconte dans ses mémoires que le Régent apporta un jour au Conseil du pain de fougère et le posant sur la table : « Sire, dit-il en s'adressant à Louis XV, voilà de quoi les sujets de votre Majesté se nourrissent; » et M. Frédéric Passy rapporte à cette occasion qu'un député du même nom, le vicomte Voyer d'Argenson, combattant à la tribune de la Chambre des députés en 1819, des mesures destinées à s'opposer à l'entrée des grains étrangers, pouvait encore prononcer ces paroles : « Je ne veux pas chercher à émouvoir ; je ne puis cependant oublier que j'ai mis en herbier vingt-deux espèces de plantes que nos habitants des Vosges arrachaient dans nos prés pendant la dernière famine, et dont ils connaissaient l'usage, en pareil cas, par la tradition de leurs pères (1). »

Cependant, on cherchait à rejeter la disette sur les changements qui étaient survenus dans la législation des grains et sur la liberté, d'ailleurs incomplète, qui venait d'être proclamée et qui effrayait les esprits.

L'édit de 1764 en faveur de la libre exportation, si ardemment appelé par les économistes du temps et par la plupart des Parlements, avait paru d'abord donner de bons fruits. Les moissons abondantes qui avaient peut-être sauvé la France dans les dernières années de la guerre de 7 ans, s'étaient reproduites en 1765 et 1766. L'intérêt des producteurs et des consommateurs avait pu se concilier par un prix moyen ; mais à partir de 1769, la situation était devenue toute autre. De mauvaises récoltes amenèrent la cherté. Le peuple s'en prit à l'exportation ; elle n'avait pourtant pas dépassé la valeur annuelle de 15 millions de francs en 1765 et 1766 et avait diminué depuis (2). Cette quantité était

(1) Frédéric Passy, *de l'Enseignement de l'Economie politique.*

(2) *Mémoires du duc de Choiseul* (t. I, p. 73).

fort peu de choses, relativement à la consommation de la France ; mais la cherté allait fort au-delà du déficit que pouvait causer l'exportation qui, d'ailleurs, sauf dans des circonstances assez rares, cesse d'elle-même dès que le blé renchérit.

Des troubles graves éclataient dans les provinces, particulièrement en Normandie. Le peuple criait: *aux accapareurs*, ce cri de la faim qui accuse souvent les hommes, là où il ne faudrait accuser que les choses; mais cette fois, le peuple n'avait pas tort.

L'administration d'abord, plutôt dupe que complice, s'alarma quand elle vit la cherté devenue disette. Elle fit passer des secours aux provinces les plus affligées. On donna des primes à l'exportation des grains, avec exemptions des droits de fret, aux navires importateurs (31 octobre 1768.)

Le Parlement de Paris, cependant, était ému. Une assemblée générale de la ville de Paris, convoquée par le Parlement, et composée des députés de toutes les cours et de toutes les communautés, arrêta que le Parlement serait prié d'obtenir du Roi qu'on rapportàt les déclarations de 1763 et de 1764 et qu'on en revint à l'ancienne réglementation prohibitive. Le Parlement rendit un arrèt en conséquence, mais le Conseil cassa l'arrêt, le ministre voulant maintenir, en apparence du moins, les principes de la liberté commerciale.

« L'émotion avait été plus grande dans la Haute-Normandie que partout ailleurs ; il avait éclaté des troubles violents où étaient entrés, avec la capitale de la province, les bourgs et les villages qui l'avoisinent; *Darnetal, Maromme, Gournai, La Bouille, Le Bourgtheroulde*. Ce n'était partout qu'attroupements, vociférations et scènes de pillage. Rouen eut à supporter la plus grande part de ces désordres: ils y commencèrent dans l'après-dîner du 22 mars et durèrent plusieurs jours, cessant, puis reprenant, au moment où l'on croyait tout fini. Le peuple, qui depuis 1752 s'était aguerri, s'en prit cette fois à tous les magasins de blé, à toutes les communautés qu'il en savait fournies, à des bateaux même qui en étaient chargés. » (Floquet.)

Tout en condamnant encore les séditieux, le Parlement crut que ces ordres étaient le résultat du nouvel édit. Après s'être concerté avec l'intendant *de Crosne*, pour assurer autant que possible aux villes et aux campagnes les denrées dont elles manquaient et donné l'ordre aux boulangers *de vendre du pain à la balance et au couteau, c'est-à-dire par demi-livre et par quarteron*, il n'hésita pas à supplier le Gouvernement de suspendre cette liberté d'exportation qu'il avait lui-même sollicitée, naguère, avec beaucoup d'insistance.

Il adressa au Roi, le 5 mai 1768, un mémoire dans lequel il dépeignit la misère des peuples de la province, en traits énergiques qui eussent touché tout autre monarque.

« On y montrait la langueur des manufactures, la cessation des travaux, le désœuvrement d'un peuple immense, des familles sans nombre, en proie aux horreurs de la faim, des hameaux entiers manquant des choses les plus nécessaires à la vie, *obligés par le besoin de se réduire aux aliments des bêtes* ou demander en troupes une faible aumône... « *Plusieurs de vos sujets, disait-on au Roi, substituent à leur nourriture un grain fait pour celle des animaux. Votre Parlement en est témoin.* »

L'automne et l'hiver de 1768 se passèrent ainsi : pour le peuple, dans les angoisses de la faim, pour le Parlement, en assemblées incessantes, en *mémoires*, en lettres, en remontrances, pour appeler enfin la pitié du Roi, sur ses justiciables affamés ; mais toutes ces supplications et ces remontrances ne furent écoutées ni par le monarque voluptueux, insouciant et inappliqué, qui n'en eut peut-être même jamais aucune connaissance, ni par ses ministres intéressés à n'en tenir aucun compte.

Bien plus, la Cour fit un crime au Parlement de *la publication de sa lettre alarmante* et le ministre *Bertin* en fit de vifs reproches aux magistrats qui répondirent en protestant que cette publication n'était point leur fait.

Les approvisionnements n'en ayant pas moins continué dans le *Roumois,* dans le *pays de Caux*, dans le *pays d'Auge*, le Parlement, indigné, voulut commencer à poursuivre les accapareurs ; un ordre exprès du Roi vint arrêter les poursuites : « *la volonté du Roi, était-il dit, n'était point qu'il fût statué sur ces affaires jusqu'à ce qu'il eût fait connaître ses intentions.* »

Le Parlement s'empressa de répondre par une deuxième lettre au Roi, qui fut imprimée comme la première, dans laquelle il *flétrit ces trafics inhumains* et se plaignit amère- de *l'incroyable protection si scandaleusement accordée aux coupables.* « Les achats les plus considérables, y était-il dit encore, ont été faits en même temps, pour un même compte, dans plusieurs marchés de l'Europe; des entreprises de particuliers ne peuvent être aussi immenses; *il n'y a qu'une société dont les membres sont puissants, en crédit, qui soit capable d'un tel effort. Ici on a reconnu l'impression du pouvoir, le pas de l'autorité. Le négociant spéculateur ne s'y est pas trompé ; les enarrhements ont été faits à l'ombre de l'autorité, par des gens soutenus et bravant toutes les défenses; nous en avons la preuve entre nos mains.* »

Pourquoi, d'ailleurs, cette défense de procéder contre les enarrheurs? La défense de poursuivre manifeste l'existence des coupables, la crainte qu'ils ne soient découverts, le désir de les soustraire à la peine. *Cette défense du trône change nos doutes en assurance...* »

« Sire, notre devoir est de vous avertir que le royaume est menacé des plus terribles dangers. L'unique remède à son état violent est de punir l'abus, de faire régner les lois, *de réprimer la cupidité des monopoleurs ou de laisser à vos Cours le soin de les poursuivre.* »

Pour toute réponse à cette lettre si énergique, le ministre envoya des *lettres patentes* ordonnant « d'informer et de procéder contre ceux qui, *de dessein prémédité,* auraient causé le renchérissement des grains par quelque manœuvre que ce fut, ainsi que contre ceux qui, méchamment, *auraient semé ou accrédité les bruits de ces manœuvres par des propos ou des écrits.* »

« Que dire de pareilles lettres patentes ? s'écrie Floquet, que dire surtout de l'incroyable missive de Bertin qui, prenant pour adressées à Louis XV ces accusations de monopole et de trafic, disait : « que les réflexions du Parlement *n'étaient que des conjectures et des conjectures peu conformes au respect du Roi,* que le Parlement les avait accueillis sans preuves et qu'il n'avait pas approfondi les faits ? »

Voilà où en était arrivé la royauté : le petit-fils de Louis XIV en était réduit à se défendre contre ses Parlements *d'être un accapareur de grains* et à se défendre d'une façon aussi pitoyable !

Que penser aussi du Parlement répondant à cette interprétation de ses remontrances : « Quand nous avons dit que le monopole existait et qu'il était protégé, *à Dieu ne plaise, Sire, que nous eussions en vue V. M., mais peut-être quelques-uns de ceux à qui vous distribuez votre autorité;* » explication bien flatteuse, sans doute, pour la majesté royale et bonne seulement à fortifier ce reproche, qu'on se défendait tant d'avoir voulu lui faire, de spéculer lui-même sur les grains et de faire des profits pour sa cassette, lorsque partout le pain manquait dans son royaume et qu'en tous lieux on s'y mourait de faim. (Floquet, *Histoire du Parlement de Normandie*, t. VI, p. 428, et s.).

VIII

En rappelant les nombreuses famines qui ont affligé la France depuis l'institution de la *ferme des blés du Roi*, et les principaux désordres survenus à cette occasion, ainsi que les luttes auxquelles ces désordres ont donné lieu entre le pouvoir royal et les Parlements, notamment celui de Rouen, nous avons cru devoir insister davantage sur les évènements de 1752, et surtout sur ceux de 1768, parce que ces évènements, contemporains de la découverte de Le Prevot, étaient indispensables à connaître pour se rendre compte de cette découverte, des idées sous l'empire desquelles Le Prevot a agi, et des faits qui ont amené son arrestation et sa captivité. Nous allons maintenant faire un retour sur Le Prevot lui-même, et voir quelle était sa situation à cette époque.

Le Prevot était né à Beaumont-le- Roger, près Bernay, le 26 novembre 1726. Son père, *Maître Guillaume Prevot*, était procureur au siége de Beaumont; sa mère s'appelait : *Marie-Marguerite Duval*. Sa famille devait être honorablement posée, si l'on en juge par ses parrain et marraine; on voit, par son acte de baptême, qu'il a été tenu sur les fonds baptismaux par *messire Jean-Charles de Cacray*, écuyer, *sieur de Bréval,* et par *demoiselle Anne de Blanfuney.*

Ayant terminé ses études (nous n'avons pu découvrir dans quel établissement d'enseignement), Le Prevot était venu se fixer comme avocat à Paris. Certains dictionnaires biographiques l'ont qualifié: *d'avocat syndical* au bailliage *de Beaumont-le-Roger ;* c'est évidemment une erreur. D'abord, nous ne connaissons pas d'avocat syndical auprès des bailliages. On aura confondu, sans doute, avec le *Procureur fiscal.* Ensuite nous ne pouvons comprendre comment Le Prevot aurait pu être à la fois : avocat au Bailliage de Beaumont et secrétaire du clergé de France à Paris; car il est constant qu'il remplissait cette fonction et qu'il habitait Paris.

« Noble et ferme dans sa profession, disent les auteurs *de l'Histoire des Prisons d'Etat,* éloquent et secourable, Le Prevot s'était formé une clientèle spéciale de gens qui réclamaient contre l'injustice et l'arbitraire; c'était un des avocats de France les plus occupés. Témoin de plusieurs enquêtes qu'avaient faites les Parlements pour découvrir les accapareurs de blé, il s'était spécialement occupé de cette matière. »

Nous ignorons où les auteurs que nous venons de citer ont puisé ce renseignement, ou plutôt nous sommes portés à croire qu'ils n'ont fait que développer ce que Le Prevot rapporte lui-même dans ses écrits.

On y voit, en effet : qu'il avait une certaine position à Paris, « *qu'il avait des domes-*

tiques , une fortune mobilière dont l'état, écrit de sa main, s'élevait à 63,000 livres » (ce .qui était un assez beau denier pour l'époque), et il nous dit dans son écrit intitulé *Testament : « Qu'il était bien connu de M. le comte de Saint-Florentin pour défenseur des opprimés, et qu'il avait gagné auprès de lui, depuis peu de temps, une quantité de causes contre des princes et des princesses qui protégeaient l'iniquité. »* Voilà à peu près tout ce qu'on sait de certain sur la situation de Le Prevot avant son arrestation.

Quant à ce *titre d'avocat syndical* qu'il se donne lui-même, nous croyons avoir découvert en quoi il consistait; mais pour le bien comprendre, il est nécessaire de le rapprocher du titre de *secrétaire du clergé de France* qu'il se donne également, et de faire connaître une institution de cette époque, aujourd'hui complètement disparue.

Le clergé, qui sous l'ancienne monarchie formait l'un des trois grands corps de l'Etat, avait obtenu, après de longues contestations, la faveur spéciale d'être représenté d'une manière permanente à Paris auprès de la Cour par des agents généraux, chargés de défendre ses intérêts ou, comme on disait alors : l'*Universel du clergé.* Ces agents généraux, nommés aussi *Promoteurs,* au nombre de deux, l'un pour les pays en deça de la Loire, et l'autre pour les pays d'au-delà, furent établis par l'Assemblée générale du clergé, convoquée à Melun en 1579. Ils étaient en rapport constant avec des syndics diocésains élus par le clergé de chaque diocèse pour rechercher les spoliations et violences qui seraient faites aux ecclésiastiques et pour suivre toutes les affaires qui toucheraient directement ou indirectement *le général* du diocèse.

Ces agents étaient élus primitivement pour deux ans, et recevaient un traitement ; ils devaient nécessairement être ecclésiastiques, d'après le règlement de 1579, et pourvus de bénéfices dans la province qui les nommait, d'après celui de 1625 ; mais ils pouvaient employer des laïques sous leurs ordres pour la défense des intérêts qui leur étaient confiés et l'accomplissement de leur mission.

C'est ainsi qu'en 1690 on voit un *S. Loys, le fils, avocat au Conseil,* chargé en remplacement d'un *S. Pinette,* décédé, de la garde des archives du clergé à Paris, lesquelles avaient été classées par celui-ci, et l'Assemblée générale du clergé, dans sa séance du 11 juillet 1690, sur le rapport de *Monseigneur d'Evreux,* le confirme en cette fonction et lui accorde les mêmes gratifications qu'au S. Pinette.

C'est ainsi encore qu'on voit dans le compte-rendu des assemblées de 1700 et de 1705 qu'il est question de procès-verbaux de l'assemblée de 1635 qui sont aux mains d'un *S. Le Merre, avocat du clergé,* auxquels ils avaient été confiés à l'occasion d'une affaire, et qui offrait de les restituer ; ce qui prouve que le clergé avait un avocat en titre, sinon plusieurs.

Or, tel devait être le titre que portait Le Prevot, qui y joignait celui de secrétaire. Il était *avocat syndical du clergé*, ou mieux *avocat du syndicat du clergé*, et ses fonctions devaient évidemment consister à rédiger des mémoires en faveur du clergé sur toutes les questions de bénéfices et autres qui intéressaient le temporel de celui-ci, et à défendre les affaires qui le concernaient devant les diverses juridictions.Ce titre, comme ces fonctions, n'impliquaient en rien la qualité d'ecclésiastique; car il faut bien se garder de confondre ces fonctions toutes laïques *d'avocat syndical, secrétaire du clergé*, avec celles de *secrétaire des assemblées générales du clergé*, qui consistaient à recueillir par écrit ce qui était traité et résolu par l'Assemblée générale et à en dresser les procès-verbaux, fonctions qui ne pouvaient être exercées, comme celles des agents généraux, que par des ecclésiastiques. (Voir le *Recueil des Actes, Titres et Mémoires concernant les affaires du clergé de France*. Paris, Pierre Simon, MDCCXXI. t. VIII.)

IX

Découverte fortuite du Texte du Pacte de famine par Le Prevot chez Rinville en juillet 1768. — Le Prevot en prend copie à mi-marge et en fait un commentaire. — Paquet préparé à l'adresse du Parlement de Rouen pour être envoyé sous le couvert de Laverdy. — Le Paquet est intercepté.— Arrestation de Le Prevot le 17 novembre 1768 à quatre heures du matin.

On n'a pas oublié que c'est le 29 octobre 1768 que le Parlement de Rouen adressait au Roi sa seconde lettre relativement aux accapareurs, dont les agissements avaient causé des troubles si graves dans la Haute–Normandie.

Or c'est dans la même année 1768, au mois de juillet, que par une circonstance tout à fait fortuite, Le Prevot mit la main sur le marché passé entre le ministre *Laverdy* et le nouveau concessionnaire, Malisset et ses complices et, c'est au mois de novembre que Le Prevot était arrêté au moment où il cherchait à faire parvenir le texte du traité qu'il avait découvert avec un mémoire de lui au même Parlement de Rouen.

Il y a là un rapprochement dont l'importance ne peut échapper. Il est bien évident que Le Prevot qui venait de voir se produire, sous ses yeux, toute cette lamentable série de famines qui avaient désolé la France, tous ces troubles et ces désordres qui avaient agité la Normandie, son propre pays, Bernay et les environs en 1740-1741, 1752, 1767 et jusque dans cette même année 1768, Le Prevot, qui n'avait pu ignorer la noble attitude prise par le Parlement de Rouen, l'énergie dont ce Parlement avait fait preuve dans ses remontrances au ministère et même au Roi, avait eu ses raisons pour s'adresser à ce Parlement de préférence à tout autre, et toutes ces considérations avaient dû nécessairement exercer une grande influence sur sa détermination.

Laissons-le, du reste, maintenant, raconter lui-même les circonstances de sa curieuse découverte et le triste résultat qu'elle a amené pour lui.

Le Prevot a reproduit plusieurs fois le récit de ces évènements dans différents écrits ; d'abord dans des articles qu'il a publiés dans le journal des *Révolutions de Paris*, puis dans une brochure intitulée : *Le Prisonnier d'Etat*, enfin dans l'écrit que nous avons déjà cité qu'il a intitulé : *Testament*. Pour que notre exposé soit plus complet, nous l'avons composé d'extraits tirés de ces différents écrits qui n'offrent d'ailleurs entre eux que de légères variantes, sans aucune importance.

« C'est au mois de juillet 1768, dit Le Prevot, dans *son Testament* écrit à Vincennes, que Dieu résolut de me faire tomber dans les mains, de la manière que je vais dire en peu de mots, le pacte vraiment infernal dont il s'agit.

« Le S. *Rinville* (1), commis au bureau du S. *Rousseau*, receveur général des domaines et des bois du comte d'Orléans, que je ne connaissais pas, m'était venu consulter sur une affaire qui lui était personnelle; je lui dressai une requête et le menai à Versailles pour la présenter moi-même, en sa présence, à M. le comte de Saint-Florentin.

« Le Ministre lut la requête et promit de faire rendre au suppliant par le S. de *Sartines* la justice qui lui était due. Quelques jours après, Rinville m'ayant invité à manger chez lui pour me consulter sur une autre affaire, me dit, en attendant le dîner qu'il allait faire préparer : « *Je vous quitte pour une demi-heure, amusez-vous à lire ce qui est sur ma table.* » Ce n'étaient que des manuscrits de son bureau. Je ne m'attendais pas à y trouver rien de bien intéressant; cependant la première et la seule pièce que je parcourus sur la permission qu'il m'en venait de donner, était cet acte du 12 juillet 1765. A son retour, je lui demandai d'où il tenait cet acte signé quadruple par le Contrôleur général; s'il s'exécutait, s'il en entendait les clauses, s'il en connaissait le but, les moyens, l'extension, et les pratiques secrètes. « Rien n'en est secret, me dit-il, car il s'exécute publiquement et je puis vous en donner toutes les adresses. Que pensez-vous donc que ce soit? »

« — Je pense, lui répondis-je, que c'est là l'ouvrage que les Parlements cherchent à

(1) Dans son *Prisonnier d'État*, Le Prevost dit que Rinville était originaire de Picardie.

connaître et que vous ne vous doutez pas seulement de la conséquence de ce traité de Cour pour lequel vous travaillez peut-être tous les jours. Si vous voulez que j'en tire copie à mi-marge, je ferai à côté des vingt articles des observations qui vous apprendront le sens couvert de la lettre que personne ne vous dira.

— « Le voilà, dit-il, emportez-le, vous me le rendrez et me ferez voir votre commentaire. Vous me surprendrez bien si vous y découvrez des mystères que je n'entends pas ; je n'ai pris copie de ce bail que pour me servir de protocole au besoin.

« — Je lui promis de lui donner mon interprétation entière s'il voulait m'en laisser prendre copie.

« — Oui, dit-il, venez demain à mon bureau, où vous n'êtes pas connu ; je vous donnerai tous les éclaircissements qu'il vous faut (1). »

« Au lieu d'une copie du pacte, j'en fis cinq, sur chacune desquelles j'écrivis mes commentaires, mes notes et mes réflexions, et Rinville en renfermant l'expédition signée *Laverdy*, fit encore pour lui avec mes explications, une sixième copie, d'après l'une des miennes contenant mes commentaires qui lui ouvrirent les yeux.

— « Pour mieux convaincre Rinville que j'étais sûr de toucher le but de l'entreprise, je l'assurai qu'il avait dû, lui ou d'autres, tenir une correspondance fort étendue avec les ambulants, répandus en diverses provinces, avoir des registres de cette corres-

_____
(1) Le *Prisonnier d'État.*

pondance, envoyer beaucoup de fonds pour les achats et les manœuvres des grains (1).

— « Il confirma la vérité de mes observations par les registres de correspondance, tenus dans son bureau ; me fit connaître à son tour un grand nombre de chefs de la ligue, des subalternes, exécuteurs du second et du troisième ordre qui ne sont pas désignés dans le pacte.

— « Une autre fois, il me mena chez les trois autres preneurs du bail, ainsi qu'à l'hôtel *Dupleix*, rue de la Jussienne, où était établi *le grand bureau des blés ;* il m'aida à collecter tous les renseignements et les preuves que je désirais.

— « Il convint avec moi de la nécessité de dénoncer le pacte et de se joindre sur cela avec moi, aussitôt que les découvertes ultérieures que nous ferions chaque jour m'auraient mis en état de dresser mes dénonciations, munies de toutes les preuves que nous acquérions.

— « Je dressai ma dénonciation complétement, non pour l'envoyer au Parlement de Paris, dont la plupart des membres de la grand'chambre étaient associés à l'entreprise, mais à celui de Rouen, qui venait de donner sur les accaparements de fortes remontrances à Louis XV, ainsi que le Parlement de Grenoble. Dans ce temps, je fus malade et Rinville aussi. Nous désirions l'un et l'autre porter à Rouen les dénonciations, ce qui eût été notre sûreté ; mais on ne s'avise

(1) Article des *Révolutions de Paris.*

jamais de tout. Mon paquet étant volumineux, Rinville me proposa de le faire contre-signer avec les siens du cachet et du nom *de Laverdy,* dans l'un des bureaux de *Boutin,* intendant des finances, que nous ne soupçonnions point être membre de l'entreprise.

— « Je ne consentis pas, d'abord, à ce contre-seing, mais Rinville m'assura qu'il avait fait contresigner plus de deux cents paquets par cette voie, sans qu'on eût manqué d'en accuser réception. Je le lui donnai, en lui recommandant d'être présent à l'apposition du cachet et de me rapporter le paquet pour le mettre moi-même à la poste. Ce que Rinville me promit ; mais, trop peu défiant de lui-même, il oublia ses promesses. Il fut le premier puni de cet oubli. Au lieu de me rapporter l'ordre contresigné, il le laissa sur le bureau, et, aussitôt qu'il fut sorti, le premier commis de Boutin n'eut rien de plus pressé que de l'ouvrir et de l'inspecter.

— « Quel fut l'étonnement de ce commis de voir la dénonciation motivée, circonstanciée et pleinement prouvée du *Pacte de famine* générale, que son maître exécutait jour et nuit sans que nous le sussions ?

— « Il porta sur-le-champ mon paquet au *S. Boutin,* qui, non moins surpris que lui, monta de suite en carrosse pour en conférer avec M. *de Sartines.* Celui-ci envoya chercher *Marais,* inspecteur, dans la nuit même, et lui donna une lettre de cachet en *blanc-seing, de Phelippeaux,* pour aller arrêter le sieur Rinville dans son lit et le conduire à la Bastille.

— « Marais persuade à Rinville, dans sa prison, qu'il sera délivré sur-le-champ s'il désigne seulement cinq ou six citoyens qui aient connaissance ou parlent des matières du temps relatives à sa détention, principalement du domicile de celui qui a commenté le bail du ministère pour le dénoncer. Rinville, qui ne se doute pas du piége, pour être délivré, dénonce six concitoyens, indique mon domicile, et, dans la nuit, on m'enlève de mon lit, à quatre heures du matin, en présence du commissaire *Mutel*, en vertu de fausses lettres *en blanc* que Phelippeaux délivrait imprimées par bottes de centaines à *Sartines*, son subdélégué.

— « Et me voilà englouti à la Bastille ! »

X

La révélation du pacte de famine, en signa-
lant tous les intéressés à cette infâme spéculation, compromettait les plus hauts fonctionnaires de l'Etat, des magistrats, des intendants, le lieutenant général de la police
de Paris et même le ministre. Ce ne fut donc
pas assez de s'emparer de la copie des marchés *Laverdy* et *Malisset*, et des autres pièces trouvées dans le paquet adressé par Le
Prevot au Parlement de Rouen, ainsi que de
la dénonciation qui accompagnait ces pièces,
il fallait à tout prix s'assurer du silence des
personnes qui pouvaient avoir connaissance
de ce marché.

L'inspecteur de police Marais ne se con-
tenta donc pas d'arrêter Le Prevot et *Rinville*, commis de l'entreprise *Malisset*, qui
lui avait communiqué l'original du marché,
mais encore toutes les personnes que l'on
soupçonna d'avoir des relations directes
ou indirectes avec les révélateurs. Sur les
indications de Rinville, qui avait perdu la
tête au moment de son arrestation, on arrêta
encore d'*Urban, Peyrard, Buinaud, Masois,*

et beaucoup d'autres citoyens qu'il connaissait, mais qui étaient parfaitement innocents et n'avaient aucune connaissance de l'affaire.

« *Rinville*, dit Le Prevot dans le *Prisonnier d'Etat*, croyait, d'après le fourbe Marais, que plus il aurait de compagnons vexés, à tort ou à raison, plus tôt et plus sûrement il serait délivré par l'embarras qu'ils causeraient à Sartines ; il a appris le contraire par l'expérience de cinq ans et demie.

« Pour nous retenir tous prisonniers, continue Le Prevot, sinon plus de vingt-quatre heures, du moins plus d'un an et un jour, il fallait alléguer des délits, vrais ou faux, et quoiqu'à mon égard Sartines se fût épuisé dans ses recherches pour autoriser ma détention, il ne trouvait point cependant un seul prétexte pour la perpétuer ; il ne me reprochait aucune peccadille dans ma conduite civile qui l'obligeât à me retenir seulement une heure en prison. »

Ayant recours au mensonge, sa sauvegarde ordinaire, il mandait à *Phelippeaux* qu'il m'avait fait arrêter pour avoir écrit contre lui nommément et contre tout le gouvernement en traits de feu; qu'un an de Bastille ne m'ayant pas corrigé, au contraire, mais plus échauffé l'imagination, il me ferait, si le ministre le permettait, transférer à Vincennes, ainsi que mes pareils, parce qu'ayant une *tête de fer*, il estimait que ma punition fût longue. »

Le Prevot a toujours persisté à soutenir que la lettre de cachet de *Phelippeaux*, en vertu de laquelle il avait été arrêté, était fausse et avait été contrefaite par *Duval*, secrétaire de M. de Sartines. Si le fait n'est pas complètement prouvé, il n'est point absolument invraisemblable. Il est certain qu'on faisait usage de fausses lettres de cachet et qu'il en était souvent question, ainsi que l'atteste une anecdote racontée par Condorcet dans sa *Vie de Voltaire.*

« Dans un moment, dit-il, où l'on parlait beaucoup d'un homme arrêté sur une lettre de cachet suspecte de fausseté, Voltaire demanda au lieutenant de police *Hérault* ce qu'on faisait à ceux qui fabriquaient de fausses lettres de cachet, « On les pend, » dit le lieutenant de police. « C'est toujours bien fait, répartit Voltaire, en attendant qu'on traite de même ceux qui en , signent de vraies. »

Cependant il faut dire qu'on prenait certaines précautions pour empêcher ces sortes d'abus, et des erreurs dans les ordres d'incarcération. D'abord, chaque lettre de cachet devait être signée par le Roi lui-même, puis contre-signée par un ministre. Au bas de cet ordre, le gouverneur de la Bastille signait un reçu. Quelquefois les prisonniers de distinction remettaient eux-mêmes au gouverneur la lettre de cachet. Presque toujours, la Cour envoyait directement et à l'avance au gouverneur de la prison l'ordre d'écrouer ; sans cela, l'on refusait l'entrée du château. Les mêmes précautions étaient d'usage pour la mise en liberté. Souvent le ministre joignait aux ordres du Roi une lettre explicative pour les fonctionnaires chargés de les exécuter ou pour le gouverneur chargé de surveiller les prisonniers (1). Mais si toutes ces mesures et ces formalités rendaient fort difficile l'usage des fausses lettres de cachet, elles n'empêchaient guère l'abus des blancs-seings, qui était malheureusement très-fréquent.

Le ministre, lui-même, distribuait généreusement des lettres de cachet en blanc à qui lui en demandait : aux intendants, aux gens en place et jusqu'aux évêques. A lui seul, le comte de Saint-Florentin, dit-on, en donna 50,000; nous disons *cinquante mille*. Si énorme que soit ce chiffre, c'était passé en habitude et admis en quelque sorte comme une condition indispensable de l'exercice du pouvoir.

Il est donc plus probable que c'est de quelque abus de ce genre que Le Prevot aura été victime plutôt que d'un faux proprement dit.

(1) F. Ravaisson, *Archives de la Bastille*.

XI

Si on consulte le dictionnaire de Trévoux
pour savoir ce que c'était qu'une *lettre de
cachet*, on est fort peu renseigné. « On
appelle, dit-il, *lettre de cachet,* un ordre du
Roi, contenue dans une simple lettre fermée
de son cachet, souscrit par un secrétaire
d'Etat. »

« Cela n'apprend pas grand'chose et n'eût
pas beaucoup éclairé l'Anglais dont parle
Voltaire dans son dictionnaire philosophique
(*Arrêts mémorables)*, à qui l'on ne pouvait
pas faire comprendre ce que c'était qu'une
lettre de cachet. »

La définition du dictionnaire de Trévoux dit
cependant une chose vraie : c'est que les
lettres de cachet étaient des *ordres censés
émaner du Roi et renfermer ses volontés
personnelles*. Elles étaient appelées *lettres
de cachet* ou *lettres closes,* parce qu'elles
étaient adressées *fermées* soit à certains
corps, soit à certains particuliers, par opposition aux lettres dans lesquelles le monarque
parlait en législateur, qui étaient adressées
ouvertes aux cours et aux magistrats, et
étaient appelées *lettres patentes*.

Les lettres de cachet furent odieuses par l'usage qu'en fit le pouvoir pour ordonner des choses injustes, arbitraires et trop souvent cruelles. C'était, par excellence, un instrument de tyrannie; elles servaient à interrompre le cours de la justice et à en intervertir l'ordre en prononçant des exils, des emprisonnements et des confiscations sans aucune forme ni jugement.

Les lettres de cachet s'appliquaient à tout. Rien n'était plus varié que leurs effets.

S'agissait-il d'envoyer un ministre se reposer dans ses terres? — Une lettre de cachet lui donnait congé.

Un écrivain avait-il mal parlé d'un ministre ou d'un de ses flatteurs? — Une lettre de cachet en faisait justice.

Un honnête homme pensait-il autrement que son Roi ou que le confesseur de celui-ci sur la religion, et voulait-il adorer Dieu d'une autre manière? — Une lettre de cachet l'envoyait méditer en prison sur la fragilité des opinions humaines.

Un mari déplaisait à sa femme qui plaisait à quelque grand personnage. — Une lettre de cachet assurait le repos du mari et la liberté de la femme.

Un gentilhomme avait commis une de ces actions criminelles qui exigent une suprême expiation. Une lettre de cachet arrachait le coupable à l'échafaud, sauvait, selon les idées du temps, l'honneur de la famille, et enseignait au peuple le respect de la classe et du rang devant le crime.

Un simple postillon n'avait pas bien fait

son service sous les yeux d'un ministre ou d'un intendant. — Une lettre de cachet lui apprenait qui il avait eu l'honneur de mal conduire.

Il n'était pas jusqu'aux jeunes filles trop passionnées que la lettre de cachet envoyait dans quelque froide cellule de couvent, calmer leur ardeur et délivrer leurs parents d'une surveillance trop fatigante.

Il suffisait de bien peu de choses ou plutôt il n'était besoin de rien pour mériter d'être l'objet d'une lettre de cachet. C'était le plus souvent pour affaire de religion ou de presse. Quelquefois pour avoir simplement déplu à un ministre, au lieutenant général de police, à quelque grand personnage, à la maîtresse du Roi ou à une grande dame de la Cour.

Parfois le ministre se servait de la Bastille comme moyen de se débarrasser des difficultés que lui attiraient les écrivains même qu'il employait à son service, et qui composaient ce qu'on appelle aujourd'hui *la Presse officieuse*. Ces écrivains étaient bien payés; mais lorsqu'il s'agissait de les désavouer, on les enfermait tout simplement à la Bastille. C'est ainsi qu'on en usa avec *Hamelot de la Houssaye* qui avait publié une histoire de Venise, trop sincère au gré du Doge.

On parle d'un prisonnier qui a été enfermé à la Bastille uniquement parce qu'il avait découvert un secret utile à notre marine, et que l'on craignait qu'il ne le portât ailleurs.

Au XVIIe siècle, où la croyance à la *pierre philosophale* était très-répandue, et où l'administration elle-même y croyait, on arrêta des individus qui se vantaient de savoir faire de l'or afin que le secret, s'il y en avait, fût assuré au gouvernement, et malgré de nombreuses déceptions, on leur fournissait en prison les moyens de faire le *grand'œuvre* (1).

Il va sans dire que tout propos un peu hardi contre l'autorité du Roi ou *des ministres*, ce qui était plus grave encore, entraînait immédiatement une lettre de cachet. C'est ainsi que le 29 mars 1662, *Nicolas Launay*, avocat du Roi au Bailliage d'Evreux, fut arrêté par les soins du *comte de Saint-Agnan* (qui, par parenthèse, avait eu le don de la confiscation de ses biens), pour avoir mal parlé du gouvernement, et avoir dit que « *la France serait mieux en République qu'en monarchie.* » Ce qui avait fait écrire, il est vrai, par M. *de Pommereu* à *Colbert :* « C'est un homme que je crois un peu fou. » Aussi le relacha-t-on quelques mois après (9 septembre 1662), mais bien entendu sans lui rendre ses biens.

· Voici quelques exemples, puisés dans les registres même de la Bastille, pris au hasard, qui montrent combien il fallait peu de chose pour être l'objet d'une lettre de cachet, et que la maladie même, pouvait devenir une cause suffisante :

« Année 1732. — Marie-Jeanne *Lelièvre*. Cette femme était sujette à l'épilepsie; prise malheureusement d'un accès dans la rue, elle fut enfermée comme convulsionnaire.

« Année 1735. — *Malbay*. Il aidait M. le duc

______

(1) Ravaisson, *Archives de la Bastille.*

de Nivernais à se ruiner; mis à la Bastille à la sollicitation de M. le duc de Nevers, *ce prisonnier*, dit la note, *avait une belle femme.*

«Année 1747. — La petite *Saint-Père*, fille *âgée de 8 ans*, convulsionnaire, sa détention a duré deux ans. »

On comprend après cela, qu'on pouvait être parfois arrêté, sans même savoir pourquoi, ainsi que le dit très-spirituellement un prisonnier nommé *Poulthier d'Almotte*, ancien bénédictin, dans le quatrain suivant, par lui adressé au gouverneur Delaunay, qui lui demandait le motif de son arrestation :

> Monsieur, la Bastille est pour moi
> Comme un fauteuil chez les Quarante;
> L'on m'y conduit et l'on m'y plante,
> Mais, d'honneur, je ne sais pourquoi.

Le vérité était qu'il avait écrit un article de journal qui avait déplu à l'intendant Berthier. Il y en avait bien assez pour le *planter à la Bastille,*

> Dans cet affreux chateau, palais de la vengeance,
> Qui renferme souvent le crime et l'innocence.
>
> Voltaire (Henriade, liv. IV.)

d'autant plus qu'il avait de l'esprit, si l'on en juge par son quatrain, et que la Bastille était surtout faite pour les gens d'esprit, exemples : Voltaire lui-même, Diderot, Crebillon fils, Marmontel, d'Arnaud. Linguet, Beaumarchais et tant d'autres.

« Depuis Louis XIV, suivant l'expression de Fénelon dans sa correspondance (t. II, p. 334), on ne parlait plus de l'Etat ni des règles, on ne parlait *que du Roi et de son bon plaisir ;* on ne tenait plus aucun compte du bien le plus précieux de l'homme, *la liberté.* »

« Le gouvernement de la *Grâce*, avec tous ses avantages, descendant du Roi au dernier des commis de bureau, disposait, selon le caprice et l'inspiration légère, de la liberté et de la vie de tous. » C'était la seule égalité qui régnât réellement entre les Français, sous l'ancien régime. On ne pouvait aspirer à toutes les fonctions ni à tous les honneurs ni au légitime exercice de certains droits ; mais tous étaient également soumis à la volonté absolue du maître et tous étaient également exposés à subir les caprices et les vexations de ses agents.

On en arriva même à de tels excès d'arbitraire, sous Louis XV, qu'on finit par se passer parfois des lettres de cachet. On vous arrêtait sans aucun ordre régulier ni aucune lettre de cachet, sauf à en demander ensuite pour faire ratifier cette illégalité ; ainsi que le prouve le fait suivant :

Le nommé *Julien Delaunay du Ronceray*, précepteur, fut soupçonné d'avoir écrit des lettres menaçantes à plusieurs personnes de distinction. Sur ce soupçon, d'abord, sans aucune autorisation, sans aucun ordre, sans lettre de cachet, on l'écroue le 6 juillet 1768 à la Bastille, où on le reçoit ainsi illégalement. Quelques jours après, le lieutenant de police écrit au ministre : « J'ai fait arrêter, *sous le bon plaisir du roi*, et conduire à la Bastille le nommé *Julien Delaunay*. On a fait perquisition chez le nommé *Roussel*, fruitier, rue

Jean-Saint-Denis, où ce particulier couchait à quatre sous par nuit ; on n'y a rien trouvé de suspect. Pour autoriser ce qui a été fait, le ministre est supplié de signer trois ordres » conformes à la date ci-dessus (1) (ce qui vaut bien le faux dont Le Prevot se prétendait victime.)

On avait reconnu cependant, depuis long-temps, tout ce que l'institution des lettres de cachet avait d'inique et de dangereux ; mais on ne croyait pas pouvoir s'en passer.

« Tout ce que vous insinuerez sur les lettres de cachet, écrivait madame *de Maintenon* au cardinal *de Noailles*, n'en diminuera pas le nombre. On est persuadé qu'elles sont *fort nécessaires* et qu'on a le droit de les donner. Vous dites de bonnes raisons, mais quelle apparence que vous l'emportiez sur trois ministres, sur tous ceux *qui les ont précédés, dont ils citent l'exemple et sur l'habitude de gouverner ainsi.* »

M. de Vergennes, répondant plus tard à M. Senac de Meilhan, à l'occasion d'un mémoire contre les abus des lettres de cachet, trouvait d'autres raisons qui n'étaient pas meillleures, et s'exprimait ainsi :

« — Il est une foule de cas où le Roi par *un effet de sa bonté paternelle*, se prête à corriger pour empêcher la justice de punir. Je sais qu'il serait plus régulier de laisser à la loi ce qui est de son ressort ; mais le malheureux préjugé qui fait refluer sur toute une famille l'infamie d'un de ses membres, semble

____

(1) *Histoire de la Bastille.* par Maquet.

demander des exceptions et c'est principalement pour parer à cet inconvénient qu'on
est facile à accorder des lettres de cachet. » (1)

Pouvait-on se payer d'aussi pitoyables
raisons? Mais comment trouverait-on extraordinaire que les lettres de cachet aient
rencontré des défenseurs et des partisans,
alors que la torture elle-même en a bien
trouvé, jusque dans ces derniers temps? —
Nous n'oserions affirmer qu'elle n'en a pas
encore.

(1), *Les Autographes*, par M. de Lescures, p. 333.

XII

La Bastille et les prisons sous Louis XV. — Ecrits sur la Bastille. — Déclamations plus vraies que ne le croyaient leurs auteurs. — Régime général. — Profonde inégalité dans le sort des prisonniers. — Tortures physiques et morales. — Belle page de Louis Blanc. — Enumération des principales victimes de la Bastille. — Importance capitale de la prise de cette forteresse.

Aux lettres de cachet se rattache intimement *la Bastille,* comme l'effet se rattache à la cause. La Bastille n'était pas, il est vrai, l'unique prison d'Etat sous l'ancien régime. On en comptait jusqu'à *vingt-quatre* principales du temps de Louis XV, sans compter la forteresse de *Pont-de-l'Arche* qui servait au même usage; mais la Bastille était la plus importante de ces prisons et semblait en quelque sorte les personnifier toutes. Elle était le genre et donnait son nom aux autres : on les appelait *des Bastilles.*

On a beaucoup écrit sur la Bastille; nous entendons celle de Paris. On pourrait former une nombreuse bibliothèque rien qu'avec les ouvrages qui ont été composés à son sujet, livres, mémoires, pamphlets, romans, pièces de théâtre et écrits de toutes sortes. Beaucoup de ces écrits sont remplis de phrases sonores et de pompeuses déclamations qui paraissent, au premier abord, empreintes d'exagération et que leurs auteurs eux-mêmes croyaient vraisemblablement exagérées dans leur *for intérieur ;* cependant, chose étrange et qui paraitra paradoxale, nous sommes intimement convaincu qu'on n'a jamais rien écrit, qu'on n'a jamais rien dit ni rien imaginé sur la Bastille qui ne fût encore au-dessous de la réalité.

Ce n'est pas, assurément, qu'il faille prendre à la lettre toutes ces descriptions amphatiques, ces peintures horribles, ces scènes épouvantables, on pourrait dire infernales, qui font dresser les cheveux sur la tête et vous donnent le cauchemar et aller croire que tout cela représente l'état normal de ce qui se passait à la Bastille, le régime ordinaire et le sort commun de tous les prisonniers. Rien ne serait plus faux. La Bastille, devant laquelle régnait, *pour y entrer*, la plus complète égalité entre tous les Français, nobles ou vilains, sans distinction, princes du sang et portefaix, était par dessus tout le *règne de l'inégalité*, quand on en avait franchi le seuil.

Pour certains, le régime de la Bastille était le plus doux que puisse comporter un régime de prison, plus doux que celui d'aucune de nos prisons modernes. Pour d'autres, il était ou devenait, selon les circonstances, la plus horrible qu'on puisse concevoir, bien plus horrible encore que tout ce qu'ont pu inventer nos plus vertueux philantropes avec le régime cellulaire et les prisons les plus perfectionnées, telles que la *Roquette* et *Mazas*, et ce n'est pas peu dire.

D'où provenait cette différence ? Nul ne pourrait le dire exactement. Le rang et la naissance y faisaient beaucoup, sans doute ; mais ce n'était pas tout.

Quand on avait encouru, par une raison quelconque, les sévérités du pouvoir et qu'on était abandonné à toutes les rigueurs que comportait cette prison, on arrivait à endurer des douleurs physiques et morales qui confondent l'imagination et paraissent dépasser les limites assignées par la nature aux souffrances humaines. Aussi la Bastille avait-elle la réputation la plus effrayante, et passait-elle pour le plus redoutable de tous les épouvantails que la tyrannie avait imaginés. C'est ce qui a fait dire que « l'histoire de la Bastille pourrait être intitulée : l'*Histoire des grandes scélératesses humaines, commises sous le sceau de l'autorité publique.* »

Tant que la Bastille a subsisté c'était un axiome reçu partout en France : « *qu'il était plus sûr de s'en taire que d'en parler.* » Dieu seul sait, en effet, ce qu'il en a coûté aux écrivains qui ont osé alors en parler.

On raconte que Caligula disait à ses bourreaux : « Frappez de manière à ce qu'on se sente mourir. » Il semblait qu'on eut pris cette recommandation comme règle dans l'organisation et la discipline de cette prison, à l'égard de. ceux qu'on voulait torturer. *On s'y sentait mourir.*

Il est impossible de mieux dépeindre les souffrances morales qu'on y éprouvait, que ne l'a fait *Louis Blanc*, dans cet éloquent passage de son *Histoire de la Révolution :* « Qu'étaient-ce encore que les souffrances physiques des captifs au prix de leurs douleurs morales, de cette agonie sans limite assignée, sans mesure connue, dont rien ne venait rompre l'écrasante monotomie ; car le pont-levis de la cour intérieure une fois franchi, c'en était fait souvent du prisonnier, enveloppé des ombres les plus sinistres du mystère, condamné à une ignorance absolue, formidable, et du délit qui lui était imputé, et du genre de supplice qui l'attendait; il avait cessé d'appartenir à la terre: plus d'amis, plus de famille, plus de patrie, plus d'amour. Pour lui désormais, tout l'univers va être résumé dans les porte-clés farouches qui lui apporteront les aliments ou dans les infortunés dont il devinera la présence au fracas des portes roulant sur leurs gonds, au grincement des verrous prolongé par le vide sonore des tours. Ce qui n'avait pas d'écho, c'était le bruit des supplications. Ce qui ne perçait pas l'épaisseur des voûtes, c'était le son des paroles aimées, il arriva que des enfants portèrent le deuil de leur père, sans se douter qu'ils vivaient au-dessus de lui... Le malheureux opprimé était si bien retranché du nombre des humains et le monde si bien mort pour lui qu'il continuait de crier miséricorde à un oppresseur qui se trouvait déjà enterré depuis longtemps. »

« Toutefois, continue Louis Blanc, parmi les habitants de la Bastille, on en comptait qui non seulement n'avaient pas été étouffés par elle, mais qui lui avaient communiqué, au contraire, un grand éclat historique. Aux visiteurs favorisés qui allaient chercher dans cette forteresse maudite des sujets de médi-

tation et des souvenirs, on pouvait montrer
la plate-forme réservée aux promenades mé-
lancoliques du *cardinal de Rohan* (1), le
cachot où, pour étouffer les hurlements du
comte de Lally, le *président Pasquier* lui fit
mettre un baillon à la bouche, la porte par
laquelle, après trois ans de captivité cruelle,
La Bourdonnaie sortit réhabilité, mais in-
consolable et mourant. Une des tours a fait
expier au maréchal *de Bassompierre* la peur
qu'il causait à *Richelieu*. Un autre tour avait
reçu l'*homme au masque de fer*, et enseveli
l'épouvantable secret de sa destinée. »

Arrivant à notre malheureux captif : « Les
portes d'une troisième tour, dit Louis Blanc,
s'étaient fermées sur *Le Prevot de Beaumont,*
coupable d'avoir connu le pacte sacrilége qui
affamait le peuple. Enfin, au fond de l'arrière
cour désignée sous le nom caractéristique de
cour du puits, le maréchal *de Biron* avait eu
la tête tranchée et les crocs qui fixaient au
mur son échafaud se voyaient encore. »

Quand on voit défiler les unes après les
autres toutes ces infortunées victimes de la
Bastille ; quand on voit toute cette foule de
malheureux prisonniers de tout âge, de tout
sexe et de toute condition, arrêtés, séques-
trés, torturés pour les causes parfois les plus
futiles et les plus absurdes ; quand on com-
pulse cette volumineuse collection des archives de la Bastille, dont la publication a été
commencée par les soins de M. Ravaisson,
trésor inappréciable qu'on ne saurait trop

(1) Il aurait pu dire aussi celle du grand Condé.

consulter pour connaître la véritable histoire de l'ancienne monarchie ; quand on parcourt toutes ces pièces, ces ordres d'arrestation, ces enquêtes, ces interrogatoires, ces procès-verbaux de torture..... on s'explique aisément comment la population de Paris s'est ruée héroïquement, le *14 Juillet 1789*, sur cette forteresse qui représentait pour elle tout cet ensemble d'odieuses institutions et comment les vainqueurs n'ont pas eu de repos, après avoir pris cette monstrueuse prison d'état, qu'ils ne l'aient démolie pierre par pierre et n'en aient dispersé aux quatre vents tous les débris.

La prise de la Bastille n'a pas été, en effet, une simple émeute populaire, comme il s'en est vu tant d'exemples dans l'histoire. Elle a été l'assaut formidable de tout un peuple contre un régime détesté, condamné du reste depuis longtemps, le régime de l'*arbitraire*, du *bon plaisir* et des *lettres de cachet*.

XIII

Fondation de la Bastille par Hugues Aubriot. — Description de la forteresse ; tours, bâtiments, cours intérieures, cachots. — Ordonnances de 1557 et 1550 non appliquées à la Bastille. — En quoi consistait la mise au cachot.

On sait que la première pierre de la Bastille avait été posée le 22 avril 1369 par *Hugues Aubriot*, prévôt de Paris, le même qui fit construire le Pont-au-Change et le Petit-Châtelet.

D'après les traditions, ce *Hugues Aubriot* aurait eu le même sort que *Enguerrand de Marigny*, qui a été pendu, dit-on, au gibet qu'il avait fait dresser, et il aurait été enfermé dans la prison même qu'il aurait fait construire, et n'en serait sorti, selon les uns, que pour être transporté dans les prisons de l'évêché d'Orléans, connues sous le nom *d'oubliettes*, où il serait resté enseveli vivant, et, selon d'autres, pour aller mourir à Dijon, sa patrie. Vraie ou fausse, cette tradition devait être bien accueillie par le populaire qui y voyait avec satisfaction une sorte de punition du Ciel, et une grande leçon pour les puissants de ce monde qui mettent leur ambition à bâtir des prisons ou à inventer des supplices, et leur gloire à attacher leur nom à des instruments de torture.

Construite à une époque encore à demi barbare et de mœurs cruelles, pour servir de prison, la Bastille fut organisée dès l'origine de manière à offrir un régime rigoureux pour les prisonniers; ce qui contribue encore à expliquer le sentiment de terreur qu'elle ne cessa d'inspirer jusqu'au jour de sa destruction.

Les murs étaient épais de *douze à quinze* pieds et hauts de *deux cents*. Les huit tours étaient couronnées de lourdes plates-formes. Cette immense masse de pierre, vieille de quatre siècles, et toute noircie par le temps, présentait l'aspect le plus sinistre.

La grande cour intérieure, la première que l'on apercevait, était un carré long de seize toises sur dix, enterré entre d'énormes murs qui n'étaient percés d'aucune fenêtre. Le seul ornement de cette cour, si l'on peut appeler cela un ornement, était une grande horloge dont le large cadran avait pour support deux figures sculptées, l'une d'homme, l'autre de femme (1), *enchaînées par le corps, par les mains et par les pieds*. Ces chaînes, après avoir tourné autour du cadran pour en former l'encadrement, revenaient dessiner un large nœud au-dessous; comme si on eût voulu exprimer par cette image, que le temps, *ce grand libérateur*, était lui-même prisonnier ici et qu'il n'y avait rien à espérer de lui.

Chaque tour portait un nom spécial:
La 1re s'appelait *La Tour du Puits*.
La 2e, *La Tour de la Liberté* (2), amère dérision!

(1) L'empreinte de ces deux figures a été prise par un sculpteur avant la destruction de la Bastille.
(2) Ce nom provenait de ce que cette tour servait à certaines promenades des prisonniers.

La 3e, *La Tour de la Bertaudière.*
La 4e, *La Tour de la Bazinière.*
La 5e, *La Tour de la Comté.*
La 6e, *La Tour du Trésor.*
La 7e, *La Tour de la Chapelle.*
La 8e, *La Tour du Coin.*

Il y avait dans le château quarante-deux chambres, dont trente-sept dans les tours, et les autres pratiquées dans le mur qui les reliait ensemble.

Toutes les tours étaient à peu près semblables.

La tour de *la Liberté* avait sept étages; celle de *la Bertaudière*, six; celles de *la Comté*, de *la Bazinière* et *du Coin*, cinq; enfin çelles *du Trésor* et de *la Chapelle*, deux seulement.

Rondes à l'extérieur, elles présentaient, au dedans, la forme d'un octogone régulier, voûté. Au bas de chaque tour était un cachot où l'air et la lumière arrivaient par des créneaux qui venaient prendre jour sur le fossé. C'étaient des lieux de punition où l'on mettait les prisonniers récalcitrants et certains prisonniers particulièrement recommandés. La détention dans les cachots ne pouvait être de longue durée ; cependant Le Prevot y a passé, en plusieurs fois, *treize cent quatre-vingt jours !* (1).

Généralement, on y descendait le lit dès prisonniers ; le soir, ils avaient de la lumière. Comme moyen d'intimidation, une chaîne était rivée au milieu du cachot ; on y enchaînait les plus furieux. (C'était, il est vrai, un

_____

(1) Le *Prisonnier d'Etat*, p. 81.

moyen de coercition employé alors dans toutes les maisons d'aliénés). Le séjour de ces cachots était humide et malsain et lorsque la Seine débordait, l'eau y pénétrait par les fissures et par les créneaux.

A diverses époques, on s'était inquiété des inconvénients que présentait pour la santé et la vie même des prisonniers, l'emploi des cachots de ce genre dans les diverses prisons en général.

Touché des traitements inhumains qu'on faisait subir aux prisonniers, Henri II avait rendu en 1557 une ordonnance par laquelle *« Considérant que les prisons qui ont été faites pour la garde des prisonniers leur apportent plus grande peine qu'ils n'ont mérité, »* il avait chargé les magistrats de veiller par eux-mêmes à ce que les détenus y fussent traités humainement.

En 1568, une ordonnance était allée plus loin et avait expressément proscrit l'usage des cachots souterrains dont le commentateur de l'ordonnance fait cette repoussante peinture : *« espèce de tanières, dit-il, cavernes, fosses et spelunques, plus horribles, obscures et hideuses que celles des plus venimeuses et farouches bestes brutes, où on les fait roidir de froid (les prisonniers), enrager de mâle-faim, hanner de soif et pourrir de vermines et povreté, tellement que si par pitié quelcun va les voir, on les voit lever de la terre humoureuse et froide, comme les ours des tannières, vermoulus, bazanez, embouffis, si chétifs, maigres et défaits qu'ils n'ont que le bec et les ongles. »*

Malheureusement les ordonnances étaient demeurées à peu près lettres mortes, et dans tous les cas n'avaient pas été appliquées à la Bastille, ayant été peut-être considérées comme ne concernant que les prisons ordinaires et non les prisons d'Etat. On ne cessa donc pas, jusque dans les derniers temps, de *mettre au cachot* à la Bastille, selon l'expression consacrée.

Le supplice de la mise au cachot que le malheureux Le Prevot a connu et subi pendant plusieurs mois de continue, était bien le plus douloureux et le plus cruel des supplices.

Voici en quoi il consistait:

« Sous une voûte de laquelle suintait une eau glaciale, le prisonnier gisait accablé par le poids de ses fers et aux prises avec la faim et le froid. Il y avait là une chaîne qui pouvait ceindre un homme par les reins dans un cercle de fer, et qui s'attachait à une autre chaîne fixée dans le pavé du cachot. Joignez à cela un affreux collier pesant seul cinquante livres ; le prisonnier qu'on chargeait de ces fers, au bout de trois heures avait la chair entamée. »

Tel était sommairement le supplice du cachot dont la durée était plus ou moins livrée à l'arbitraire du gouverneur et même de certains agents secondaires.

XIV

A côté du régime rigoureux des cachots de la Bastille, de ce qu'on pouvait appeler le *carcere duro*, il y avait le *régime doux*, presque agréable, qui était appliqué à quelques prisonniers privilégiés, généralement de très-grands personnages, et entre les deux, un régime moyen.

Dans ces régimes, le prisonnier subissait sa peine dans des chambres plus ou moins favorablement choisies.

« Les chambres du premier étage étaient comme l'extérieur des tours, de forme octogone avec une grande cheminée ; une fenêtre à laquelle on arrivait par trois marches d'un pied chacune, y laissait pénétrer la lumière. Ces fenêtres percées dans un mur de dix pieds d'épaisseur, étaient garnies de plusieurs grilles et quelquefois cachées au dehors par un soufflet de bois ; un châssis vitré les fermait à l'intérieur. En face était une petite pièce ménagée dans l'épaisseur du mur, c'étaient les lieux d'aisance. Toutes les chambres n'en avaient pas. On fournissait alors aux prisonniers des garde-robes que les porte-clés vidaient tous les matins.

La chambre avait dix ou treize pieds de large et autant de hauteur. Le plafond était en plâtre, renouvelé souvent, afin d'éviter les communications d'un étage à l'autre ; la cheminée était grillée à l'intérieur. Plusieurs pièces n'avaient que des poêles. Les chambres se ressemblaient à tous les étages, sauf au dernier qui était une calotte octogone avec un plafond voûté. Les arêtes des ogives occupaient une grande partie de l'espace, on ne pouvait tenir debout qu'au milieu de la pièce ; elle était éclairée par une fenêtre percée dans le mur avec deux grilles placées aux extrémités. On renfermait dans les calottes les prisonniers insoumis auxquels on épargnait les rigueurs des cachots ; ces chambres situées tout en haut étaient comme les *plombs* de Venise, glacées en hiver, brûlantes en été.

L'ameublement et le mobilier se composaient d'un lit à rideaux de serge verte, d'une ou deux tables, de deux ou trois chaises, d'un chandelier, d'une cuiller, d'une fourchette et d'un gobelet d'étain.

Toutes les chambres étaient fermées par une double porte avec des serrures et des verroux énormes. Dans chaque tour, les trousseaux de clés faisaient la charge d'un homme. Au bruit, les prisonniers savaient qu'ils allaient recevoir une visite ; elles avaient lieu régulièrement trois fois par jour. Le matin, les domestiques faisaient les chambres, apportaient le déjeuner, à midi ou une heure, le dîner, et le soir, ils montaient le souper.

M. Ravaisson prétend « que la nourriture était généralement saine et abondante et que les repas que le gouvernement faisait servir auraient fait envie à plus d'un bourgeois aisé! « Si la cuisine, dit-il, excitait les plaintes des prisonniers, c'est que le gouverneur en était chargé, et que se plaindre d'un geôlier est d'ailleurs toujours un soulagement pour ceux qu'il tient en garde. » Il ajoute que *Constantin Renneville* énumère lui-même avec complaisance les bons repas qu'il faisait au château. Il y avait toujours plusieurs plats : potage, entrée, relevés, dessert, etc..., à chaque dîner deux bouteilles de vin : *Bourgogne* ou *Champagne*. On en donnait une troisième pour les besoins de la journée. Aussi l'appétit le plus robuste ne suffisait-il pas à tout consommer, et *Renneville* se moque souvent des porte-clefs qui descendaient lentement la desserte des prisonniers, pour se donner le loisir d'achever en chemin ces restes savoureux. Mais on ne leur abandonnait que les plats ; on gardait le vin.

Renneville explique cette abondance par l'intérêt du gouverneur à conserver en santé des hommes dont l'entretien lui était chèrement payé. Soixante ans plus tard, le régime était encore le même, et *Marmontel* raconte plaisamment dans ses Mémoires comment le premier jour il mangea par erreur le repas apporté pour son domestique, et s'émerveille sur les menus de la Bastille ; ce qui n'a rien de bien extraordinaire d'ailleurs, les poëtes de tous les temps n'étant pas habitués à faire grande chère.

« On va jusqu'à prétendre que certains prisonniers auraient trouvé même la nourriture si abondante et si recherchée, qu'ils auraient proposé au gouverneur de les traiter plus simplement et de partager ensemble la différence entre la dépense réelle et l'allocation payée par le roi ; de sorte que plus d'un prisonnier, entré maigre et misérable, serait sorti gras et riche et que se faire mettre à la Bastille serait devenu un agréable moyen de vivre heureux et même de s'enrichir.

Nous avouons que, malgré l'autorité de M. Ravaisson et les ingénieuses explications de Renneville, tout cela nous paraît passablement fantaisiste, et que sans admettre toutes les récriminations et les plaintes des prisonniers, nous ne pouvons accepter ces pompeux éloges du régime culinaire de la Bastille et de messieurs les geôliers, éloges qui nous paraissent ressembler fort à une amère dérision.

Nous croyons d'ailleurs qu'on peut parfaitement concilier les récits de *Renneville* et de *Marmontel* avec les critiques amères de tant de pauvres prisonniers, par cette raison que nous avons déjà donnée : qu'il n'y avait point à la Bastille de *régime commun ;* mais que là, comme partout, régnait le *bon plaisir*.

Il y avait des prisonniers à toute sorte de prix, jusqu'à *25 livres par jour et plus*, selon la condition, le rang et la fortune. Un prince du sang était à 50 livres par jour ; un maréchal de France à 36 livres ; un lieutenant-général à 24 livres ; un conseiller au Parlement à 15 livres ; un juge ordinaire, un prêtre, un financier à 10 livres ; un bon bourgeois, un avocat à 5 livres ; un petit bourgeois à 3 livres et les membres de moindre classe, les *pauvres diables*, à 2 livres 10 sols. *(Bastille dévoilée*, p. 40).

Or, il fallait que M. le gouverneur fît son bénéfice sur tout ce monde là ; car tout prisonnier était pour lui une *matière exploitable* et un objet de spéculation (ce qu'on oublie trop), et, selon que le gouverneur était plus ou moins riche, plus ou moins cupide ; selon que le prisonnier appartenait à une famille ou à une corporation plus ou moins influente qui pouvait inspirer plus ou moins de crainte ou de sympathie, il était *plus ou moins rançonné* ou plus ou moins *bien traité*.

Il faut faire entrer encore en ligne de compte les gains énormes que le gouverneur réalisait sur ceux des prisonniers qu'il faisait mettre au cachot. Ceux-là, réduits au pain et à l'eau, ne lui coûtaient qu'un sou par jour, alors qu'il touchait au moins 2 livres 10 sols, comme nous venons de le voir. Aussi le lieutenant *Bernaville* appelait-il cyniquement les *cachots: ses deniers clairs*. Le même officier avait imaginé, à l'usage des prisonniers, toutes sortes de jeûnes et de carêmes, dont il tirait pour son propre compte de belles économies.

D'après l'auteur des *Lettres de cachet et des prisons d'Etat*, le gouverneur de la Bastille, qui avait 18,000 livres de traitement fixe, se faisait 15,408 livres de bénéfices sur la nourriture et l'entretien des prisonniers, ce qui lui faisait 33,406 livres de revenu annuel, à peu près autant que ce que l'abbé des Bénédictins de Bernay se faisait avec son abbaye et les bénéfices qu'il opérait sur ses moines (1).

Il semblait qu'un officier prenait le gouvernement d'une prison d'Etat pour y faire sa fortune, et *Vincennes* et la *Bastille* pouvaient être inscrits sur la feuille *des bénéfices*.

(1) En 1741, les revenus de l'abbé de Bernay s'élevaient de 32 à 35,000 livres

XV

Le roi ne payait en général que la nourriture des prisonniers ; quant aux dépenses accessoires, ceux qui avaient de l'argent pouvaient en charger les porte-clefs, au moyen de bons remis à l'officier dépositaire de leur argent, qui tenait avec eux une sorte de compte-courant. Le tabac, les vins fins et les plats extraordinaires étaient l'objet de ces dépenses. Le gouvernement gratifiait souvent les plus pauvres d'une pipe de tabac. Certains prisonniers étaient autorisés à élever des animaux, des chats, des chiens ; on leur permettait même des oiseaux dans de grandes volières et des pigeons qui rentraient le soir, après avoir passé tout le jour en ville ; bien que les ministres eussent défendu d'avoir ces oiseaux, qui pouvaient devenir des messagers suspects ; mais l'indulgence des officiers les tolérait très-souvent. Il est bien entendu que la nourriture de tous ces animaux était laissée à la charge personnelle des prisonniers.

« Les prisonniers pouvaient acheter des livres autorisés ; mais on les examinait avec le plus grand soin ; chaque volume était dé-

cousu ; les feuillets de garde décollés et la
reliure défaite, pour surprendre les billets
cachés dans l'intérieur.

Les officiers prêtaient souvent leurs livres.
En 1780, on avait établi une bibliothèque qui
était assez considérable pour mériter qu'un
prisonnier en fit le catalogue. On n'y voyait
pas d'ouvrages politiques ni de philosophie
voltairienne, il est vrai, mais il y figurait
des livres de littérature légère, et même des
gravelures à côté de livres sérieux.

On pouvait obtenir du papier et des plumes ;
il suffisait pour cela d'une autorisation ministérielle. On ne recevait le papier que
feuille à feuille, et elles étaient soigneuse-
ment comptées. Il fallait ensuite remettre
aux officiers le même nombre de feuilles et
la plume même qu'on avait reçue. Quelquefois on laissait aux auteurs leurs œuvres ;
plus souvent on les gardait pour les leur remettre à la sortie. C'étaient des vers, des romans, parfois des mémoires, quelquefois des
sermons et des traités religieux. Plusieurs
de ces productions ont été imprimées. Tous
les écrits qui étaient contraires à l'autorité,
étaient gardés pour n'être jamais rendus et
formaient une partie assez considérable des
archives du château. C'est ainsi que lors de
la prise de la Bastille, on a retrouvé dans les
archives un *mémoire de Le Prevot.*

Celui-ci raconte que, pendant les onze mois
qu'il passa à la Bastille, il découvrit dans le
chartrier, au rez-de-chaussée de la tour
contre l'ancien pont-levis, sur la rue des
Tournelles, une masse considérable de pa-

piers registres et mémoires, relatifs au commerce des blés et aux précédentes ligues qui avaient provoqué les famines de 1740, 1741, 1752, 1767 et 1768. Le *père de Duval*, secrétaire de Sartine, était le gardien de ce dépôt. « Il venait de temps en temps, dit Le Prevot, en tirer ces papiers et en brûlait souvent des monceaux sous la voûte de l'ancien pont-levis qui donne sur cette même cour des Tournelles. »

Tout n'a pas heureusement été détruit. On en a transporté des voitures à l'Hôtel-de-Ville après le 14 juillet, et il en est resté assez pour être bien fixé sur les abominables machinations que Le Prevot avait découvertes et qu'il avait révélées.

Aux prisonniers qui n'aimaient pas la littérature ni la lecture, on permettait, à titre de distraction, les jeux de dames et d'échecs; les cartes même étaient tolérées. Il y avait aussi divers adoucissements, qui étaient accordés par les ministres et qu'on appelait avec emphase : *les libertés de la Bastille.* On les avait gradués de manière à faire valoir les plus petites faveurs. Un certain nombre de prisonniers avaient la liberté de la cour ; on ouvrait leurs chambres le matin, et ils pouvaient se promener jusqu'à la nuit. Il y en avait, en moyenne, une trentaine, dit M. Ravaisson, qui jouissaient de cette liberté avec celle de causer et jouer ensemble. Ils pouvaient recevoir des visites chez eux ou dans la cour. C'était quelque chose comme la vie de l'ancienne prison de Clichy. Il y avait dans la cour des jeux de quilles et de tonneau et un billard.

Quelques prisonniers s'amusaient à cultiver des fleurs. Ainsi, on raconte que : « pendant sa détention à la Bastille, le *Grand Condé* passait son temps à *jurer* et à *cultiver des œillets en pot*, dont on a longtemps conservé des margottes. On appela ces œillets : « *Les panaches du Grand Condé.* »

On raconte à cette occasion que lorsque la célèbre *Mademoiselle de Scuderi* vint à Vincennes, on lui fit voir ceux que le prince avait lui-même cultivés, et qu'elle fit cet impromptu :

> « En voyant ces œillets qu'un illustre guerrier
> « Arrosa d'une main, qui gagna des batailles,
> « Souviens-toi qu'*Apollon* bâtissait des murailles,
> « Et ne t'étonne plus que *Mars* soit jardinier. » (1)

En général, la solitude, à moins d'ordre particulier, n'était jamais absolue. Les prisonniers recevaient souvent la visite des officiers, à des heures diverses ; puis c'étaient les porte-clés qui venaient nettoyer les chambres, quoiqu'en principe, le prisonnier dût lui-même faire son lit et balayer sa chambre ; mais, dans tous les temps, il y eut partout des accomodements, même en prison.

Les prisonniers étaient visités souvent par le *lieutenant de Roi* et le *major*. Si on en jugeait par les éloges qu'on ne manquait jamais de leur donner, ces officiers en général auraient su remplir leur devoir. On prétend même qu'ils s'en acquittaient trop bien avec certaines femmes. On voit par exemple, Mme de

---

(1) *Remarques historiques et anecdotiques sur la Bastille,* p. 89.

Staal (Mlle Delaunay), se complaire à raconter, avec un sourire moqueur, la passion qu'elle avait inspirée à son gardien.

Quand les prisonniers étaient particulièrement recommandés, ils ne pouvaient jamais se promener dans les cours et surtout sur les plate-formes qui reliaient les tours entre elles, sans être accompagnés d'un officier commis pour les surveiller et les empêcher d'établir quelque correspondance avec les gens du dehors ; mais presque toujours les prisonniers déjouaient toutes ces précautions et trouvaient le moyen d'organiser des intelligences à l'extérieur ; car dans cette lutte inégale entre le prisonnier et le geôlier, l'opprimé et l'oppresseur, la ruse et la patience finissent par donner la victoire à l'opprimé.

Lorsque les prisonniers étaient malades, le chirurgien du château leur donnait les premiers soins et les premiers remèdes. Si le mal empirait, on appelait l'un des médecins du Roi et on mettait auprès d'eux une garde. Le gouverneur leur faisait porter des plats de sa table. Aux soins du corps, on ajoutait ceux de l'âme, et le chapelain du château les visitait souvent. On peut supposer qu'au milieu de tant de soins la justice ne perdait pas son temps pour apprendre ce qu'en santé on ne lui aurait pas révélé.

La maladie touchait-elle à sa fin ? on appelait un confesseur *(toujours un jésuite)*, qui préparait le mourant à recevoir les sacrements.

Que faisait-on du mort ? Il n'était pas rendu à sa famille. Il y avait une Bastille même

pour les morts : c'était *l'église Saint-Paul.*
Les porte-clés ensevelissaient le corps, puis
on procédait à l'enterrement, le soir, afin
d'éviter les curieux. Quelques prières étaient
dites rapidement et on déposait le cercueil
dans le cimetière de l'église. On avait soin
de n'inscrire sur le registre mortuaire que le
nom, quelquefois déguisé, d'autrefois les
initiales seulement, de manière à mieux
condamner les victimes à l'oubli. Deux officiers du château apposaient leurs signatures
sur le registre, comme témoins. C'était la
seule trace révélatrice.

Quant aux hérétiques qui avaient refusé les
sacrements, on y mettait moins de façon encore. Les porte-clés enlevaient le cadavre et
l'enterraient ou suivant l'expression affec-
tionnée de plusieurs publicistes modernes,
pour lesquels le corps d'un hérétique mort
semble n'être plus le corps d'un homme,
l'*enfouissaient* dans le premier endroit venu,
dans les cours ou le jardin du château.

On se vengeait ainsi sur le cadavre de l'indépendance de l'âme et de son évasion, selon
la belle expression de *Linguet ;* car c'est
toujours avec dépit qu'un geôlier laisse
échapper un prisonnier.

XVI

Les arrestations pour la Bastille se faisaient généralement la nuit ou de très-grand matin (nous avons vu que Le Prevot avait été enlevé de son domicile par le commissaire Mutel à quatre heures du matin). Dès que l'*exempt* vous avait touché du bout de sa baguette blanche, il fallait obéir. On vous faisait monter dans une voiture qui vous conduisait droit à la forteresse. Arrivé devant le pont-levis, les archers s'arrêtaient; la sentinelle criait : « *Qui vive !* » ils répondaient : « *Ordre du Roi.* » La sentinelle prévenait le chef de poste qui, sur le vu de la lettre de cachet, faisait abaisser le pont-levis, et la voiture entrait. Le chef de poste donnait un coup de cloche, qui retentissait dans la rue et dans le faubourg Saint-Antoine et annonçait aux habitants un nouveau prisonnier.

Avertis par ce coup de cloche, le lieutenant du roi et le capitaine des postes se rendaient auprès du chef de poste, vérifiaient de nouveau la lettre de cachet et mettaient au bas un reçu du prisonnier qu'on leur livrait.

Pendant ces formalités, les soldats et les

assistants étaient obligés de tenir leur chapeau devant leur visage, pour ne pas voir le prisonnier, dit-on, ou peut-être pour ne pas être vus ni reconnus plus tard par lui. Conduit devant le gouverneur, le prisonnier subissait un interrogatoire sommaire à la suite duquel celui-ci lui assignait un logement; mais avant de s'y rendre, il lui fallait souffrir de bon gré ou de force l'humiliante formalité de la *visite*. On le faisait passer dans une pièce où il était obligé de remettre tous ses papiers, ses bijoux et son argent, et on le livrait à des porte-clés qui le fouillaient minutieusement.

Le personnel administratif de la Bastille se composait : 1° du gouverneur; 2° d'un lieutenant; 3° d'un major; 4° d'un chirurgien ; 5° d'une sage-femme (admirable prévoyance ! la Bastille recevait aussi des femmes); 6° de deux chapelains ; 7° de deux vicaires; 8° d'un archiviste; 8° d'un commissaire de police et 10° d'un architecte (1).

C'était le major qui était chargé de tenir le livre *d'entrée* et celui de *sortie*. Le premier contenait le nom et la qualité de chaque prisonnier, le numéro de l'appartement qu'il occupait et la liste des effets qu'il avait dû déposer lors de la visite dont nous venons de parler.

Un détail curieux et caractéristique : le

[1] En 1783, le gouverneur était le marquis de Launay, qui fut massacré lors de la prise de la Bastille. Il était gouverneur depuis 1776. Le lieutenant était le chevalier de Saint-Sauveur. Le major M. Chevalier, le chirurgien M. Lecoq, les chapelains Bottin des Essarts et Taf de Guydon, l'archiviste Duval, le commissaire de police Chenon, l'architecte Larcher d'Aubancourt.

livre de sortie contenait une *formule de serment* que tout prisonnier qui était rendu à la liberté était tenu de signer avant de sortir. Aux termes de cette formule, il s'engageait à ne rien révéler de tout ce qu'il avait vu, su et entendu à la Bastille et il devait de plus, par une ironie véritablement amère, signer une formule de protestation de fidélité, de respect, de soumission et de *reconnaissance* (le mot y était) pour le roi, d'assurance que les faits qui l'avaient compromis avaient été l'effet de l'erreur seule de l'esprit et d'actions de grâces de ce que Sa Majesté ne l'avait pas livré à des *commissaires extraordinaires* (Sa Majesté était vraiment bien bonne); eufin d'une attestation d'avoir reçu tous ses effets, argent, etc... (qu'on lui gardait le plus souvent en majeure partie, mais ce dont il avait bien garde de se plaindre, trop heureuxde s'en tirer tout dépouillé)(1).

Les frais de procédure, du reste, que le malheureux prisonnier avait dû subir, et qu'il était tenu d'acquitter, ne lui laissaient pas souvent beaucoup d'argent disponible à sa sortie. Ces procédures, en effet, selon les formes du temps, étaient en général très-longues et très-dispendieuses.

Le prisonnier jugé était obligé de payer tous les dépens, les épices des juges, les droits de geôlage, de couchage, de nourriture, à moins que ces derniers frais ne fussent pris par le roi. Un prisonnier ordinaire était ruiné. En cas d'acquittement même, il

(1) *Remarques historiques sur la Bastille.*

devait, pour avoir sa liberté, solder encore les frais de justice; sinon il finissait ses jours en prison, accablé de misère. Aussi n'était-ce pas sans raison que les prédicateurs du temps recommandaient aux juges de visiter les prisonniers, et surtout de prendre sur leurs épices pour donner du pain à ceux qu'ils avaient condamnés (1).

Outre les livres d'entrée et de sortie, il y avait un troisième livre, en feuilles détachées, contenant les noms des prisonniers et le tarif de leur dépense.

Quand le peuple de Paris, après des efforts héroïques, se fut emparé de la Bastille et l'eut envahie, on la fouilla avec le plus grand soin jusqu'en ses plus mystérieuses profondeurs. Indépendamment des horribles trophées de chaînes que la main des malheureux captifs avait à demi-usées, des armes d'une forme bizarre et effrayante dont personne ne pouvait deviner l'usage, d'un vieux corselet de fer qui paraissait inventé pour retenir un homme par toutes les articulations du corps et le réduire à une immobilité complète, on trouva une masse incalculable de papiers. Le pillage de ces papiers dura deux jours, après quoi l'Assemblée nationale nomma une commission pour dépouiller tous ceux qu'on put rassembler.

M. *Dusseaulx*, de l'Académie des belles-lettres, qui faisait partie de cette commission, raconte dans sa brochure que, lorsque le jeudi 16 juillet, il se rendit avec ses collè-

(1) Ravaisson. *Introduction,*

gues dans l'espèce de cachot où étaient les archives, ils trouvèrent sur des tablettes des cartons très-bien rangés, mais déjà vides. On en avait tiré les pièces les plus importantes; le reste était répandu sur le plancher ou dispersé dans la cour et jusque dans les fossés. Cependant on y trouvait encore à glaner (1).

Un peu plus tard, l'assemblée des électeurs invita les diverses personnes qui pouvaient posséder des papiers rassemblés au sac de la Bastille, à les porter à l'Hôtel-de-Ville.

L'auteur de la *Bastille dévoilée* (2), qui a compulsé les pièces déposées et qui en a publié une partie, dit que ce dépôt réunissait des objets de tout genre, que les membres de la Commission y ont trouvé des papiers de famille importants qu'ils ont fait remettre aux personnes intéressées, des traités de paix, des plans d'attaque et de campement, des ouvrages manuscrits et imprimés sur toute sorte de sujets: jurisprudence, législation, tactique, médecine, chimie, tout y était confondu.

L'Hôtel-de-Ville ne fut pas le seul dépôt des pièces trouvées à la Bastille. On en constitua un autre au *district de Saint-Germain-des-Prés*, et l'on nomma également un comité pour en faire l'analyse.

L'auteur de la *Bastille dévoilée* rapporte encore à cette occasion « que tandis que des papiers trouvés à la Bastille étaient exposés par lui au *Lycée,* où tout le monde avait la li-

(1) Dusseaulx. *De l'insurrection parisienne et de la prise de la Bastille, 1790.*

(2) *La Bastille dévoilée, ou Recueil de pièces authentiques pour servir à son Histoire.* Paris, 1789.

berté de venir les compulser, *S. A. M*gr *le
duc de Chartres* (qui fut plus tard le Roi
Louis-Philippe), et les deux princes, ses
frères, lui ont fait l'honneur de venir les par-
courir et qu'en voyant au nombre des personnes qui avaient signé des ordres d'em-
prisonnement arbitraire, le nom de son
trisaïeul *(Louis-Philippe d'Orléans, le régent du royaume)*, le duc de Chartres dit à
l'auteur: « il vaudrait beaucoup mieux que
ce nom n'y fût pas. » Paroles remarquables,
ajoute l'auteur, mais très-naturelles dans la
bouche du *jeune prince citoyen* qui a, sous
les yeux, à chaque instant, les exemples de
vertu et de patriotisme dont les principes
sont dans son cœur. »

Parmi les innombrables pièces ramassées
à la Bastille, on a trouvé un *état* sur lequel
figure le nom de Le Prevot de Beaumont avec
l'indication de son entrée et de sa sortie.

Cet état intitulé: *Etat de la Bastille depuis
le 17 juillet 1768 jusqu'au 5 mai 1782*, qui
a été publié dans la *Bastille dévoilée*, porte
la mention suivante:

17 novembre 1768	PREVOST, ce prisonnier a eu un garde le 23 avril 1769, laquel est sorti le 4 mai pour entrer avec le sieur de Launay.	transféré à Vincennes le 11 octobre 1769.

Mention qui concorde parfaitement avec
les indications données par Le Prevot dans
ses mémoires.

Parmi ces mêmes papiers dont quelques-
uns, marqués d'un sceau funèbre, ont été conservés à la justice de l'histoire, figure aussi

une lettre de l'infortuné La Tude, adressée à Mme de Pompadour.

Dans cette lettre déchirante, on lit cette phrase : « *Le 25 de ce mois de septembre 1760, à quatre heures du soir, il y aura cent mille heures que je souffre.* » Le malheureux, quand il écrivait ces mots terribles, avait encore *deux cents mille heures de souffrance à compter*. Plus malheureux encore que Le Prevot de Beaumont, mais prisonnier pour une cause qui ne saurait comporter aucune comparaison avec celle qui fit détenir celui-ci (1), La Tude a subi en effet *trente-neuf années de captivité*, tandis que Le Prevot n'a été détenu que *vingt-deux ans et deux mois!!!*

(1) Mazer de La Tude, ingénieur, a été écroué à la prison de la Bastille en 1749 sous le nom de Danry, pour faux avis de tentative d'empoisonnement contre Mme de Pompadour. Voir ses *Mémoires*. Paris, Grefier, 1789.

XVII

**Relation de la captivité de Le Prevot, écrite par lui-même.
— Sa brochure intitulée :** *Le Prisonnier d'État.* **— Son
portrait. — Le mobile qui l'a dirigé. — Son dévouement.
Ses sentiments religieux.**

Nous nous sommes attachés jusqu'ici à
faire connaître ce qu'était le *Pacte de famine* d'après les documents du temps et les
écrits de Le Prevot, ainsi que la législation
sur les grains, *les lettres de cachet* et *la
Bastille.* Nous allons nous occuper maintenant plus particulièrement de Le Prevot lui-
même, et essayer de donner une idée de tout
ce que ce courageux citoyen a souffert phy-
siquement et moralement, pendant sa longue
captivité. Pour cela, nous n'aurons qu'à consulter la brochure très-curieuse, devenue
assez rare, que le Prevot a publiée peu de
temps après sa mise en liberté.

Cette brochure, datée de Paris, le 31 décembre 1790, au cloître de Saint-Germain-
l'Auxerrois, à côté du club littéraire (1), est
intitulée :

LE PRISONNIER

D'ÉTAT

ou

TABLEAU HISTORIQUE

de la captivité de J. C. G. LE PRÉVOT DE BEAUMONT,
durant vingt-deux ans et deux mois
écrit par lui-même.

(1) Il existe une autre édition datée de Paris, rue Jacob, vis-à-
vis celle de Saint-Benoit, F. S, G. n° 29, 1791.

Au-dessous de ce titre, on lit cette épigraphe latine :

Nunquam nimis dicitur publico quod (1)
Nunquam satis dicitur (Prov. antiqui.)

En tête de la brochure, on voit une gravure représentant Le Prevot dans sa prison, assis sur la planche qui lui servait de lit et attaché par deux chaînes dont l'une, rivée à son bras gauche, est fixée à une sorte de grosse borne en pierre, et l'autre rivée à son pied gauche tient à un fort anneau fixé dans le sol. On voit, le long des murailles, plusieurs gros anneaux de fer et des bouts de chaine; à terre, une cruche et un bassin. Le Prevot est enveloppé d'une grande houppelande un peu ouverte sur le devant, qui laisse voir la chemise.

Cette gravure, assez bien faite, est surtout intéressante en ce qu'elle présente le seul portrait que nous ayons de Le Prevot et ce portrait doit être à peu près fidèle. On voit que l'artiste, malgré la dimension restreinte de la gravure, a évidemment cherché à reproduire les traits de Le Prevot et à en donner au moins une idée. La tête est belle, le front élevé, les yeux singulièrement expressifs, la bouche fine, la figure, dans son ensemble, respire à la fois un air de distinction, d'énergie et de douceur. L'attitude est celle de la méditation. Le Prevot tient la main droite appuyée sur l'anneau qui étreint son poignet gauche, comme si cet anneau le faisait souffrir.

(1) Jamais on ne saurait trop dire au public ce que
Jamais on ne lui dit assez (Proverbes antiques).

Au-dessus de la gravure, on lit cette inscription :

« *Le Prisonnier d'État au donjon de Vincennes.* »

Au-dessous de la gravure, cette autre inscription :

« *J. C. G. Le Prévôt de Beaumont, secrétaire du ci-devant clergé de France, captif pendant vingt-deux ans et deux mois, pour avoir dénoncé un pacte de famine concerté entre les ministres* Laverdy, Sartine, Boutin, Amelot, Le Noir, Vergennes, *etc., rendu à la liberté le 5 octobre 1789.* »

La brochure débute par une préface *à la Nation*, écrite dans le style de l'époque, c'est-à-dire sur un ton déclamatoire. Le Prevot y invite les Français à lire « *le dévoilement du despotisme léthifère* des anciens ministres, lieutenant de police et directeurs généraux dont il *révèle les forfaits.* »

Ces expressions pourront paraître outrées et l'étaient peut-être un peu ; mais il ne faut pas oublier que celui qui parle vient de subir plus de vingt-deux ans de captivité arbitraire, sans avoir encouru aucune condamnation, ni commis réellement aucun crime. Il avait bien le droit, en vérité, de parler de *despotisme* et de *forfaits...*

L'ouvrage de Le Prevot se divise en deux parties. Dans la première, il décrit les causes de son arrestation et le pacte de famine que nous avons déjà fait connaître, ainsi que les circonstances de son incarcération à la Bastille. Dans la seconde, il fait le récit de son séjour successif à Vincennes, où il est resté quinze ans; à Charenton, à Bicêtre et à Bercy où il était au moment où il a été rendu à la liberté.

Nous ne reviendrons pas sur le Pacte de famine ni sur l'arrestation de Le Prevot ; nous citerons seulement le début où il indique la position qu'il occupait au moment où il a été arrêté et les raisons qui l'ont déterminé à agir ainsi qu'il l'a fait et à s'exposer aux maux qu'il a soufferts.

« J'étais, dit-il, secrétaire du clergé de France et j'avais déjà rempli plusieurs emplois honorables, jouissant de quelque considération dans la République des lettres par mon agrégation à diverses Académies provinciales, lorsqu'en juillet 1768, sans y penser, je découvris le pacte vraiment infernal de Laverdy, contrôleur général de nos finances, qui s'exécutait contre la France entière.

« Devais-je me taire, jeter au feu ma découverte et voir tranquillement accabler ma patrie ? De lâches égoïstes m'ont dit que j'aurais dû le faire pour éviter les pertes, l'anéantissement, les persécutions, les détentions insupportables que les conjurés ligués m'ont fait endurer dans cinq prisons durant plus de vingt-deux années ; mais en me taisant ou ne travaillant pas sans relâche de toutes mes forces, à délivrer des horreurs de la famine vingt-quatre millions d'âmes que la France renferme dans son sein, je me serais rendu, par mon silence, aussi coupable que l'étaient ensemble tous les conjurés ligués, anciens, présents et futurs. J'aurais assumé sur ma tête, devant Dieu et devant les hommes, tous les crimes et tous les maux que faisaient ces démons incarnés. Je devais donc en bon patriote, en bon citoyen, en bon Français, *originaire de Normandie* (1), me dévouer au salut de tout le monde, dénoncer les conspirateurs ligués, me sacrifier généreusement et combattre seul, *sous les regards de Dieu* qui me faisait faire cette découverte, sans la chercher, *puisque c'est lui qui découvre à qui il lui plaît les choses les plus cachées.* »

Le sentiment religieux qui domine chez Le Prevot et qu'il a conservé jusqu'à son dernier jour, se retrouve dans plusieurs passages de ses *Mémoires*, et l'on voit que c'est ce sentiment qui l'a soutenu pendant sa cruelle captivité.

C'est, du reste, ce que Le Prevot déclare lui-même, en racontant au commencement de son livre les souffrances qu'il a endurées au donjon de Vincennes. « Si Dieu qui est partout, dit-il, ne m'eût soutenu, j'aurais péri mille fois. »

On voit également, un peu plus loin, qu'il consacrait une partie des trops longs loisirs que lui laissait sa détention à des lectures et à des méditations religieuses. Ainsi, quand le ministre Amelot vint lui rendre visite à Vincennes, et lui demanda à quoi il s'occupait: « à lire et à méditer l'Écriture sainte, lui répondit-il, » et le ministre trouva en effet sur sa table, non pas seulement la *Bible*, mais encore un énorme in-folio qui

____

(1) On voit que Le Prevot était fier de sa qualité de Normand.

renfermait les *Œuvres spirituelles de Louis de Grenade* (1).

Il ne faudrait donc pas se représenter Le Prevot d'après la date de son opuscule, le style de la préface et quelques passages de ses écrits où il a sacrifié à certaines idées du début de la Révolution, comme un révolutionnaire et une espèce de démagogue en révolte contre la tyrannie royale et sacerdotale. Ce serait, en effet, un singulier démagogue que celui qui passait son temps à méditer les *Œuvres spirituelles de Louis de Grenade*! Non! Bien qu'une partie de ses Mémoires aient été publiés par articles, dans le journal de Loustalot : *Les Révolutions de Paris*, Le Prevot n'eut jamais rien de commun avec les révolutionnaires d'aucune espèce et son patriotisme très-sincère et très-convaincu, mais très-modéré, n'a jamais cessé de témoigner un profond respect pour la religion et la royauté elle-même, malgré les abus auxquels l'une et l'autre donnaient lieu et contre lesquels il protestait avec tant d'énergie.

(1) C'était sans doute la traduction française de Girard, conseiller du Roi de MDCLXXXX, In-fol., chez Pierre Delaunay, rue Saint-Jacques, à la Ville-de-Rome, près la Fontaine de Saint-Séverin.

XVIII

**Hardiesse des critiques de Le Prevot. — Définition du
mot** *Conjuration.* **— Enumération d'une foule d'abus de
l'ancien régime. — Erreur de Le Prevot. — Critiques des
abus religieux. — Les frères** *Jean de Dieu.*

Pour avoir une idée de la hardiesse et de
la vigueur avec laquelle Le Prevot signale
les abus qu'il a observés dans l'organisation
politique de l'époque, il faut lire la définition
qu'il donne à la fin de la première partie de
sa brochure du mot *conjuration* et les
exemples divers qu'il cite à l'appui. La plupart de ces exemples, pris par lui dans ce qui
se passait sous ses yeux, sont malheureusement de tous les temps; il en est certains
qu'on croirait volontiers tracés d'hier et écrits
en vue d'évènements tout récents :

« Plusieurs bons citoyens demandent qu'on
leur définisse le mot de *conjuration* et qu'on
leur apprenne par des exemples à distinguer
ce qui est conjuration, complot, ligue, machination, entreprise contre l'État, de ce qui ne
l'est pas, ce qui est licite de ce qui ne l'est
pas; il est juste de les satisfaire, quoique
beaucoup d'exemples aient déjà été rapportés
dans le *Recueil des Révolutions de Paris.*

« *Conjuration* ou *conspiration* signifie la
même chose; mais, en elle-même, qu'est-ce
qu'une conjuration ou une conspiration? C'est
*en général toute entreprise secrète ou non
secrète qui tend à nuire directement ou in-*

directement tant au souverain qu'à ses sujets ou seulement à une partie de ses sujets. »

Passant ensuite aux exemples, il dit:

« Les forfaits de nos ministres fuyards et de leurs prédécesseurs vont en fournir des exemples sous toutes sortes de faces hideuses qui mettront le public à portée de juger de la grandeur des crimes ministériels, de leur étendue, de leurs degrés et de leur multiplication...

« Faire piller et gaspiller les domaines de la couronne qui suffisaient autrefois à la subsistance et au maintien du Roi dans l'éclat et la splendeur, sous prétexte de lui en procurer de plus considérables et de plus solides sur les propriétés des peuples ; soutenir que toutes les propriétés appartiennent au prince régnant et que les peuples n'en doivent jouir qu'à titre précaire, *susciter de folles et injustes guerres*, qui en entraînant toujours d'autres à leur suite et dont on ne voit pas souvent la fin, *pour avoir occasion d'établir de nouveaux impôts sur les peuples, qu'on ne consulte pas pour entreprendre ou terminer ces guerres d'ambition, ni consentir ces impôts qui restent toujours après la paix,* supposer toujours des besoins d'État, endetter *la couronne de millions et de milliards,* en dissipant, friponnant, absorbant ses revenus ainsi que le trésor royal ; faire par cette conduite sans pareille en nul autre empire de gros déficits qu'on impute ensuite sur l'État comme ses dettes propres, quoique la nation entière se soit épuisée généreusement chaque année à payer une multitude d'impôts arbitraires qu'elle ne devait pas, ne les ayant jamais consentis ; violer sur tous les points les serments de fidélité qu'on a prêtés en *entrant au ministère ;* entretenir, non-seulement des tributs arbitraires sur les quatre éléments, mais encore sur tout ce que la nature peut produire ; en sorte qu'il n'est aucun objet qu'on puisse imaginer qui ne paye un ou plusieurs droits auxdits fermiers en sus des impôts ordinaires et extraordinaires, le sable, la cendre, le plâtre, le charbon, le fumier, l'ordure des animaux, l'eau, le feu, les tourbes paient encore des droits à nos fermiers.....

Denier la justice jusqu'au pied du trône, dont l'accès n'est ni libre ni gratuit pour tout le monde ; la refuser pareillement et la faire chèrement acheter dans les Conseils, dans les Cours parlementaires, dans celles des aides, des comptes, des monnaies, dans les *soixante Présidiaux* créés en 1551 par Henri II, dans les départements ministériaux, dans les sénéchaussées, les bailliages, les hautes-justices, les comtés et vicomtés, les prévôtés, les vigueries, les grueries, les duchés, les chatellenies et autres juridictions diocésaines ; faire piller, rançonner, dévorer tous les corps par deux à trois cent mille hommes de loi, érigés en charges diverses dans le royaume qui n'a besoin que de six cents tribunaux au lieu de six mille qui emportent par leurs vaines et ruineuses formalités tantôt le quart des contentions litigieuses, tantôt le tiers, tantôt la moitié des successions, sans distinction des orphelins, des pauvres, des veuves, des étrangers, par des frais de procédures éternellement faites par ces *larrons* qui décorent du beau nom de justice leurs formulaires déprédations que n'ont jamais autorisées ni taxées aucun de nos rois ; avoir rendu de temps immémorial vénales toutes ces charges de judicature qui n'étaient pas plus à vendre que la couronne, afin de les rançonner elles-mêmes au profit du Roi, quoiqu'il fût de son premier devoir de rendre et de faire rendre en son nom gratuitement la justice à tous les peuples de son État.

« ..... Ne contrôler, inspecter, faire compter et apurer aucunes fermes générales ou particulières, tous les ans, aucunes régies générales et particulières, aucunes recettes ni trésoreries, dispenser même les ministres de chaque département, les gardes du trésor royal, les régisseurs des postes et du tabac, de rendre compte de leur gestion devant les Chambres des comptes...

Il continue :

« Attenter despotiquement et de mille manières à la liberté, la vie, l'honneur des peuples français par les *lettres de cachet*, les prisons, l'inquisition, le récolement, l'espionnage, les translations, les persécutions secrètes, les bannissements, les exils, les empoisonnements, les oubliettes, la vente et la livraison des hommes et des femmes à l'esclavage ; protéger et récompenser les vices les plus contraires aux mœurs publiques et à la religion chrétienne, multiplier les taxes, les droits, sur chacune des subsis-

tances qui sont les plus nécessaires à la vie,
au commerce, à l'industrie; ajouter à la *taille*,
à la *capitation*, aux *vingtièmes*, *aux quatre
sous pour livre d'iceux*, aux ustensiles et
fourrages, *les gabelles, les aides, les traites,
le contrôle, l'insinuation* de tous actes nota-
riés et sous seing privé, la collecte, la milice,
le logement de troupes, *les corvées, le marc
d'or, le pied fourchu, le joyeux avènement*,
le tabac, les loteries, les papiers et parche-
mins timbrés, les cartes à jouer, la poudre,
l'amidon, les *grands* et les *petits devoirs* pour
saler le potage et remplir les saloirs, les
dons gratuits, les droits d'octroi, d'entrée
pour les fermiers traitants, qui perçoivent
sans nécessité, à la ruine du Roi et de l'État,
des armées de deux cent mille hommes par
ostentation, prétextant la garde du royaume
et la nécessité de contenir *les bons peuples
français*; tandis qu'on s'applique à les fouler
de plus en plus pour les contraindre à se ré-
volter; pensionner à l'excès tous les vices,
les vieux et les faux services; *puiser soi-
même et faire puiser à pleines mains* dans
le trésor des millions de pensions secrètes
par X. Y. Z. » (Ici, selon son habitude, Le
Prevot cite courageusement des noms propres
qui n'offrent plus d'intérêt de nos jours et
que nous supprimons).

« ...Transporter les *droits régaliens* à la
Cour romaine et lui donner la jouissance en
France de tous les bénéfices consistoriaux
depuis 1518, sans recevoir de cette cour étran-
gère la moindre chose en échange ni respecter
la *pragmatique sanction* de saint Louis qui

eut le courage de défendre les droits de sa couronne et de son État contre *cette vorace et orgueilleuse Cour ;* engager les receveurs généraux à faire au Roi des avances et intérêts avec ses propres deniers, ne cesser jamais de tolérer la rapacité des finances, l'usure, l'agiotage, le papier monnaie, les loteries...

« *Voilà la science de nos ministres anciens,* il est surprenant qu'avec de pareilles opérations, la ruine de la France ne soit pas arrivée plutôt ; avec cette conduite, quand le Roi aurait eu comme le grand Mogol et l'empereur de la Chine, deux ou trois milliards de revenu, on l'aurait toujours vu pauvre et endetté. Nous n'en finirions pas si nous entreprenions de rapporter tous les exemples que nous avons des divers genres de conspirations de nos anciens ministres contre le bien de l'État. »

« *In rebus pessimis, exultant, ministris, agoranomi et judices* (1). » Proverbes de Salomon.

En faisant cette vigoureuse peinture des vices et des abus de l'ancien régime, tracée d'après nature, Le Prevot commettait une grave erreur ; il présentait tous ces abus comme l'œuvre de quelques-uns et comme le résultat d'une vaste *conjuration*, c'est-à-dire d'une espèce de convention expresse, analogue au pacte qu'il avait découvert ; tandis qu'en réalité il n'en était pas ainsi. Tous les abus (il y en a dans tous les temps

(1) « C'est dans les pires choses que triomphent les ministres, les administrateurs et les juges. »

et sous tous les régimes), sont moins l'œuvre de quelques-uns que celle de tous, de ceux même qui en souffrent, comme de ceux qui en profitent, et ne sont que bien rarement le résultat d'une convention formelle et expresse, mais seulement d'un accord tacite qui s'établit spontanément entre tous ceux qui s'y croient intéressés, qui en profitent plus ou moins directement ou indirectement et qui craignent de les voir réformer. Mais on conçoit qu'avec sa manière de raisonner, avec son indépendance, sa liberté de langage et la mâle énergie avec laquelle il attaquait à la fois les abus et les hommes qu'il en croyait responsables, Le Prevot a dû exciter contre lui de grandes animosités, de redoutables colères, et des haines terribles, qui expliquent aisément la longue et cruelle détention qu'il a subie et l'acharnement qui a été déployé contre lui.

On vient de voir que tout religieux qu'il était et malgré sa qualité de secrétaire du clergé de France, Le Prevot ne craignait pas de dire franchement sa façon de penser sur les *droits régaliens* et les *empiétements de la Cour de Rome;* il signale dans un autre endroit de ses Mémoires, avec la même impartialité et la même indépendance, les abus que présentaient certaines congrégations religieuses de l'époque.

Ainsi, à propos de la communauté des *frères de saint Jean de Dieu* qui faisaient le service de la maison de Charenton, où il a été détenu, il s'exprime en ces termes :

« Par l'institution de saint Jean-de-Dieu,

les soi-disant *frères de charité,* faisant vœu
de pauvreté, sont obligés de ne retenir, sur
les dons du public. que leur nourriture fru-
gale et le vêtement au service des malades.
La maison de charité de Paris, la première
de l'ordre, dégénérant, violant les vœux de
son institution, presque dès son origine, a
voulu faire bombance en s'accroissant et en
se multipliant toujours. Bientôt, se voyant
très-opulents, par la multiplicité des dons,
ils ont acquis de vastes emplacements dans
les faubourgs de la capitale. Puis, pour être
seigneurs dominants, ils ont acquis des terres,
des châteaux et des bois; alors ils ont fait
valoir ces terrains par des détachements de
leur maison professe, au nombre de douze
membres à Charenton et de douze membres
dans une autre maison qui ont chacune pour
trois millions d'appartenances, et dans lesquelles maisons, ils ont fait placer *six ou
douze lits* pour des malades, afin de faire
réputer hospitalière chacune de ces maisons;
tandis qu'elles ne servent que de prisons tyranniques et de pensions sous le nom de
maisons de santé et qu'elles ne sont que des
maisons de force, non visitées, qui recèlent
tout à la fois des infirmes, des vieillards,
des jeunes gens, des fous, des imbéciles, de
tout âge et de toute profession, à titre de pension, depuis huit cents livres (ce sont les plus
basses), jusqu'aux plus hautes qui sont de
cinq mille livres. Les prétendus *frères de
charité* ou *ignorantins* de ces deux maisons,
au lieu de servir les malades, sont tout à la
fois : *fermiers, maîtres de pension, geôliers,*

gardiens, cuistres, gargotiers, dépositaires, économes, despotes, inquisiteurs, avares et tyrans, au bénéfice de la maison qui les change de deux ans en deux ans. »

Ces réflexions de Le Prevot sont parfaitement justes. Tout le monde sait dans quelle décadence complète la plupart des ordres monastiques étaient tombés au XVIIIe siècle, malgré les nombreuses tentatives qui avaient été faites, à diverses reprises pour les réformer. Beaucoup de causes très-variées avaient sans doute contribué à cette décadence; mais celle qu'indique Le Prevot à l'occasion des *frères Jean-de-Dieu,* doit assurément être considérée comme la principale : *l'amour des biens temporels,* la passion de s'accroître, de s'enrichir et de devenir *seigneurs dominants,* passion dont l'homme, quelque soit l'habit dont il se couvre, a tant de peine à se défendre. Aussi combien, au moment où a éclaté la Révolution, y avait-il d'institutions religieuses qui avaient complètement dévié de leur but, et qui ressemblaient à celles des *frères de Charenton* dont parle Le Prevot, vendant de tout et se servant de la religion comme d'une enseigne ou d'un instrument de trafic? Que d'établissements soi-disant religieux et charitables qui n'avaient de religieux que le costume et de charitables que le nom?

XIX

Le Prevot a beaucoup écrit pendant sa longue captivité, avec ou sans la permission de ses geoliers.

C'était du reste chose bien naturelle avec son instruction, un esprit cultivé comme le sien et une imagination très-surexcitée.

Que faire en un cachot à moins que l'on écrive?

C'est le meilleur moyen, évidemment de faire passer le temps, de remplacer la société qui vous fait défaut et d'épancher sa bile. Le Prevot en a usé et peut être un peu abusé.

De tous ses écrits, il ne nous est parvenu qu'une très-faible partie, ceux là seulement qui ont été imprimés. Quant aux manuscrits, nous avons fait d'actives recherches dans l'espoir d'en découvrir; mais elles sont restées vaines.

Sachant que Le Prevot était décédé à Bernay le 22 novembre 1823, ainsi qu'il a été dit plus haut, à l'âge de 97 ans, nous avons pensé que la déclaration des droits de succession qui avait dû être faite, à sa mort; pourrait renfermer quelques renseignements à cet égard et

nous nous sommes adressés à un obligeant
compatriote, M. de Lalonde, inspecteur d'enregistrement à Bernay, qui a bien voulu prendre la peine de compulser les registres de son
administration, dans un intérêt historique, autant que par amitié; mais il a malheureusement constaté qu'il n'a été fait aucune déclaration après la mort du pauvre prisonnier
d'état, Mme d'*Aurival*, sa nièce, demeurant à
Bernay, rue du Collége, qu'il avait laissée pour
unique héritière, ayant renoncé à sa succession par acte passé au greffe du tribunal civil
de Bernay le 5 décembre 1823. Une inscription
en marge, porte qu'il avait été délivré un cer-
tificat d'indigence et la table de succession ne
mentionne aucun testament (1).

Le Prevot n'a donc dû laisser qu'un mobilier, sans aucune valeur et s'il y avait des
papiers à son décès, ils ont été dispersés et
très-probablement détruits.

On a parlé d'une petite bibliothèque ou plutôt de quelques livres qui auraient été recueilis
par un M. Lacroix, ancien procureur impérial
à Bernay et ancien curé constitutionnel, livres
parmi lesquels se serait trouvé un exemplaire
du Prisonier d'Etat, annoté de la main même
de Le Prevot. Le docteur Cordier a dit dans
un article inséré dans *l'Avenir de Bernay* en
mai 1872 qu'il avait vu cet exemplaire dans
son enfance et il avait invité les habitants qui
le détiendraient à en faire don à la bibliothè-

---

(1) Cette table porte une différence de prénons qui doit être le
résultat d'une erreur. Le Prevot est appelé Jean-Charles *Gérosi-
me* Le Prevost. La date étant bien du 22 novembre avec l'âge de
97 ans; il ne peut y avoir aucun doute sur l'identité.

que de la ville; mais nous ne sachons pas que l'on ait répondu à son appel et nous n'espérons plus qu'on y réponde.

Les seuls écrits imprimés de Le Prevot que nous connaissions sont :

1° La brochure intitulée : *Le Prisonnier d'Etat* dont nous avons déjà parlé;

2° Des articles qu'il a publiés dans le journal de Prud'homme: *les Révolutions de Paris;*

3° Une lettre adressée à M. Le Noir, lieutenant général de police insérée dans *les mémoires historiques et authentiques sur la Bastille* (par Carra.) — Londres 1789;

4° Son *mémoire* au roi Louis XV avec la lettre d'envoi au roi et ses *défenses;*

5° Enfin, un écrit intitulé : *Testament*, que Maquet et Arnoult ont publié par extraits dans leur histoire de la Bastille.

Nous nous sommes expliqués sur la brochure du *Prisonnier d'Etat* et nous l'avons décrite.

Les articles publiés dans le journal des *Révolutions de Paris* partent du 13 février 1790, et vont jusqu'au 10 juillet de la même année, ils comprennent depuis le n° 31 jusqu'au n° 52 après lequel ils sont interrompus. (1) Le premier article porte cet intitulé.

« Horrible conspiration liguée anciennement entre le ministère, la police et le parlement de Paris contre la France entière, découverte en juillet 1768 par Jean-Charles Guillaume Le Prevot de Beaumont, ancien secrétaire du clergé de France, détenu dans

____

(1) Ces articles ont du reste été reproduits presque littéralement par Le Prevot dans sa brochure du Prisonnier d'Etat.

cinq prisons de Paris depuis vingt-deux ans, sans déclaration de cause, pour l'empêcher de révéler et dénoncer le pacte infernal de Laverdy qui lui est tombé dans les mains en cette même année 1768.

Suit cette devise latine :

« *Salus Populi, suprema lex* (1). »

Tous ces articles sont précédés de l'attestation suivante qui est reproduite en tête de chacun d'eux.

« Je soussigné certifie avoir remis moi-même à M. Prud'homme les pièces originales de la conspiration et de ma captivité développées dans mon mémoire, étant libre depuis quatre mois par les bontés de *M. le comte de Saint-Priest* et que foi doit être ajoutée à celles là seulement. »

LE PREVOT DE BEAUMONT.

« Paris, le 21 février 1790.

Le Prevot raconte dans son *Prisonnier d'Etat* comment il a été amené à publier ces articles dans le journal de Prud'homme, il dit que les procès-verbaux de sa capture, ses interrogatoires, ses dépenses, ses lettres originales signées de lui en grand nombre ont été trouvées à la Bastille après la prise de cette forteresse et apportées à l'auteur du journal des *Révolutions de Paris* qui a bien voulu les lui communiquer. En retour, Le Prevot lui a fourni les divers articles dont il s'agit, qui n'en étaient que des extraits.

Il parle également ailleurs, « d'abus et

____

(1) Le salut du Peuple et la suprême loi.

d'exactions qu'il a dénoncés à l'auguste assemblée nationale et à la capitale du royaume dans les *Révolutions de Paris* publiées par le sieur Prud'homme, comme ayant principalement forcé la révolution actuelle. » Mais ce n'est qu'une allusion aux mêmes articles, ainsi qu'il paraît résulter de cet autre passage:

« Depuis cet instant (celui de la délivrance) mettant à profit mon loisir, j'ai dressé pour l'assemblée nationale et la capitale mes *dénonciations* qui paraissent successivement depuis le n° 30 dans les Révolutions de Paris, publiées par le sieur Prud'homme. »

La lettre à *M. Le Noir*, lieutenant général de police a été écrite par Le Prevot pendant sa détention au Donjon de Vincennes. Elle est datée: « *au Cachot brun, n° 3 du Donjon de Vincennes, le 1er avril 1775.* » Nous reviendrons plus loin sur cet écrit, le plus remarquable, peut être, de tous les écrits de Le Prevot qui nous sont parvenus.

Le *mémoire* est intitulé: « Mémoire au roi Louis XV, contenant la dénonciation du Pacte de famine par Charles Guillaume Le Prevot, originaire de Beaumont-le-Roger, prisonnier depuis 1768 à Vincennes et à la Bastille. »

Le Prevot avait composé trois mémoires qu'il avait adressés tant au ministre Amelot qu'à Le Noir. Ces mémoires duement fermés d'un cachet portaient les suscriptions suivantes:

Le premier: *Au Roi de France et de Navarre à Versailles.*

Le deuxième: *Conjuration et ligue formidable dénoncée au Roi pour lui être remise par son ministre Amelot et par son lieutenant de police Le Noir, s'agissant de choses extraordinaires.*

Le troisième: « *Maledictio tuo, ô Deus, super proditores cadit qui bono Regi aut magno Delphino istam déclarationem* (1) Sigillatam *non reddent vel reddiderint!* »

« C'est ce dernier mémoire, dit Le Prevot lui même dans son *Prisonnier d'Etat*, qu'un ancien gendarme a fait imprimer depuis huit mois, sur une minute en papier gris, trouvée après la prise de la Bastille et que j'ai vérifiée chez le sieur Maradan, libraire, qui la montre à qui la veut voir et j'ai actuellement la grosse de cette pièce. Le gendarme a mis en tête un discours préliminaire relatif au temps de la révolution actuelle. »

Carra dans ses *Mémoires historiques et authentiques* confirme le fait, et parle aussi d'un mémoire de Le Prevot trouvé à la Bastille qui a été publié au mois d'octobre 1789 par M. Th... D..., ancien gendarme du Roi.

Le Prevot cite encore dans son Prisonnier d'Etat un écrit intitulé: « *Les cris et les gémissements des Prisonniers d'Etat de la Bastille et de Vincennes* » qui lui aurait été soustrait par un compagnon de captivité qu'il soupçonne d'avoir été valet de chambre du Roi et qui, ayant obtenu la liberté en 1774, aurait déguisé l'ouvrage et l'aurait fait imprimer en un volume sans nom d'auteur. On pourrait se demander si cet ouvrage ne serait

______

(1) Que ta malédiction, Seigneur, tombe sur les traitres qui ne rendront pas ou ne rendraient pas au bon Roi ou au grand Dauphin cette déclaration!

pas le même que le *mémoire au Roi* et si l'ancien *valet de chambre du Roi* ne serait pas le même individu que l'ancien gendarme dont il est question plus haut; mais nous ne le pensons pas, en présence des détails si précis donnés par Carra.

Quant à l'Ecrit intitulé : *Testament*, resté inconnu jusqu'à la publication de l'histoire de la Bastille, les auteurs de cette histoire racontent qu'ils en ont dû la communication à la complaisance du *bon et digne colonel Morin* (1), qui a bien voulu mettre à leur disposition sa riche collection d'autographes qu'il possédait sur la Bastille. Nous raconterons plus tard l'origine de ce testament qui est curieuse en ce qu'elle dévoile un des mystères les plus honteux de la Bastille : l'*Espionnage des aumôniers.* »

Indépendamment de ses écrits imprimés, Le Prevot a composé de nombreux ouvrages manuscrits, dont il cite lui même quelques uns, sans parler de la grande quantité de lettres qu'il écrivait pour des grands personnages du temps, lettres dont fort peu ont dû parvenir à leur adresse.

C'est ainsi qu'il cite dans son testament les ouvrages suivants :

« *La ligue des conjurés contre la France découverte et dénoncée au Roi.* »

« *La police du dix-neuvième siècle.* »

« *Un projet d'université royale, civile, politique, romanesque et morale.* » (Travail,

---

(1) L'ancien directeur du Conservatoire des arts et métiers, mathématicien distingué et membre de l'Institut. Devenu général d'artillerie en 1855.

sous forme de lettres, qui avait couté beaucoup de peine et qu'il voulait envoyer au Roi.)

Un autre écrit auquel il avait donné le titre bizarre : « d'*Araignée de cour ou le résultat des résultats*, titre qu'il explique ainsi : « l'araignée de cour ayant cornes en tête indiquait les deux présidents de la ligue, et ses huit pattes, autant de chefs ligueurs; le travail de l'insecte, celui de la machination. *Les mouches prises et sucées dans les filets sont tous les français.* » Quelque ingénieuse que soit l'explication, cet écrit doit dater d'une époque ou la séquestration avait quelque peu dérangé son cerveau.

Un très-volumineux ouvrage intitulé :

« *L'art de régner ou la science d'après l'écriture sainte du vrai gouvernement de la monarchie française dans ses soixante-six branches.* »

Il avait passé cinq années à écrire cet ouvrage qui devait renfermer la quintessence de ses longues méditations sur la politique. « Il était si considérable, dit-il, qu'il aurait fourni à l'impression près de vingt volumes in-8 en caractères historiques. » Il prétend qu'il avait fait proposer aux imprimeurs associés de la rue Saint-Jacques, qui imprimaient l'*Almanach sous verre*, de le mettre au jour pour leur compte, sans demander de privilège; mais qu'ils n'osèrent l'entreprendre parce qu'ils venaient tout récemment d'être saisis et de perdre une imprimerie secrète de 30,000 liv., dans une cave de la rue de la *Mortellerie*, par la délation de *Simon*, imprimeur du Parlement.

« L'art de régner, dit-il, divisé par titres,

chapitres, sections et paragraphes dans un ordre didactique traitait à fond toutes les matières du gouvernement et dévoilait les abus, les forfaits, les ligues et les conjurations du ministère, de la police, des prisons, des tribunaux et des hôpitaux. »

Il prétend aussi que la police s'étant emparée du manuscrit par *Surbois*, inspecteur de police et *Cheron*, commissaire, pendant qu'il était dans la prison de Charenton (1); *Le Noir* et *Le Baron de Breteuil* en auraient fait imprimer clandestinement le premier des sept tomes qui le composaient, en le déguisant, le défigurant et omettant l'*Epitre dédicatoire au Roi. La préface aux français, les tableaux de la France, la description de Paris et le traité complet de l'éducation du prince qui doit régner,* le tout sans nom d'auteur et d'imprimeur, et ils auraient fait censurer par les périodistes ce volume informe, altéré et travesti, qu'ils auraient mis au jour à leur guise. »

Ceci, franchement, ne nous parait guère vraisemblable et sent encore un peu le visionnaire. Néanmoins, avis aux bibliophiles qui cherchent des raretés rarissimes, celui qui trouverait ce volume dépareillé devrait être bien heureux!

Le Prevot cite enfin une *Histoire du Donjon de Vincennes*, divisée en vingt deux chapitres, qui lui aurait été également soustraite par la police.

Non content d'écrire en prose, Le Prevot

(1) Le prisonnier d'Etat, p. 135.

faisait aussi des vers ; mais si son style en
prose, était assez correct, quoique un peu
diffus et emphatique, selon le mauvais goût
qui régnait à la fin du XVIIIe siècle, sa poésie
était très-faible, à en juger par les deux pièces
qu'il a insérées dans son. *Prisonnier d'Etat*.
Voici l'une de ces pièces, la moins mauvaise, que nous reproduisons à titre de curiosité :

SUR LE DONJON DE VINCENNES
1776

Ce superbe Donjon, palais des Rois de France,
Devrait-il renfermer le crime et l'innocence ?
De quel droit m'y voit-on englouti dans l'oubli ?
Pour servir aux tourments fut-il jamais bâti ?
Le fut-il pour céler, sous un air de justice,
Les forfaits, les complots de la noire police ?
Pourquoi l'horrible abus des lettres de cachet,
Pour servir des sujets et les perdre en secret ?
En quel lieu trouve-t-on cette loi détestable,
Qui punit l'innocent et sauve le coupable ?
Avec toi je naquis, Liberté peu connue !
Justice d'autrefois, qu'êtes-vous devenue ?
Louis Seize, ô mon roi ! si c'est toi que je sers,
D'où vient que ton nom seul me surcharge de fers ?
Ministres déloyaux, qu'enhardit l'impudence,
Qui vous donna le droit de m'ôter ma défense ?
Qui de vous ou de moi met par cupidité,
La famine en tous lieux et la stérilité,
Et par d'obscurs traités, des manœuvres secrètes,
Fait d'un siècle abondant un siècle de disettes ?
Parlez, seigneurs, parlez et dites si c'est moi
Qui ruine ou trahis et l'État et le Roi ;
Si je suis cet écueil où sans bruit, sans orage,

Sans fleuves débordés, nos cités font naufrage ;
Si je suis une peste enfantant mille maux,
Détruisant les humains et leurs droits les plus beaux;
Si je suis l'artisan et l'avide corsaire
Des riches déjà faits et des pauvres à faire ;
Si comme les Romains, sans en avoir horreur,
J'afferme ou vends enfin l'empire et l'empereur?
Un MANDRIN ne pilla que les brigands du monde,
Pour faire subsister sa troupe vagabonde ;
Mais vous, plus effrontés, plus coupables que lui,
Vous vivez; vous régnez; les rapts font votre appui.
On vante vos talents ; on exalte vos vices ;
On couvre vos défauts ; on tait vos injustices.
Enflés de vos forfaits, les royales maisons
Deviennent des cachots et d'affreuses prisons ;
Lorsqu'en les remplissant par vos soins despotiques
Vous mettez à profit les misères publiques,
Fléaux affreux, l'effroi des plus justes mortels,
Puissiez-vous n'accabler que les vrais criminels !

XX

Le Prevot a la passion d'écrire. — Il est privé des moyens
de la satisfaire. — Curieux procédé pour y suppléer. —
Patience et persévérance. — Le Prevot écrit sa dénonciation sur les murs mêmes de son cachot avec
la flamme d'une chandelle.

Le Prevot aimait beaucoup le travail et
l'étude. Il avait au plus haut point la passion
d'écrire ; ses gardiens disaient *la manie*. A
diverses reprises, soit d'eux-mêmes, soit par
ordre supérieur, ceux-ci cherchèrent à l'empêcher de satisfaire cette passion, cependant
assez inoffensive chez un malheureux prisonnier. Ils le privèrent de plume, d'encre et de
papier, véritable raffinement de torture quand
il s'agit d'un homme intelligent et lettré. Mais
plus on redoublait de sévérité à l'égard de Le
Prevot et plus on voulait l'empêcher d'écrire,
plus il s'obstinait et s'ingéniait pour s'en procurer les moyens et déjouer la surveillance
de ses argus.

Voici comment l'un deux, *Cauchin*, secrétaire de *M. de Crosne*, s'exprimait à cette occasion dans un rapport par lui adressé au
baron de Breteuil à la date du 7 février 1787 :

« Quoique durant le cours de ses détentions successives, on ait souvent privé le
sieur Prevot de Beaumont de la faculté d'é-

crire et qu'on lui ait refusé des plumes, de l'encre et du papier ; il a toujours trouvé le moyen de satisfaire à *cette manie*, en écrivant avec diverses matières, notamment avec la suie de sa cheminée sur du linge. »

Sur quoi Le Prevot fait cette réflexion : « La bête ! c'était tantôt avec des compositions, tantôt avec du jus de réglisse noir, du sang, de l'encre violette carminée par la débullition du bois de Fernambouc et tous les autres ingrediens propres aux diverses couleurs qu'emploient les peintres et même ceux qu'ils n'emploient pas. »

Quand Le Prevot ne pouvait pas écrire sur du papier, il écrivait sur du linge ; quand il ne pouvait pas écrire sur du linge, il écrivait sur la muraille, ainsi qu'il le raconte dans un passage de son *Prisonnier d'Etat.*

« Remis, dit-il, dans ma chambre (c'était à Vincennes, en février 1774, à un moment où il venait d'être retiré du cachot où il avait déjà passé *treize cents quatre-vingts jours,* en plusieurs fois), je la barbouille et je la peins, sur les huit pans de muraille, jusqu'aux culs-de-lampes, sur lesquels aboutissent les nerfs ; ne pouvant aller jusqu'aux ogives de la voute semblable à un parasol, j'avais blanchi d'avance ce que je voulais colorier. Je passe sous silence, pour abréger bien des atrocités du démon *Rougemontagne* (M. de Rougemont, le gouverneur). Je travaille. Je compose. J'extrais mes lectures. M. le comte *de Laleu,* habitant du château, qui a une bibliothèque de quatre mille volumes choisis, veut bien me les communiquer à l'insu de Rougemontagne, par mon porte-clefs. Dans tous mes cachots, je laissais des preuves de mon habitation et l'on y en voit encore aujourd'hui, malgré les couches de blanc qu'y faisait mettre Rougemontagne pour les effacer.

« La démonstration du pacte de Laverdy, qui était le sujet de ma détention, occupait toute entière le numéro 2, en grosses lettres d'impression. L'encre magnifique de ces lettres était du suif norci, sur une planche de chêne, présentée à la chandelle par dessus sa flamme. Ma plume était de brins de bouleau recourbés, pour faire couler le suif chaud sur la muraille, ce qui noircissait le suif de la chandelle et le liquéfiait pour la formation de chaque lettre. Cette manière d'imprimer debout est la plus longue, car dans une heure je ne faisais pas plus de *cinquante* lettres de l'alphabet de gros caractères d'imprimerie. La nécessité de répondre à une requête présentée au Conseil me fit obtenir assez de chandelle pour faire ce que je voulais. »

Le Prevot, sans doute, montrait une patience et une persévérance vraiment remarquables, en couvrant ainsi les murs de sa prison de caractères, péniblement tracés, avec des instruments aussi imparfaits; mais beaucoup de prisonniers en ont fait autant et ont fait des choses plus difficiles encore.

Tel: le prisonnier de Gisors qui écrivit le récit de la passion du Christ avec un clou sur les murailles de la tour où il était muré. Tel encore: le célèbre Procureur général *La Chalotais*, qui jeté en prison dans la citadelle de Saint-Malo, sequestré avec son fils, écrivit pour se défendre, un mémoire fier et passionné qui se terminait par cette mention qui donne tant à penser: » *Ecrit avec un curedent et avec de l'encre faite avec du vinaigre et du sucre sur des papiers d'enveloppe de sucre et de chocolat.* » Ce qui faisait dire à Voltaire qui professait une grande admiration pour La Chalotais : « *son curedent a gravé pour l'immortalité.* »

Tous ces prodiges d'adresse et de patience et bien d'autres semblables que l'on pourrait citer sont certainement aussi remarquables que ceux qu'a accomplis Le Prevot, mais ce qui ne se voit pas aussi fréquemment et ce qui est bien autrement digne d'admiration à nos yeux: c'est le spectacle que nous présente Le Prevot, quand, prisonnier, plongé par ses ennemis au fond d'un cachot où ils l'ont, en quelque sorte, enseveli vivant, pour étouffer sa voix et l'empêcher de révéler leur secret qu'il a surpris ; il les brave jusque dans les fers ; il écrit intrépidement sur les voûtes de son cachot avec la flamme fumeuse d'une chandelle, le terrible secret qu'on voulait ensevelir avec lui et fait apparaître aux yeux même de ses persécuteurs stupéfaits, quand ils viennent pour le visiter et s'assurer s'il est encore vivant, le témoignagne accusateur de leur infamie.

Quelle énergie! Quelle hardiesse! quel magnifique tableau que celui de cette héroïque protestation d'une conscience indignée que rien ne peut étouffer, que rien ne peut dompter?

XXI

Transféré successivement dans cinq prisons différentes, Le Prevot fut conduit d'abord
à *la Bastille* le 17 novembre 1768 où il fut détenu jusqu'au 14 octobre 1769. De là, il fut
transporté au Donjon de *Vincennes* où il demeura jusqu'au 10 mars 1784 ; il passa ensuite à *Charenton* puis à *Bicêtre* où il entra
le 19 octobre de la même année, et le 19 septembre 1787 il fut conduit à *Bercy* d'où il ne
sortit que le 5 septembre 1789 jour ou il fut
rendu à la liberté.

Pendant son séjour à la Bastille, Le Prevot
reçut la visite de son ennemi acharné *Sartines*, qui tenait à se rendre compte par lui-
même de l'état ou était réduit son prisonnier.

Le récit que fait Le Prevot de son entrevue
avec le célèbre lieutenant de police, récit qui
parait empreint d'une très-grande sincérité,
est tellement intéressant que nous ne pouvons
nous abstenir de le reproduire *in extenso*.

On voit, en effet, Le Prevot, montrer en face
de son ennemi tout puissant une attitude noble et ferme qui lui fait le plus grand honneur.

Voici ce récit :

« *Sartines* vint aussi me questionner à son
tour, pour voir si je connaissais les membres
de sa ligue ou, peut être, si je le soupçonnais
lui-même d'être de leur nombre. »

« Pourquoi, me dit-il, n'avez vous pas
adressé votre dénonciation plutôt à *M. Trudaine* et au parlement de Paris qu'à celui de
Rouen? » « Votre question m'étonne, lui répondis-je aussitôt, si j'avais dénoncé à l'un
des plus ardents des conjurés ligués; n'eut-
ce pas été la même bêtise que de dénoncer
au chef de la ligue? Me serais-je adressé au
Parlement de Paris, dont la plupart des membres de la grand'chambre y sont associés?
Me serais-je adressé à aucun des ministres,
au Roi lui-même, qui trempent jusqu'au cou
dans cette horrible machination, seule capable de renverser le royaume? Descendons;
me serais-je adressé à vous même qui, pour
l'exécution de cette infernale entreprise, faites
les fonction de *Procureur général?* A vous,
monsieur, qui retenez en département pour
les ravager exclusivement la capitale et toute
l'ile de France, qui comprend la Brie? A vous,
qui tenez correspondance avec les lieutenants
généraux des baillages du ressort du Parlement? A vous, qui endoctrinez *Malisset,* tous
les jours de la semaine, durant deux heures,
de préférence à toute affaire de police? A
vous, qui punissez, qui tourmentez injustement les boulangers de Paris, qui ne veulent

pas donner au public, au-dessous du prix que vous leur faites acheter, les blés et les farines mixtionnés de *Malisset* que vous appelez l'*Homme du Roi*, parce qu'il est véritablement l'*Homme du Diable?* A vous, enfin qui n'informez pas le Roi des affiches journalières au coin des rues que cette atroce conjuration fait naître depuis plus de trois mois? »

« Sur cette vigoureuse sortie que Sartine n'attendait pas et que je n'avais pas dessein de faire, mais qui sortit de ma bouche comme malgré moi, il ne put nier. Il fit une pirouette sur le talon, ne pouvant plús soutenir mes regards et fut dans l'embrasure d'une des fenêtres de son tribunal d'inquisition chercher sa réplique et revenant à moi, il prononça : *Oui*, en confirmant ainsi tout ce que je venais de lui reprocher, mais en ajoutant : « *Je ferai imprimer des lettres* (sans doute celles de *Laverdy*), qui me disculperont. »

« Sottise, lui dis-je, le public saura vous répondre de manière que vous ne pourrez vous disculper. Vous vous dénonceriez vous-même et vous vous perdriez. Les faits ne parlent que trop haut et vous ne l'emporterez pas sur la notoriété publique. Désistez vous plutôt du complot ; cessez de conspirer ; renfermez vous dans les devoirs de votre place et ne mettez pas au jour les lettres de votre Président ; vous seriez tous reconnus *traitres* et *prévaricateurs*. »

« Sartines ne fit, én effet, rien inprimer ; mais il conserva toujours contre moi une haine implacable, parce que je le connaissais trop bien. »

« Il me demanda aussi (et ce n'était pas sans dessein) si j'avais des parents. »

« Oui, lui dis-je, j'en ai dans presque toutes les villes de la haute Normandie dont je suis originaire. »

Ceci se passait en 1768. Peu de temps après Le Prevot expiait sa franchise avec le lieutenant-général de police par un redoublement de sévérités, et le 14 octobre 1769 Sartines le faisait transférer, avec sept de ses codétenus, au donjon de Vincennes, en vertu de lettres de cachet datées de *Fontainebleau* et signées encore *Phelippeaux*, que Le Prevot a prétendu fausses comme les premières. Il ajoutait qu'elles avaient été fabriquées par *Duval fils*, secrétaire de Sartines, dont il disait avoir reconnu l'écriture.

Sartines alla encore visiter Le Prevot dans sa nouvelle prison, en novembre 1772. Dans cette seconde entrevue, Le Prevot, que Sartines avait recommandé de tenir *très-rigoureusement*, était tellement exaspéré par les souffrances que lui avait fait endurer le gouverneur de Vincennes *Rougemont*, qu'il se laissa aller, cette fois, à des emportements regrettables et à une telle violence de langage que Sartines dut se retirer en lui disant : « Vous êtes furieux de colère. » A quoi Le Prevot, recouvrant tout à coup son calme, répondit avec une parfaite raison : « Qui ne le serait pas de voir que ce scélérat de *Rougemontagne* (c'était, ainsi que nous l'avons déjà vu, le nom qu'il donnait à *Rougemont*), dans tous ses mensonges, ses rapports perfides et ses tyrannies est approuvé de vous sur tous points... Vous voudriez que je fusse fou, et vos tyrannies excessives en ont fait tomber beaucoup dans la démence et le désespoir qui n'ont pas tant souffert; mais vous n'y réussirez point. »

En 1775, le 22 juillet, Le Prevot reçut, également à Vincennes, la visite du célèbre *Malesherbes*, devenu récemment ministre. Malesherbes, dont tout le monde connaît et admire le noble et beau caractère, s'était beaucoup préoccupé des abus auxquels donnaient lieu les lettres de cachet et les détentions arbitraires. N'ayant pas le pouvoir de supprimer les lettres de cachet elles-mêmes, il voulut au moins s'assurer personnellement des abus et les atténuer autant qu'il dépendrait de lui. C'est ainsi qu'il alla visiter lui-même la prison où était détenu Le Prevot.

Dans un mémoire qu'il adressa au roi au nom de la cour des aydes, Malesherbes fait la peinture suivante de *Bicêtre*, une des prisons où Le Prevot a séjourné : « Sire, dit-il, il existe (en 1770, date du mémoire) dans le château de *Bicêtre* des cachots souterrains, creusés autrefois pour y enfermer quelques fameux criminels, qui après avoir été condamnés au dernier supplice, n'avaient obtenu leur grâce qu'en dénonçant leurs complices, ces cachots sont tels qu'il semble qu'on se soit étudié à ne laisser aux prisonniers qu'on y enferme qu'un genre de vie qui leur fasse regretter la mort. On a voulu qu'une obscurité entière régnât dans ce séjour. Il fallait cependant y laisser entrer l'air, absolument nécessaire pour la vie; on a imaginé de construire, sous terre, des piliers percés obliquement dans leur longueur et répondant par des tuyaux qui descendent dans le souterrain. C'est par ce moyen qu'on a établi quelque communication avec l'air extérieur, sans laisser aucun accès à la lumière. Les malheureux, qu'on enferme dans ces lieux humides et infects, sont attachés à la muraille par une lourde chaîne et on leur donne de la paille, de l'eau et du pain. Votre Majesté aura peine à croire qu'on ait eu la barbarie *de tenir plus d'un mois*, dans ce séjour d'horreur, un homme qu'on *soupçonnait de fraude.* Personne dans votre royaume, Sire, n'est assuré de ne pas voir sa liberté sacrifiée à à une vengeance; car personne n'est assez grand pour être à l'abri de la haine d'un ministre, ni assez petit pour n'être pas digne de celle d'un commis des fermes » (1).

Malesherbes, animé de tels sentiments, devait naturellement se montrer favorable à Le Prevot. Il s'intéressa à lui et lui demanda avec bienveillance depuis combien de temps il était détenu et quelle était la cause de sa détention, lui disant *qu'il visitait les prisonniers pour délivrer ceux qui devaient l'être.*

« — Cette cause, lui répondit fièrement Le Prevot, que *vous devriez savoir* et que moi je soupçonne seulement, loin de m'inculper, m'honore. » Et il se mit à la lui exposer; mais le nouveau ministre comprit aussitôt que Le Prevot n'avait pas été détenu aussi

---

(1) Voir le *Recueil de Lamoignon sur la Cour des Aydes,* 1779, in-4°, à l'occasion du colporteur Monnerat, enfermé dans les cachots de Bicêtre, victime d'un acte arbitraire.

longtemps sans des influences très-puissantes que, tout ministre qu'il était, il ne pouvait affronter seul. Il lui dit : « Il faut, monsieur, que vous soyez ici pour quelque cause qui m'est inconnue. » Et il ajouta : « Donnez-moi un mémoire circonstancié de votre dénonciation et sur les questions que je vous fais, je le communiquerai au roi avant de prendre ses ordres. »

Le Prevot lui adressa un mémoire ; mais il n'obtint aucune réponse. Il acquit plus tard, dit-il, la certitude que Malesherbes ne le communiqua jamais au roi. Aussi (ce qui était bien naturel), en conclut-il une aversion profonde pour Malesherbes, qu'il traite assez durement dans divers passages de ses écrits et qu'il appelle un *fantôme-ministre*. Il va plus loin. Il l'accuse formellement d'avoir participé personnellement au *Pacte de famine* et d'en avoir tiré profit ; mais il n'en fournit aucune preuve et nous paraît en cela égaré par l'irritation qu'il éprouvait de n'avoir pu obtenir de Malesherbes de lui faire rendre la liberté, ainsi qu'il l'avait espéré. C'est bien assez d'admettre que Malesherbes, trompé d'ailleurs par ceux qui s'acharnaient contre Le Prevot, n'ait pas osé essayer de le délivrer et ait reculé devant une entreprise qui lui a paru au-dessus de ses forces.

Le Prevot, du reste, rend justice aux dispositions bienveillantes de Malesherbes à son égard et dit qu'il lui a dû, au moins, un peu d'adoucissement au régime qu'il subissait.

Il raconte que lorsqu'il répondit à Malesherbes, qui l'engageait à lui adresser un mémoire : « Je le veux bien, mais faites-moi donner du papier et commandez à mon perfide geôlier, ici présent, de ne pas manquer à vous le remettre en main lui-même, sitôt qu'il sera cacheté et à votre adresse. » Malesherbes lui dit : « Du papier? Eh! quoi! vous êtes homme de lettres et auteur, m'a-t-on dit, de différents ouvrages et l'on ne vous donne pas de papier en prison, pour vous occuper. » Puis se tournant vers M. de Rougemont : « Je ne vois pas d'inconvénient à ce que M. Le Prevot ait du papier autant qu'il en pourra employer. » Et Malesherbes commanda au gouverneur de délivrer du papier au prisonnier et d'avoir soin de lui remettre à lui-même tout ce que Le Prevot lui donnerait. *« Car il faut au moins*, ajouta-t-il, *qu'un prisonnier ait la liberté de défendre sa cause. »* Belle parole bien digne de sortir de la bouche du courageux défenseur de Louis XVI?

XXII

Pendant que Le Prevot était à Vincennes, en 1775, le nouveau lieutenant de police, Le Noir, vint, selon l'usage, visiter cette prison. Il se fit représenter Le Prevot et l'interrogea sur les causes de sa détention. Il parut l'écouter avec attention et se montra également très-sympathique pour lui ; mais le temps s'écoula sans que Le Prevot entendît parler de rien. Aussi, péniblement surpris au mois d'août de la même année, celui-ci résolut d'écrire directement au lieutenant de police, afin de lui reprocher son inaction et de solliciter plus vivement encore son appui.

Le Noir avait une grande réputation de loyauté, de désintéressement et de philanthropie. Né à Paris en 1732, il avait été conseiller au Châtelet en 1752, c'est-à-dire à vingt ans. Lieutenant criminel, une première fois, en 1759, maître des requêtes en 1765, il avait été nommé ensuite à l'intendance de Limoges ; il en était revenu pour être lieutenant de police en 1774, et avait été désigné en 1775 comme lieutenant civil et conseiller d'État.

Complétement opposé au système de *Turgot* sur les approvisionnements de Paris, il avait soutenu une lutte très-vive contre ce célèbre ministre, et comme il avait fallu finalement que l'un d'eux cédât, le ministre l'ayant emporté, *Le Noir* dut se retirer ; mais Louis XVI, sur les conseils même de Turgot, lui écrivit une lettre remplie de bonté. L'essai qu'on fit alors du plan de Turgot, n'ayant pas été heureux, Le Noir, après la retraite de celui-ci, fut rappelé à la police et le public applaudit avec transport à son rappel.

Le Noir était, disent ses biographes, très-sympathique de sa personne. Il avait reçu de la nature une physionomie spirituelle, noble et pleine de douceur. Il avait une élocution facile, une grande netteté dans les idées, un jugement fin et beaucoup de tact. Sa dépense personnelle fut toujours modeste ; sa fortune médiocre, si médiocre même que lorsqu'il eut donné sa démission en 1790 et se fut retiré en Suisse et de là à Vienne, où il resta pendant la Révolution, il était dans le dénûment, et, revenu en France en 1802, il n'eut pour vivre jusqu'à sa mort, arrivée en 1807, qu'une pension de 4,000 francs que lui faisait Napoléon Ier.

Il avait été rapporteur de la commission nommée pour juger *La Chalotais*. Il s'était acquitté de cette mission délicate avec beaucoup de prudence et de modération et avait puissamment contribué à déterminer la dé—

cision qui avait conservé au courageux Procureur général l'honneur, la fortune et la
vie. C'était un administrateur habile et expé-
rimenté en même temps qu'un philanthrope.
Ce n'était pas un homme d'argent qu'on pût
suspecter d'être entré dans la *ligue* des accapareurs ou d'avoir été suborné par ceux-ci.

Par ses idées, par ses principes, par son
caractère, Le Noir était donc l'homme qui
était le plus apte à faire rendre justice à Le
Prevot et le mieux disposé à l'écouter favorablement, et ce dernier avait été parfaitement
inspiré en s'adressant de préférence à lui.
Malheureusement les institutions étaient
dans ce cas beaucoup plus fortes que les
hommes et Le Noir, pas plus que Malesherbes, ne pouvait triompher des obstacles
qui s'opposaient à la délivrance de Le Prevot. D'ailleurs, le caractère inflexible de celui-ci, sa fierté, son obstination dans ses
idées, les travers même que la séquestration
et la solitude, comme il arrive toujours,
avaient développés en lui, devaient singulièrement faciliter à ses persécuteurs le moyen
de lui aliéner ceux qui pouvaient, tout d'a-
bord, s'intéresser à lui. Il n'y a donc rien
d'extraordinaire à ce que Le Noir n'ait pas
fait plus de cas de la lettre de Le Prevot que
Malesherbes de son mémoire, et on ne saurait leur en faire un grand crime.

Cependant cette lettre, écrite dans ce style
original et tout à fait personnel à Le Prevot,
était bien faite pour toucher une nature élevée
comme celle de Le Noir. Pour mettre à même

d'en juger, nous allons la reproduire textuellement :

> « *A Monsieur* Le Noir, *lieutenant général
> de police.*

« Ah ! Monsieur,

« Me serais-je attendu que le commissaire d'un
bon prince, doux et équitable, nouvellement pré-
posé et envoyé de sa part dans les prisons d'Etat
pour rendre justice en son nom à ses sujets, entendre avec bonté les opprimés, délivrer les innocents,
consoler les affligés et user même de clémence envers
les coupables, s'il y en a, viendrait avec la disposition de se déclarer pour l'injustice dès sa première
visite, et voudrait n'employer l'autorité du Roi que
pour accabler du poids de sa grandeur un malheureux bien loin de compatir à ses maux ? Quoi ! un
lieutenant de police veut bien s'approprier les crimes de son prédécesseur avec ceux de ses créatures,
et prononcer contre un citoyen pauvre et innocent,
à l'instant qu'il veut parler, un arrêt de captivité
perpétuelle, plus qu'un arrêt de mort subite ; quand,
après sept mois d'une tyrannie sans exemple, il
somme son geôlier receleur de lui représenter l'ordre
de Sa Majesté pour le retenir, de l'écrouer, si l'ordre est valable, et de lui faire signer la charge de sa
personne ! Ne sont-ce pas là les règles établies en
tout temps ? Et n'est-ce pas pour prévenir les enlèvements dont on s'est plaint que le Roi s'est réservé
à lui seul la connaissance des lettres de cachet depuis
deux ans ?

« Vous dites, Monsieur, qu'il y a un ordre pour
me retenir à Vincennes et que vous l'avez vu ? Mais
moi qui ne l'ai pas vu et à qui on doit le communiquer, j'ai droit de nier son existence ou s'il existe

d'en soutenir l'invalidité et la nullité. Nul ordre n'est valide s'il n'est du commandeur des volontés du roi. Or, celui que vous avez vu, est-il signé véritablement de la main de monseigneur *Phelypeaux*, duc de la Vrillière, délivré par ce ministre, inscrit dans ses bureaux ? Quelle date porte-t-il ? A qui adressé ? A qui notifié ? En quelle prison enregistré et qui a fait sa soumission d'y obéir ? Certes, ce n'est pas moi ! Aussi le perfide geôlier de Vincennes, à qui j'ai été vendu et livré, mains liées, comme un criminel par des criminels, n'a jamais pu me le montrer ni voulu m'écrouer. D'autres forfaits prouvent encore mieux ce que j'avance.

« Quand par le premier ordre en blanc signé *Phelypeaux*, daté et rempli de la main de M. Duval, le 6 novembre 1768, j'ai été enlevé pour être mis à la Bastille, les formalités ordinaires ont été observées, l'enregistrement fait sur le livre des entrées et j'ai signé mon écrou dont, en bonne règle, on doit délivrer copie au prisonnier.

« Mais lorsque, onze mois après, on a voulu me retirer de cette prison pour me recéler à Vincennes, il n'a pas été expédié d'ordre pour ma translation. Votre secrétaire, pour servir l'inimitié dont m'honore son premier maître, a bien osé, non pas seulement remplir, le 2 octobre 1769, un blanc d'ordre au nom du roi, portant ordre au gouverneur de la Bastille de me mettre en liberté ; mais le signer lui-même du nom *Phelyppeaux*, à l'insu de ce ministre. Le dessein de M. de Sartines, concerté avec le gouverneur, était de me donner une fausse joie, de surprendre ma décharge et de me soustraire ma caisse pleine de papiers, qu'il retient encore actuellement dans ses mains, en même temps qu'il envoyait *Marais* avec ses satellites et ses licteurs pour me garrotter et m'enlever de force à Vincennes. A la vue de ce faux ordre de liberté qui me fut remis aux mains, je demeurai dans un stupide étonnement sur cette hardiessse de compromettre ainsi l'autorité du roi et de se jouer en même temps du ministre et de ses commandements, pour se dérober, maquignonner et recéler les sujets qu'on veut perdre. Cependant, prenant ensuite conseil de moi-même, au lieu de signer la décharge qu'on me demandait, je dressai sur le registre ma protestation, tant à l'égard de la fausse lettre de liberté, que contre la violence tortionnaire de M. *de Sartines*, et je déclarai alors que sa conspiration contre le Roi et l'État, dont il m'avait fait l'aveu comme malgré lui à la Bastille, était le sujet de mon enlèvement. En conséquence, je remis à la charge du gouverneur et de tous les geôliers de la Bastille d'en donner avis au Roi, à monseigneur le *Chancelier* et à monseigneur le comte de *Saint-Florentin*. Pareilles manœuvres et pareilles fausses lettres de liberté ont été expédiées pour mes quatre compagnons qui, ne connaissant pas comme moi l'écriture et les diverses signatures du ministre, qui m'ont passé par les mains, n'ont point fait de protestation.

« Malgré leur décharge, ils ont été emmenés à Vincennes deux jours après ma translation, sans nouvel ordre, pour payer, de leur corps, pension au sieur *Rougemont* aux dépens de l'Etat. Ils ont été corrompus par le geôlier, et, pour récompense, ils ont obtenu de M. de Sartines, qui s'est donné la peine de les venir voir exprès, non-seulement leur liberté, mais des emplois. Il faut donc conclure de ce rapport qui est dans la vérité, que, quoique je sois relégué, abandonné et tyrannisé, depuis six ans, à Vincennes, je suis encore prisonnier de la

Bastille, censé présent, puisque le gouvernenr n'a pas la décharge de ma personne. Aussi l'ordre qu'on vous a montré n'est encore qu'une fausse lettre de détention, semblable et de la même facture que la fausse lettre de cachet du 2 octobre, qui met Sa Majesté en contradiction avec elle-même et qui lui fait injure en même temps qu'elle calomnie son commandeur. Mais enfin, la nullité palpable de ce faux ordre vous autorisera-t-elle aussi, Monsieur, de me recéler et de me persécuter à votre tour sans vous en avoir donné le moindre sujet ? J'ai droit à votre justice, et le serment de fidélité que vous venez de prêter entre les mains du Roi m'en assure encore. J'excuse autant que je puis votre secrétaire, qui ne pouvait guère se dispenser de se prêter aux mauvais desseins de son premier maître ; mais en ayant un second, il devait du moins, pour réparer le mal qu'il m'avait fait, employer tous ses soins auprès de vous pour me retirer de l'abîme où je suis.

« Supposons, Monsieur, qu'un inconnu vint vous dire : J'ai découvert, sans y penser, une entreprise que je soupçonne être une conspiration contre le Roi et contre l'État. Je vous supplie de me dire si je suis obligé de la dénoncer, comment et à qui je dois le faire ? Certainement, vous lui répondriez sans hésiter : C'est moi qui suis le préfet de la capitale, conséquemment l'homme du Roi ; c'est à moi que vous devez faire votre déclaration, et il vous la ferait aussitôt ; mais si, par malheur, à son insu, vous veniez à reconnaître sa découverte pour une opération de la police même ou seulement pour celle du ministère même, auriez-vous la cruauté, abusant de la confiance et de l'ignorance de l'inconnu, de l'en punir ? Non, sans doute, et je crois qu'en bon et habile magistrat, vous ne prétendriez pas tuer ou étouffer la vérité, si le fait était vrai ; et s'il ne l'était pas, vous dissuaderiez le citoyen ; ou bien, vous vous chargeriez de vérifier l'objet et de le dénoncer vous-même s'il le fallait faire. Après votre information, vous ne dissimuleriez pas à ce patriote que sa découverte est connue ou inconnue du Roi; si elle existe ou n'existe plus ; si c'est une conspiration véritable ou seulement une affaire d'État passée au conseil du roi; puisque dans ce dernier cas l'inconnu n'aurait plus rien à dire et serait entièrement déchargé de son devoir.

« Je suis, Monsieur, à peu de chose près, dans les circonstances de mon hypothèse, et même dans de plus favorables encore. Tout mon plaidoyer se réduit dans la finale de cette première lettre. Ma découverte est certaine ou elle ne l'est pas ; c'est une conspiration ou ce n'en est pas une. Ce n'est pas à moi de l'approfondir ; mais c'est à moi de la dénoncer. Personne ne m'a nié qu'elle fût contre le Roi et l'État. Personne ne m'a déchargé de mon devoir de citoyen. Personne ne m'a dit qu'elle était à la connaissance du Roi ou qu'elle n'y était pas ; qu'elle était avouée de Sa Majesté ou non ; qu'elle était de son conseil ou non ; qu'elle était autorisée ou non autorisée. *Quand vous m'avez appelé pour m'entendre,* j'ai commencé à vous la déclarer, comme faisant le sujet de ma détention et vous ne la niez pas. Je réclame votre justice et vous ne me la rendez pas. Je vous demande conseil et vous ne me le donnez pas. Je me plains d'une injuste captivité depuis sept ans, et vous ne m'en retirez pas. J'y suis persécuté et vous ne me défendez pas. Que dirai-je ? Pour achever de m'accabler, vous m'annoncez que ma perte est résolue. Si c'est vous-même qui l'avez résolue, jugez de votre justice ; car devant

Dieu, votre âme répondra de la mienne et je ne mourrai point sans vous citer, aussi bien que le ministre *Sartinien*, avec mon geôlier, à comparaître devant la divine Majesté dans quarante jours après ma mort, qui n'est peut-être pas bien éloignée. J'ai une ferme foi que Dieu m'exaucera sur le déni de justice que vous me faites tous trois. Qu'ai-je fait que je n'aie dû faire? Suis-je donc votre ennemi? Non, assurément! Cependant vous vous déclarez le mien gratuitement, en épousant la haine et les passions furieuses de mes persécuteurs, dont j'ai le droit de haïr les crimes et non leurs personnes. Pourquoi n'avez-vous pas la charité de me dire ce qui pourrait me gagner votre faveur? Qu'exigez-vous de moi? Je le ferai. Est-ce de ne plus parler de ma détention ni de sa cause? J'y consens, pourvu que vous vouliez m'en décharger.

« Il est d'un homme de cœur de secourir un malheureux innocent, abandonné de tout le monde. Conseillez-moi ; guidez-moi ; délivrez-moi, et ma reconnaissance me fournira les moyens de vous donner en toute occasion des assurances d'attachement et du profond respect avec lequel je suis,

Monsieur,

Votre très-humble et très-obéissant

serviteur,

« LE PREVOT.

« Au cachot brun n° 3, du Donjon de Vincennes, le 1er août 1775. »

Toutes ces plaintes, toutes ces supplications, hélas! restèrent vaines! Le lieutenant de police les laissa sans réponse et Le Prevot demeura toujours captif.

Déçu encore dans ses espérances, mais non

découragé (il ne se découragea jamais), Le Prevot se vengea de *Le Noir* en faisant un jeu de mots sur son nom et l'appela : « *Le* « *nommé* Le Noir, *aussi noir d'âme que de* « *nom.* » Vengeance bien innocente et bien pardonnable de la part d'un malheureux prisonnier comme lui.

XXIII

Le 24 juin 1776, Le Prevot, toujours à Vincennes, reçut la visite d'un autre ministre,
M. Amelot, qui était accompagné du lieutenant de police Le Noir dont nous venons de
parler, des six premiers commis du nouveau
ministre, à la tête desquels était *Robinet*, des
deux geôliers et de deux chirurgiens, nous
dit Le Prevot. Le récit de cette visite est non
moins intéressant que celui des visites de
Malesherbes et de *Sartines*.

Après les salutations d'usage et quelques
paroles échangées sur ses occupations et ses
lectures, comme le ministre gardait le silence, Le Prevot lui dit : « Monsieur, vous ne
vous informez pas, comme M. de Malesherbes, pourquoi et depuis quand je suis
prisonnier, et si je vous en apprenais la
cause, peut-être qu'en vous supposant une
intention favorable, ma déclaration me ferait

tort ; puisque vous ne désirez pas la savoir pour me rendre la justice qui m'est due.

— « Non, non, dites, dites ! » répondit le ministre.

« Je la lui déclarai donc aussitôt, continue Le Prevot, mais voyant que mon récit ne l'empêchait pas d'inspecter les *Histoires de la Bastille et de Vincennes*, que je composais ; continuant de parler, je me tournai du côté de son subdélégué, qui, de même que le ministre, craignait de me questionner.

— « Bon ! des famines générales, dit le ministre Amelot.

— « Oui ! monsieur, des famines générales, celles de 1740, 1741, 1752, 1767, 1768, 1769 et 1775 ont trop malheureusement existé et ne sont venues que de la même cause.....

« C'en était déjà plus que le ministre n'en voulait savoir de moi ; parce qu'alors, en m'exprimant ainsi, je parlais, sans le savoir, à l'un des conjurés même de la *ligue ;* car, comme je l'ai su depuis, le sieur Amelot n'arrivait au ministère que pour le récompenser des services qu'il avait bien voulu lâchement rendre aux principaux conjurés dans son département de Bourgogne.

— « Qu'avez-vous besoin ? » me dit Amelot pour se tirer de moi.

— « *De ma liberté seule*, monsieur ! Je n'ai pas mérité de la perdre un seul instant depuis huit ans ; rendez-la moi, de l'ordre du roi ou de votre office, cela vous fera honneur. N'est-ce pas pour me délivrer que vous me visitez ? »

Point de réponse de sa part.

— « Vous paraissez, monsieur, préoccupé et pressé de partir, sans rien décider de ma liberté ; n'êtes-vous donc pas venu pour me la rendre, comme vous le pouvez et le devez, n'étant pas coupable ?

« Si vous ne me délivrez pas, je croirai que vous ne m'auriez visité que pour me recéler à votre tour, comme vos précédents confrères, qui ne venaient me voir et ne m'interrogeaient que pour m'abandonner ensuite parce que je leur disais la vérité très-naïvement.

— « Il faut, dit-il, que je parle au roi et que je lui demande votre liberté.

— « M. de Malesherbes, qui vint l'an passé, m'a dit la même chose, m'a demandé des instructions que je lui donnai et ne m'a point délivré. Le roi ne sait rien de ma détention ni de sa cause. Il ne connait pas un seul des prisonniers que l'on fait par l'abus des *lettres de cachet*.

— « Si vous voulez, me répondit sur cela le ministre *Amelot*, que je lui donne connaissance de vos découvertes ; il faut que vous me fassiez remettre par votre gardien votre dénonciation sous trois semaines.

— « Je vous l'enverrai bien à tous deux, monsieur Le Noir et vous ; mais je m'attends qu'elle deviendra inutile, parce que vous la supprimerez de même que vos prédécesseurs et par là, vous trahirez, comme eux, les intérêts du Roi et de l'État, dans la plus grande cause qui n'ait pas existé et qui n'est pas la mienne. Si je m'en décharge sur vous, messieurs, vous la remettrez à ma charge, en ne faisant rien de ce que vous me promettez.

Vous ne risquez rien, cependant, de m'élar-
gir aujourd'hui provisoirement ; je vous donnerai mon adresse pour m'appeler où il sera
nécessaire, soit pour affirmer ou renouveler
ma déclaration.

— « Non, dit-il, envoyez-moi votre dénonciation ; joignez vos observations, vos conseils, et tout ce que vous croirez utile ; j'en
parlerai au Roi. Dites-moi seulement ce qui
vous manque à présent dans votre prison.

— « Rien, monsieur, si ce n'est ma liberté !

« Tous s'en vont après avoir examiné mes
barbouillages sur les murailles de ma chambre. »

Le Prevot, qui avait été plus d'une fois trompé dans son attente, ne se faisant cette fois aucune illusion sur le résultat de la visite, ajoute:

« *La pantomime est jouée.* »

Le 29 juin 1784, alors que Le Prevot était à
Charenton, où il avait été transféré depuis
quelques mois (le 10 mars), un autre personnage important vint lui rendre visite. C'était
le *baron de Breteuil,* le même qui, d'après Le
Prevot, lui aurait ravi son ouvrage sur l'*Art
de régner* et qui se l'était approprié, en en
faisant publier une partie sous son nom.
M. *de Breteuil* était probablement curieux de
connaître l'*auteur de son livre.*

Le Prevot raconte ainsi cette visite qui fut
très-courte :

« Prévenu de leur arrivée par les prisonniers et amenés au numéro 10 de ma chambre, on ouvre le guichet de ma porte. Voyant
que j'étais assis, lisant sur ma table dans
un grand in-folio, qui me cachait la tête, le

frère *Calixte*, le prieur, me dit : « Venez, monsieur, approchez, voilà le ministre.

— « Eh bien! lui répondis-je sans me déranger, faites-le entrer avec sa compagnie, il sera le bienvenu. »

« Le prieur leur fait part de ma réponse et demande leur résolution. Ils m'avaient sûrement entendu comme lui et ils ne voulaient point entrer.

Alors j'ajoutai encore plus haut :

— « Le ministre des *lettres de cachet* ne veut-il ni entrer, ni m'entendre, ni me rendre justice?

« On ne répond rien encore.

— « En ce cas, sa visite est déjà faite pour moi, fermez les guichets. »

« Le dessein des visiteurs étant devenu inutile, le baronnet, pour avoir l'air de visiter les prisonniers, courut de porte en porte, ne faisant que se montrer.

« Sa visite pour cent cinquante prisonniers ne dura qu'*une demi-heure*.

« Comme c'était consolant pour de pauvres prisonniers, que ces visites officielles, ainsi faites *au pas de course*, et comme elles devaient être profitables. »

Le Prevot fait la remarque que la même chose s'observait toutes les fois qu'un ministre, un lieutenant de police ou la Chambre des vacations du Parlement faisaient leur visite. Il rapporte, à cette occasion, qu'il n'était pas permis au public d'entrer jamais dans la maison de force. On ne le permettait pas même à l'archevêque, ni à des parents, ni à des amis, de peur qu'ils ne se laissassent toucher de commisération et gagnassent le public.

« On ne permet pas même, dit-il, aux parents et amis des autres prisonniers dans cette maison d'y entrer pour examiner par eux-mêmes leur situation, quoi qu'ils payent, sur leurs propres biens, depuis 800 livres jusqu'à 5,000 livres de pension ; mais on les fait habiller, dans ce cas, et on les mène dans une chambre de la maison du devant, où ils sont obligés de parler en présence de deux geôliers à ceux qui viennent pour les visiter. »

Indépendamment des visites dont on vient de parler, Le Prevot reçut encore, tandis qu'il était dans la maison de Charenton, la visite de trois conseillers de la *Grand'Chambre des Vacations*, qui, contre leur habitude, descendirent dans cette maison.

Cette visite n'eut rien de remarquable, sauf que Le Prevot confondit d'étonnement ses geôliers, en représentant aux visiteurs un volumineux paquet de mémoires qu'il avait préparés à l'avance, à l'insu des gardiens.

Quand le Président, M. *de Fleury*, lui demanda comment il était nourri, il répondit :

— « Assez mal, monsieur; mais mon affaire m'intéresse davantage et je ne m'occupe que du plus nécessaire. Permettez-moi, cependant, ajouta-t-il, de vous supplier de visiter deux de mes malheureux confrères de cette maison, qui, sans défenseurs, sont abandonnés infirmes à la voracité de mes geôliers; l'un est le fils du comte *Marcel de Ravenne*, ancien militaire, demeurant rue de Condé, faubourg Saint-Germain, pour lequel on paie

cent louis de pension ; l'autre, le fils d'un
gros négociant de Strasbourg et de Turin, à
la pension de 1,500 livres, tous deux infirmes,
âgés de trente-trois ans. Ils ont besoin d'une
prompte assistance ; mais les geôliers de
Charenton retiennent leurs lettres, mandent
à leurs parents qu'ils ne manquent de rien et
se portent bien, en leur refusant tout ce qui
est nécessaire à leur santé. Il est révoltant
que des gens qui font profession de charité
ne vivent que de la vie et de la liberté d'au--
trui. »

— « On ne peut que vous louer, Monsieur,
me répliqua le président, de vous intéresser
à vos confrères ; mais je les ai déjà vus et il
ne m'en reste plus qu'une vingtaine à visiter. »

— « Je crus qu'il disait vrai, dit Le Prevot
en terminant ce récit; mais dès le même jour,
après le départ de MM. du Parlement, ces
deux malheureux prisonniers m'apprirent
par la fenêtre qu'ils avaient toujours été enfermés dans leurs catacombes durant cette
visite, et qu'ils n'avaient jamais été ni enten-
dus ni visités des magistrats. »

Les paroles bienveillantes des conseillers
à Le Prevot n'avaient été que pour la forme.
Ce n'était, comme on dit vulgairement, que
de l'*eau bénite de Cour*.

Messieurs les Conseillers de la Grand'-
Chambre des vacations ne paraissaient pas,
du reste, prendre autrement souci des prisonniers, et ils n'eussent probablement pas
visité Le Prevot, s'il n'avait eu recours à une
ruse pour les attirer.

Lorsqu'il les entendit, au-dessus de sa

chambre, il se mit à frapper sur sa porte à grands coups et courut crier à haute voix par la fenêtre : « Messieurs les Magistrats du Parlement, je vous supplie de ne point oublier de vous faire ouvrir le numéro 10 de la première galerie, où recèle un homme d'Etat tyrannisé à tout excès, depuis seize ans, et qui invoque votre secours plus que personne de cette prison. » Aussitôt, ils envoyèrent dire qu'ils iraient rendre visite au prisonnier qui appelait.

Quelques instants après, en effet, Le Prevot entend, dit-il : « *Cric, crac*. Son guichet s'ouvre, et il voit en robe et en rabat deux conseillers, l'un qui présidait en l'année 1784 la Chambre des vacations; l'autre, petit et fort âgé, se cachant derrière un troisième de haute taille en habit de couleur, et le quatrième en habit noir, qui était le greffier de la Chambre. »

Le Président s'appelait *Omer de Fleury*, ainsi qu'on l'a vu ci-dessus. C'était le frère de l'avocat-général et de l'ancien contrôleur-général de ce nom. On offrit à ces messieurs, dans sa maison, une ample collation, ce qu'on ne faisait pas avec les autres visiteurs. Ce n'était pas, pourtant, afin de leur faire goûter la nourriture des prisonniers et par sollicitude pour ceux-ci; mais *Dame Justice*, en ce temps-là, avait grand appétit.

XXIV

« Après les ministres conjurés contre la France, dit Le Prevot, après les lieutenants de police, de tous les hommes qui sont sur la terre, il n'en est certainement pas de plus méchants ni de plus raffinés scélérats que ces vils et superbes geôliers des prisonniers d'Etat. Dévoués lâchement et sans réserve à tous les crimes, que le ministère et la police voulaient commettre, ils laissaient apercevoir en eux une impudence, une pitié pleine de mépris, une amère ironie, une taciturnité froide et barbare, une rage sourde et menaçante, une cruauté sans bornes, une hauteur dérisoire, une injustice atroce, en balbutiant ces mots : *Bonté, Douceur, Humanité*, qu'ils n'avaient point.

« Ils *chicanaient la vie* et *insultaient la mort* même ; lorsqu'ils la donnaient ou la provoquaient par des tourments médités. Toujours sûrs d'être approuvés et crus de leurs infâmes et détestables protecteurs, ils recouraient au mensonge pour accuser sans cesse auprès d'eux les malheureux prisonniers qu'ils tenaient enchaînés dans les cachots, afin de prolonger leurs supplices. Comme la police, ils nommaient *crimes d'état* ce qui n'était que des *devoirs patriotiques*, conséquemment des *vertus d'état*. Plus ils remarquaient de courage dans le prisonnier, plus ils s'appliquaient à le tyranniser. Alors, si le captif persécuté montrait toujours la même fermeté, la même constance, ils se concertaient pour le rendre jouet et victime de leur férocité. Quelle position plus insoutenable et plus révoltante à la nature que celle-là ! »

En traçant ce portrait du geôlier d'État en général, Le Prevot devait avoir particulièrement en vue le gouverneur de Vincennes, M. de Rougemont (1), dont il eut tant à se plaindre. Le portrait devait être ressemblant, si l'on s'en rapporte à l'auteur des *Lettres de cachet* et des *Prisons d'Etat*, qui a fait aussi de M. de Rougemont une peinture peu flatteuse, et qui est bien de nature à justifier toutes les plaintes et les diatribes de Le Prevot contre lui.

« Cet homme, dit l'auteur que nous venons de citer, l'archétype de M. *de Launay*, le gouverneur de la Bastille, a toute la bouffissure de la plus orgueilleuse ignorance. C'est un

____

(1) M. de Rougemont avait été nommé gouverneur de Vincennes en 1767.

ballon rempli de vent. Pénétré du sentiment de sa propre importance, il voudrait l'infuser à tous les autres et se faire regarder comme un homme essentiel et nécessaire à l'Etat. Il le dit, il le croit même, tant la bêtise est présomptueuse ou tant l'habitude de mentir incorpore le mensonge au menteur. Comme la vanité n'eut jamais un plus dégoûtant costume, il reçoit de fréquentes avanies de tous ceux qui ne lui sont point subordonnés, et ses prétentions toujours repoussées renaissent toujours du sein des humiliations. Comment s'en dédommage-t-il? En faisant courber sous le poids de ses caprices tout ce qui est dans sa dépendance..... Il va traînant partout son énorme corpulence; les sarcasmes pleuvent sur lui; il n'importe. Il continue en bourdonnant son assoupissante allure (comme dit Pope). Le railler, c'est fouetter un sabot. Mais au donjon de Vincennes, c'est un despote absolu, qui jouit de la volupté la plus grande pour lui, lorsqu'il peut ouvrir et fermer des cachots, river des chaînes, appesantir son sceptre de fer..... A la moindre apparence d'une contradiction, il entre en fureur; il écume. Soyez ferme, il devient lâche et rampant. Vous n'obtiendrez rien, à la vérité, que de vaines promesses; mais, du moins, il vous craindra. Si vous fléchissez; il vous opprimera. Si vous lui donnez prise; il vous étouffera..... Dans sa pensée, se plaindre de lui, c'est se plaindre du Gouvernement. »

« On raconte à cette occasion, c'est-à-dire à propos de sa vanité, une assez plaisante mortification dont il fut l'objet :

— Je représente le roi, disait-il un jour à un prisonnier.

— Vous, monsieur? lui répondit celui-ci.

— Oui! moi!

« Le prisonnier le fixe, le toise de haut en bas (le trajet n'était pas long), pirouette sur le talon et s'écrie : — Ma foi, le Roi est bien grotesquement représenté.

« On peut penser si ce sarcasme a été payé.....

« C'était peut-être impertinent; mais il paraît que c'était juste.

« Tel était, en bref, l'esquisse du caractère physique et moral du principal geôlier de Vincennes, disent les *Remarques historiques et anecdotiques*. Tel est le portrait tracé assurément de main de maître, et dont personne n'oserait révoquer la véracité en doute, si l'on pouvait nommer l'auteur des *Lettres de cachet* et des *Prisons d'Etat*, quoiqu'il n'y ait guère de gens un peu instruits et un peu connaisseurs qui ne le devinent (1). »

M. de Rougemont passait pour mener grand train. Il dépensait beaucoup et était criblé de dettes. Il a dû jusqu'à *huit mille livres* à un porte-clefs. Il s'appropriait les gages de ses employés, et quant à ceux qui étaient retirés et pensionnés, après les avoir fait attendre des années entières, il convertissait leurs pensions et arrérages en dette particulière, en leur faisant des billets; car, aiguillonné

(1) On suppose qu'il s'agit du grand Mirabeau, auquel cet ouvrage a été attribué ; cependant certains bibliophiles l'attribuent à son oncle, le bailli de Mirabeau (Voir Barbier, *Dictionnaire des Anonymes*).

sans cesse par la vanité, il dépensait sans compter. Jamais il n'avait d'argent; jamais de provisions ; jamais d'exactitude à remplir ses engagements.

On conçoit qu'avec une telle manière de procéder, il devait être obligé de fermer les yeux sur les brigandages de ses valets et devait être occupé continuellement à piller, gaspillant continuellement. Aussi les prisonniers dont il retenait l'argent (ne respectant pas même ce dépôt sacré), auxquels il faisait des fournitures frelatées et détestables, l'avaient en profonde aversion et il était universellement détesté et méprisé.

Quant à Le Prevot, qui l'avait baptisé par dérision du sobriquet de *Rougemontagne*, (sobriquet que certains biographes ont eu la naïveté de prendre pour son véritable nom et de le trouver un *vrai nom de geôlier*), ce n'était pas seulement de l'aversion qu'il avait pour lui, il l'exécrait autant que *Sartines,* et ce n'est pas peu dire. Mais il faut convenir qu'il était payé pour cela, et que l'un et l'autre, *Sartines* et *Rougemont*, l'ont fait cruellement souffrir, ainsi qu'on l'a déjà vu, et qu'on va pouvoir mieux l'apprécier encore par la suite du récit.

XXV

Souffrances physiques et morales endurées par Le Prevot à Vincennes. — Récit de ses Tribulations. — Sept ans et huit mois de cachots. — Constitution et volonté de fer.

Nous abordons maintenant le récit détaillé des souffrances physiques et morales et des tortures de toutes espèces que Le Prevot a endurées pendant sa captivité. Nous lui laissons complétement la parole, nul ne pouvant mieux que lui les exprimer, et son livre renfermant sur ce sujet des pages vraiment éloquentes qui touchent profondément et font frémir.

« Dès que je fus arrêté, le 17 novembre 1768, à la Bastille, Sartines mandait que j'étais dans le cas d'être traité *très-rigoureusement et placé où il convient ;* ce qui indiquait *le cachot. Chevalier* lui répondit aussitôt que ne sachant point encore le sujet de ma détention, il m'a placé à la *seconde tour du coin,* mais qu'il y a *de l'étoffe. Sartines* ordonne sur le champ de me descendre au rez-de-chaussée de la *tour du Puits,* parce qu'il y aurait à craindre qu'ayant vue sur la porte Saint-Antoine, je ne parlasse au public.

En 1770, il ordonne de me descendre de même de la troisième du donjon au cachot de l'A, ensuite au cachot numéro 2 ; puis, un an après, au cachot numéro 3, *sans nourriture.* Puis il me fait réintégrer au cachot de l'A, *sans nourriture encore,* les chaînes *aux pieds et aux mains,* chargeant *Rougemontagne* de me dire qu'à cause de mes nouvelles écritures, c'est-à-dire de mes dénonciations, je n'avais à espérer jamais *d'adoucissement ni communication avec personne.* « Laissez-le où il est, dit-il, et traitez-le toujours comme ci-devant. Cet homme brave tout et est incorrigible. *Je ne veux plus avoir de bontes pour lui.* » Superbe mot qu'on retrouve souvent dans la bouche des persécuteurs.

« En 1772, 22 octobre, *Rougemontagne* lui marque que la suppression de nourriture ne me change pas le cœur, « il y a longtemps, dit-il, qu'il est dans le cachot, conformément à vos ordres ; mais, attendu son extrème faiblesse, j'espère que vous ne me désapprouverez pas que je lui rende sa chambre et sa nourriture ordinaire pour le rafraîchir. Le chirurgien dit qu'il est fort près de la mort et qu'il paraît la mépriser. Il se voit peu d'hommes de son ardeur et de son courage. »

« Dans une autre lettre à Sartines (pièce authentique trouvée avec les autres à la Bastille, et apportée à l'auteur du journal les *Révolutions de Paris*), *Rougemont* mande, le 6 octobre 1772, à son protecteur que, dans la vue de lui plaire, il m'a fait supprimer, ainsi que ce protecteur l'a jugé à propos, ma nourriture, ayant les chaînes, les fers aux mains et aux pieds, dans un cachot, celui de l'A, le plus terrible de tous, à commencer du jour que j'avais démoli de rechef chez moi deux fenêtres, descellé les barres intérieures, cassé plusieurs barricades de porte et refusé de laisser entrer mon porte-clefs, afin, disait-il, de le prendre par la famine, et, *depuis dix-huit mois, je ne lui ai fait donner que ce qui lui fallait de pain, par jour, pour l'empêcher de mourir de faim ;* mais cela ne l'a pas empêché de persister dans sa rébellion et de menacer, une pierre dans chacune de ses mains, d'exterminer, avec ses barres de fer, le premier qui oserait, contre ses défenses, entrer dans son cachot pour lui ôter le peu de jour qu'il s'était procuré par des travaux inouïs. » Cette lettre, signée de Rougemont, est datée du 16 octobre 1772, et c'est le 13 avril 1771 qu'il m'avait retiré de ma chambre basse numéro 2 pour me tenir si longtemps à la famine au cachot A. Cependant, après le rapport contradictoire de *Fontelliau*, chirurgien, qui faisait connaître que je n'avais peut-être pas huit jours à vivre, *Rougemontagne* mande, le 20 octobre 1772 à *Sartines*, après m'avoir fait mettre si longtemps au cachot, conformément à ses intentions, qu'il espère qu'attendu mon extrême faiblesse, il ne désapprouvera pas qu'il m'ait rétabli dans ma chambre et fait rendre ma nourriture ordinaire, déguisant, sous le rapport du chirurgien, la cruauté qu'il avait, pour son avarice, de me voir mourir et de perdre son prisonnier. »

Pour prendre Le Prevot *par la famine*, suivant l'expression de ses persécuteurs, on ne lui délivrait, tous les jours, que *trois demi-livres de pain* et un petit pot d'eau pour ce temps. « Encore, dit-il, je ne savais où placer cette petite provison. Les rats la sentaient et je ne voulais point m'en plaindre, parce que, plus officieux que mon geôlier, ils m'avaient, par leur travail dessous les portes de mon cachot, procuré *un filon d'air* qui m'empêchait d'étouffer dans ce lieu hermétiquement fermé ; car le défaut d'air fait plus promptement périr que la faim. »

Lorsque *Sartines* quitta la police pour le ministère, la persécution contre Le Prevot ne fit que redoubler. Cela se comprend aisément ; l'intérêt seul de son gardien *Rougemont* devait suffire pour amener ce résultat.

« *Rougemontagne*, raconte Le Prevot, qui sait que son protecteur ne reviendra pas au donjon, que les changements dans la police et le ministère ne peuvent que lui être fort préjudiciables, me remet au cachot de l'A, sans motif et sans prendre même l'ordre de *Sartines*. Il m'y retient onze mois, nu, dépouillé de tout, les chaînes aux pieds et aux mains. Au bout de vingt-quatre heures, je défais mes menottes et les lui envoie par le porte-clefs. Je ne garde que la chaîne au pied ; je prie les soldats de mettre mes menottes aux mains de *Rougemontagne* et de l'amener à mon cachot. Tous conviennent, en riant, qu'elles lui seraient bien plus dues qu'à moi ; mais qu'ils ne peuvent m'obéir, quoique je prenne l'enferrement à mon compte. *Rougemontagne* s'aigrit de mes moqueries,

de mes mépris et des instructions que je
donne aux soldats, qui logeaient au-dessus
de mon cachot : c'était leur chambre du piquet. Il rugit, il écume de colère de n'avoir
pas prévu la communication que j'avais facilement avec eux, à toute heure de jour et de
nuit. Il tâche de les changer de lieu ; mais ils
ne peuvent loger dans la tour de l'Horloge,
où, d'ailleurs, ils ne pouvaient faire jouer la
bascule du pont-levis, le matin et le soir et
durant la nuit qu'arrivaient les prisonniers
et qu'ils sortaient du donjon. *Rougemontagne* ne sachant quel plus grand mal faire,
me remet à la famine. Cette fois, je la sup-
porte aisément, par le secours d'un porte-
clefs qui me donne en secret du pain et de la
viande, à la prière d'un de mes confrères
prisonniers, qui est émerveillé de mes com-
bats à lutter contre *Rougemontagne* et la
police. »

Dépeignant encore les tribulations qu'il eut
à supporter à Vincennes, Le Prevot s'exprime
ainsi :

« Englouti, enchaîné douze fois à *Vincennes* dans les cachots, sans qu'on m'en décla-
rât le motif, dérobé à mes affaires, à mes parents, à mes amis, à mes connaissances, au
monde entier, sans ressources, sans moyens
de faire entendre mes plaintes contre mes
tyrans, privé d'air, de lumière, de communications même avec les suppôts de mes op-
presseurs, ignorant ce qu'étaient devenus
ceux qui m'étaient chers, s'ils existaient, s'ils
ne me supposaient point de délits criminels
pour être si injustement et si longtemps dé-

tenu, si mes tribulations avaient un terme
fixé par mes persécuteurs, quel sort, quelle
fin m'étaient réservés, entre les mains de
mes puissants et despotes ennemis ; si quelque jour ma liberté, ma fortune, mon hon-
honneur, ma vie me seraient rendus, péris-
sant, mourant, agonisant tous les jours d'inanition et de faim cruelle, dans le supplice et
l'horreur des ténèbres, des chaînes, de la
nudité et de tous les maux réunis, pouvais-je
éloigner de ma pensée le désespoir, l'effroi,
la pâleur et la mort, lorsque je ne voyais jamais de fin à ces douleurs? Cette ignorance
de leur fin redoublait les tourments qu'on me
faisait endurer. *Rougemontagne*, mon geôlier, avait carte blanche du scélérat *Sartines*
pour me perdre, à quelque prix que ce fût, et,
semblable aux démons de Milton, mon geôlier étudiait sans cesse les moyens de me
faire souffrir de plus en plus. Tout retour que
je faisais sur ma position actuelle ne tendait
qu'à m'accabler et à me désespérer. La certitude, cependant, d'être martyr innocent pour
la patrie, me ranimait souvent pour braver
la rage de mes tyrans. Si l'on m'empoisonne,
disais-je, mes souffrances ne dureront point,
dans la débile situation où je me trouve ;
puisque ma captivité étant toujours un tissu
de tortures dissemblables, elle ne doit être
aussi qu'une suite de douleurs et de peines
incompréhensibles..... »

Reprenant ailleurs le même sujet, il dit :

« Que l'on sache donc que durant dix-huit
mois, couché, nu, les chaînes aux pieds sur
un grabat en forme d'échafaud, ou la figure

d'un timpanon, large de deux pieds, couvert
d'un peu de paille réduite en fumier puant, la
barbe longue d'un demi-pied, je n'ai reçu
pendant ces dix-huit mois que deux onces de
pain par jour et un verre d'eau pour tout ali-
ment.

« Comment aurais-je pu subsister avec si
peu, dix-huit mois, si Dieu ne m'eût soutenu
visiblement? Car une personne en santé
n'existerait pas longtemps avec la moitié
plus de nourriture. Joignez à cela la privation
de toutes les autres choses nécessaires à la
vie, comme l'air, l'eau, le feu, la lumière,
l'inaction, le défaut de respiration dans les
temps chauds, la froideur des membres dans
le cœur de l'hiver, sans couverture ni vêtements, la puanteur d'un cachot humide sur
son plancher et ses murailles végétantes.
Quand l'air ne se renouvelle pas, l'anxiété,
les soucis, les chagrins, les perplexités, les
ennuis qui rongent, minent, absorbent et dévorent l'existence, le désespoir de l'adoucissement; car jamais on ne vous dit le terme
qu'on doit mettre à vos tribulations, et le
porte-clefs qui me délivrait cette chétive
nourriture par un trou au milieu de ma porte,
ainsi qu'il se pratique envers les féroces animaux de la ménagerie, ne savait pas lui-
même quand ce traitement barbare devait
finir.

« Un jour je dis à ce porte-clefs qu'il ne me
servirait pas ainsi encore bien des jours et
qu'il me trouverait mort de faim, quelque
matin, puisque je n'avais pas la force de me
traîner jusqu'au guichet pour recevoir ma

pitance. Ce que je disais était vrai. Le porte-
clefs rapporta à *Rougemontagne*, sur le
champ, mes paroles. Celui-ci répondit : « Que
voulez-vous que j'y fasse? J'exécute les ordres
qui me sont donnés. Cependant, allez tout à
l'heure chez *Fontelliau*, chirurgien, pour
qu'il visite de ma part et examine la situation de ce prisonnier. Si je le perdais, on
m'ôterait bien vite ceux qui sont venus avec
lui et après lui. Il n'est pas le seul qui se
plaigne. »

« *Fontelliau* arrive dans mon cachot, me
tâte le pouls et n'en trouve point. Il me tâte
le corps qu'il trouve presque froid, débile et
décharné, comme un squelette. Mes yeux ne
pouvaient soutenir la lumière de la chandelle. Mon sang était si appauvri et raréfié,
que je ne paraissais au chirurgien qu'une
image de la mort. Deux jours après, me voilà
reporté dans ma chambre. On me baigne
dans de l'eau chaude; on me donne des bouil-
lons restaurants; on me fait prendre l'air dans
la cour, traîné par les bras, et peu à peu je
reprends graduellement de la nourriture légère qui me ranime avec un coup de vieux
vin, ce qui dura quinze jours, et voilà comment l'avarice du démon *Rougemontagne*,
qui profitait en entier de ma pension, de mon
bois, de ma chandelle, toutes les fois qu'il
me mettait dans les cachots, m'a sauvé de la
mort, en considérant que si je mourais entre
ses mains, il perdrait non-seulement ma
pension, mais aussi celle de mes compagnons et autres qui pouvaient lui être ôtées. »

Récapitulant enfin toutes ses souffrances

en quelques lignes, Le Prevot les résume ainsi :

« Il n'est point dans le martyrologe de la *Vie des Saints* de tourments si longs, de tribulations si insupportables à la nature que celles qu'on m'a fait endurer douze fois dans l'espace de quinze ans au donjon de Vincennes, savoir : durant huit mois la première ; onze mois la seconde ; dix-huit mois la troisième, qui a été la plus dure de toutes ; neuf mois la quatrième ; sept mois quelques jours la cinquième ; cinq mois la sixième ; trois mois moins deux jours la septième ; treize mois la huitième ; quatorze mois moins sept jours la neuvième ; huit mois treize jours la dixième ; quatorze mois et demi la onzième, et six semaines la douzième. *Ce qui fait sept ans huit mois dans les cachots*, les chaînes aux mains et aux pieds le plus souvent, mais toujours nu, toujours réduit à la famine, privé de toutes choses ; quoique ma pension fût de trois mille huit cents livres à Vincennes, prise au trésor royal, tous les ans, par *Rougemontagne*. »

Il fallait vraiment une constitution et une volonté de fer pour résister à de pareilles tortures et pour surmonter d'aussi cruelles épreuves. Cent autres que Le Provot, ainsi qu'il le dit, y eussent succombé. Quand on songe qu'un homme qui avait supporté tant de privations et qui a si affreusement souffert pendant plus de vingt-deux ans, rendu à la liberté à l'âge de soixante-trois ans, a vécu jusqu'à *quatre-vingt-dix-sept ans*, on en demeure étonné et l'on serait tenté de révoquer en doute ses récits, si l'on n'avait pour garant de sa véracité une foule de détails que l'on reconnait toujours d'une parfaite exactitude, et qui sont corroborés par de nombreux documents historiques, et si l'on ne connaissait d'ailleurs les ressources prodigieuses qu'offrent certaines natures, et l'incroyable résistance que la vie présente en elles.

Il est des patients qui lassent leurs bourreaux et ne peuvent pas mourir. Le Prevot était du nombre.

XXVI

Désespoir de Le Prevot. — Emportement. — Exaspération. — Le Prevot brise ses fers et force les barreaux de sa prison. — Il brûle la porte de sa cellule et perce les murailles. — Il est reconduit dans sa chambre, ou plutôt dans son cachot brun numéro 3.

Si grande que fût la patience de Le Prevot, il ne put supporter toujours avec un calme parfait son long et douloureux supplice. Il a eu des moments de désespoir et aussi d'exaspération et il a cherché, à différentes reprises, comme tout être captif, à recouvrer par un moyen quelconque sa liberté, et à échapper à ses persécuteurs. Malheureusement ces diverses tentatives, tout en montrant de sa part une persévérance et un courage extraordinaires, n'ont eu aucun succès et n'ont fait qu'exciter la colère de ses bourreaux et accroître leur rigueur.

Le Prevot, ainsi qu'il l'a dit lui-même plus haut, avait trouvé le moyen de briser assez facilement ses fers, et on l'a vu renvoyer ses menottes à son geôlier. Il parvint aussi à casser des grilles de fer. Pendant son sejour à Vincennes, le gouverneur Rougemont avait fait mettre, en dedans de sa chambre, une grille de six cents livres pesant, exprès pour s'assurer de sa personne. « — Je l'ai cassée, dit Le Prevot dans son *Prisonnier d'Etat*, par un secret qu'il ne saura jamais. » Rougemont lui dit : « — Vous ne casserez pas celle de deux mille livres que je vais faire incruster dans des pierres de taille. » « — Tout de même, lui répondit Le Prevot, et tu le verras si je n'ai pas assez de jour pour lire et écrire. »

Il continue :

« Sartines a bien fait de venir sur ces entrefaites ; car désespérant qu'il vint, j'allais exécuter dans ce cachot numéro 2, que j'occupe depuis deux mois et demi, des serénades et des aubades par mes fenêtres, à la grande et à la petite tour, sans que les geôliers et les porte-clefs eussent pu croire la chose possible, qu'après l'événement. Mon échelle était déjà faite et était invisible à tout autre qu'à moi. Il ne me fallait plus que quatre heures pour desceller trois barres et jeter le chassis par terre ; dans un seul jour, toute la fenêtre eût été démolie, sans outils. Mes clameurs eussent été si longues et si fortes qu'on n'en eût jamais entendu de semblables au donjon. »

En effet, quelque temps après, dans le courant de l'hiver, comme *Rougemont*, qui avait tenu Le Prevot dix mois moins trois jours au cachot avant de le rétablir dans sa chambre, ainsi que Sartines lui-même l'avait ordonné, lui refusait par avarice *du bois et de la chandelle*, Le Prevot poussé à bout fit sauter par terre la fameuse grille, et une autre nuit,

que le vent du nord soufflait, il brûla sans
bruit sa porte doublée de fer jusqu'au second verrou, en allumant contre cette porte
tout ce qu'il avait pu amasser de combusti-
ble ; il fallut faire une autre porte ; mais il ne
sortit pas de sa chambre pour cela. On prit
les mesures sur les débris de l'ancienne et
les mêmes ferrements y furent appliqués, le
feu ne les ayant pas détériorés. « *Luzie*, contrôleur, était hors de lui toutes les fois que je
le forçais, dit-il, à faire de gros frais pour me
recéler. Ses états de réparation faisaient toujours mention du numéro 3 et *Marigny* lui
en demandait la raison. »

Quand *Rougemont* lui en faisait reproche
et lui demandait pourquoi il démolissait ainsi
sa cellule. Le Prevot lui répondait :— « Parce
que un charbonnier est maître de faire ce
qu'il veut dans sa loge, et d'ôter les entraves
qui lui nuisent. Les fenêtres n'étaient point
bouchées, il y a deux ans ; il n'y avait point
d'abat-jour en planches par dehors à aucune
chambre, ni trois énormes grilles et toiles de
fil de fer à petites mailles pour intercepter le
jour, ni de guichet au milieu des portes, qui
ont coûté au Roi, avec de triples portes, des
échafauds dans les cachots en figure de tym-
panon ornés d'anneaux, plus de cinquante
mille livres pour tyranniser les prisonniers.»

En 1774, Le Prevot fit encore une tentative
de ce genre qu'il raconte ainsi :

« J'avais déjà à cette époque du 10 février
1774, passé *treize cent quatre-vingt jours
dans les cachots et huit cents sur le fumier*

des grabats qu'on avait mis dans ces cachots.

« Pour forcer *Rougemontagne* à me retirer du cachot de l'A et à me rétablir dans mon cachot brun numéro 3, je m'occupai à déboucher une fenêtre qui donnait sur les fossés à côté du pont-levis. L'entreprise n'était pas aisée sans outils. La fenêtre était pleine de gros moellon, lié avec du bon plâtre devenu presque aussi dure que la pierre même. A force de travail, je détache une grosse pierre; le reste devient facile après, et en moins de quinze jours, amassant les matériaux au-devant de ma porte, jusqu'auprès du guichet, j'en étais au cinquième pied de débouchement, lorsque *Rougemontagne,* qui savait les événements de la cour, m'envoie *Laboissière,* second geôlier et capitaine de la compagnie des invalides préposés à la garde du donjon, pour me rétablir dans ma chambre, sans me montrer d'ordre. Surpris de mon travail et d'un autre trou du côté de la cour, moins apparent, il va dire à *Rougemontagne* qu'il s'obstinera toujours en vain de m'enfermer dans les cachots plutôt que de me laisser écrire dans ma chambre; que le cachot de l'A a deux ouvertures, qu'il faut deux heures pour déblayer et jeter dans le fossé tout ce que j'ai démoli et amassé à l'entrée de mon cachot; que cependant je n'ai point d'outils et qu'il m'a laissé la chaîne aux pieds jusqu'à ce que cela fût fait, pour me mener dans ma chambre; que si Rougemontagne use de la même rigueur quand j'y serai reconduit, et me laisse sans occupation, il ne doute pas

que je ne détruise encore tout ce qui me gê-
nera ; puisqu'avec rien je trouve toujours le
moyen de faire quelque chose. Je ne vous
conseille pas même d'aller le voir actuellement, car il est fort irrité contre vous. Les
soldats murmurent aussi de tant de tourments envers un homme qui n'a point commis de crimes ; mais qu'on persécute plus
qu'on n'a jamais fait envers les plus grands
scélérats. »

Cette fois Le Prevot réussit en ce sens qu'il
fut reconduit dans sa chambre, ou plutôt
dans son cachot brun numéro 3, ainsi qu'il
le désirait, cachot qui n'était pourtant pas un
lieu de délices, mais qui était relativement
supportable.

XXVII

Un jour arriva enfin où Le Prevot, parvenu au paroxisme de la colère par suite de toutes les tortures qu'il subissait, se mit en état de révolte complète. Ayant appris qu'un ordre avait été donné par MM. de *Vergennes* et de *Breteuil* de le transférer de Vincennes, en le tirant de sa chambre par la violence s'il le fallait, et de l'emporter *mort ou vif*, il résolut de ne pas se laisser prendre vivant et résista avec l'énergie du désespoir.

Rien de plus curieux que le récit de cette lutte ou plutôt de cette espèce de siége, demi tragique, demi burlesque que Le Prevot, barricadé dans sa chambre, soutint contre les agents envoyés pour s'emparer de lui. Nous allons en retracer les principales péripéties.

Ce siége, qui commença le dimanche 27 février 1784, pendant la nuit, dura quatre jours et trois nuits. Le Prevot repoussa quatre assauts successifs, et ce ne fut qu'après le quatrième qu'il se décida à se rendre.

Il est bon de savoir d'abord que pour entrer dans sa chambre, il fallait descendre entre deux portes, un degré, ensuite en monter deux autres, et franchir son lit de quatre pieds de hauteur. Au dessus du second degré qui fermait l'ouverture, il y avait en outre deux chaises couvertes de carreaux de briques qui défendaient encore l'entrée de sa chambre à droite et à gauche.

A onze heures et demie de nuit, arrive un prétendu officier du baron de Breteuil, qui n'était autre que l'intendant de police *Royer de Surbois*, portant l'habit bleu de roi avec boutons d'argent aux armes de France, avec deux estaffiers, ses domestiques, en petit uniforme de marine.

« On me l'annonce à travers le guichet, dit Le Prevot :

« — Ouvrez le guichet seulement, répondis-je afin que je le voie et que je lui parle. Vous êtes, monsieur, m'a-t-on dit, envoyé comme officier du baron de Breteuil, pour m'emmener à Versailles, au lieu de venir lui-même me visiter, à l'exemple de ses prédécesseurs. Cela est-il vrai ? Est-il possible ?

« — Oui, monsieur, je suis envoyé de M. le baron de Breteuil, ministre de Paris, qui, chargé d'affaires en ce moment, vous fait proposer de vous rendre chez lui, dans une bonne chaise de poste. Il ne m'a pas fallu plus de deux heures pour venir et il ne me faudra pas plus de temps pour retourner à la cour, si vous voulez venir avec moi.

« — Tout cela a l'air d'un tour que *Sartines* me joue, répondis-je ; mais il sera joué lui-même. Je ne puis profiter de l'invitation de M. le baron. Mon geôlier a pu vous dire qu'il me laisse, dans le plus rude hiver, manquer de vêtements, de bois et de chandelle, pendant qu'il reçoit trois mille six cents livres de pension par an du trésor royal pour chaque prisonnier. Dites à M. le baron que je suis nu, exténué des tyrannies continuelles de *trois démons*, qui sont *Sartines*, *Le Noir* et *Rougemontagne*, fatigué de mes travaux journaliers, privé de nourriture par leur excessive méchanceté, toujours claquemuré, cloîtré, abandonné de tout le monde ; que faute de prendre l'air ma santé est affaiblie, que tous les secours qui me sont dûs me sont refusés par ce despotique geôlier, fait pour être chef d'une multitude de bandits.

« Dites tout cela au ministre de ma part, en lui observant que j'ai chez moi des ouvrages que je ne puis abandonner aux rapines de *Rougemontagne*, et afin que votre voyage ne soit pas inutile ni infructueux, voici un paquet que j'ai fait à la hâte pour le ministre. Il en renferme un autre de conséquence pour le Roi et pour l'Etat. »

L'officier du baron, homme de cinq pieds, âgé de trente à trente-trois ans, tête ronde, visage court et plat, le teint pâle, lit l'inscription de mon paquet et dit qu'il faut y mettre un cachet.

« — Je n'ai ni feu, ni cire, ni cachet et il m'a fallu le fermer avec de la colle ; mais on ne peut l'ouvrir sans déchirer l'enveloppe.

« — Eh bien! dit-il, je vais brûler de la cire. Voilà le cachet du ministre. Apposez-le sur votre cachet, à l'ouverture du guichet.

« — Vous êtes donc premier commis du ministre?

« — Cela prouve que je suis en place et que je suis envoyé. »

« Mais le cachet qui n'était pas nécessaire me donnait trop de défiance pour n'être pas sur mes gardes. En effet, l'officier prétendu du baron de Breteuil devait être convenu en secret avec son plus gros estaffier qu'il se rapprocherait du guichet, comme il fit, et tâcherait de me saisir le poignet, pendant que je poserais le cachet qu'il eût pu poser lui-même. L'estaffier manque son coup ; je jette promptement le paquet cacheté à l'officier avec son cachet d'argent, en lui reprochant de m'enlever de force et de nuit.

« Se voyant découvert il dit :

« — Ouvrons la porte. Exécutons nos ordres (ces ordres, si l'on m'a rapporté la vérité, étaient de me conduire au *mont Saint-Michel* ou à *Pierre-en-Cise*, dans la chaise de poste.

« — Oui-dà ! lui répondis-je. C'est donc là votre mission. Elle vous coûtera gros, si vous ouvrez et approchez contre ma défense. Tout est prévu pour vous recevoir, et *fussiez-vous un cent, pas un n'entrera sans être salué*. Je suis *prisonnier d'état* dans la maison du Roi, conséquemment sous sa protection. Vous venez de nuit troubler mon repos et ma tranquillité. Je n'aurai pas à répondre de ce qui vous arrivera.

« Malgré cela, la porte s'ouvrit. Le porte-clefs de Le Prevot, nommé *Bertrand*, se tint derrière et les assaillants demeurèrent cachés dans la salle qui servait de cuisine à Louis XV en 1715. »

On garda quelque temps le silence, explorant le local à la lueur des flambeaux. Enfin, le fier-à-bras qui avait tenté de saisir Le Prevot par le poignet, s'avança jusqu'à la seconde porte ; mais il reçut aussitôt une large brique sur l'estomac et n'attendit pas la seconde pour se retirer. A ce moment, le prétendu officier ordonna qu'on fermât la porte pour consulter et prendre d'autres mesures avec les geôliers, porte-clefs et soldats.

Alors on délibère de faire assaut en même temps par la fenêtre et par la porte ; mais l'officier n'osant se montrer le premier, les soldats refusant de s'exposer et de se faire blesser inutilement, on se borna à faire du tapage à la porte et à la fenêtre, croyant étourdir le prisonnier. Puis, à défaut de soldats, les valets de geôle s'offrent de prêter main-forte pour avoir récompense.

La porte s'ouvre par ordre de l'officier. Quatre valets se présentent de front ; mais deux se retirent blessés et ceux qui ne le sont pas font de même. L'officier fait refermer la porte à demi et demande le fusil du capitaine *Vallage*, qui commandait la compagnie des cent quatre invalides préposés à la garde des fossés du donjon. Espérant effrayer Le Prevot, il se présente, la *porte baillante*, menaçant de faire feu, quoique le fusil ne fût pas chargé. Le Prevot saisit le

bout du canon, pour l'arracher, avec une telle
force qu'il en est presque faussé par ses efforts et la fermeture de la porte. L'officier se
retire de nouveau, fait fermer la porte et va
consulter une seconde fois pour livrer à mi-
nuit un troisième et dernier assaut.

FIN DU SECOND ASSAUT.

Cette fois on fait avancer trois hommes à
couvert d'une paillasse qu'ils présentent age-
nouillés dessous; mais cette paillasse n'at-
teignait pas le haut de la porte. Ils ne pouvaient franchir les deux degrés, ni déranger
le lit scellé par terre sans se découvrir à
droite ou à gauche. Le Prevot leur jeta d'a-
bord par dessus la paillasse ses deux cruches
de grès pleines d'eau, lesquelles tombant
d'aplomb sur leurs jambes les blessent en les
inondant, et les forcent encore à se retirer.
L'officier, que Le Prevot désirait surtout
atteindre, s'avise de prendre leur place un
moment, persuadé, sans doute, que celui-ci
n'avait plus de projectile ; mais il reçoit sur
la tête couverte de son chapeau le grand vase
de la chaise percée, qui gâte et infecte son
bel habit bleu de roi, de haut en bas, ainsi
que l'un des estaffiers qui tenait la paillasse
avec lui. Il donne ordre aussitôt de se retirer
et de fermer les portes ; mais Le Prevot a encore le temps, avant qu'elles se ferment, de
lancer dans la salle une brique dont un éclat
frappe au front un nommé Lavisé, l'un des
porte-clefs qui avait conseillé de faire usage
de la paillasse.

La troupe défilait. *Bertrand*, qui se tenait
derrière la porte, pour l'ouvrir et la fermer,

demande à ce moment à Le Prevot la permission de déblayer le sol des briques et des vaisseaux cassés.

« — Je le veux bien, lui dit Le Prevot; mais je t'avertis que si tu montes sur le plain-pied de ma chambre, tu recevras la récompense de ta trahison, avant d'avoir rien dérangé pour venir jusqu'à moi. » Et il avait le bras levé pour lui tenir parole.

Bertrand ferma les portes le plus vite qu'il put et annonça à Le Prevot que tout le monde était parti, et que l'officier s'en était retourné pour raconter sa défaite, et les blessés étaient allés chez *Fontelliau*, le chirurgien, se faire panser ainsi que *Lavisé*.

Tel fut la fin du TROISIÈME ASSAUT.

« Je passai néanmoins la nuit, dit Le Prevot, à veiller, de peur qu'ils ne s'avisassent de revenir pour me prendre, remerciant Dieu de n'avoir tué personne; mais d'avoir bien étrillé tout le monde dans ma juste défense. »

N'ayant pu réussir ni de ruse, ni de vive force, les assaillants résolurent de prendre Le Prevot *par la famine*. Il ne lui restait le lendemain quoique ce fût pour manger ni boire, pas même de l'eau. Il avait rendu imprudemment à son porte-clefs la desserte de son souper, qui n'était que de morue et de lentilles avec un peu de vin, ne prévoyant pas qu'on dût le priver de vivres.

Pendant trois jours, il ne lui fut rien délivré.

« Cette famine, qui ne dura que trois jours et trois nuits, raconte-t-il, fut rude à supporter, n'ayant rien, surtout, pour rafraîchir mes entrailles, qui se consumaient d'un feu dévorant. Mon geôlier envoyait tous les jours à Versailles des courriers qui informaient mes ennemis de cette diète, par laquelle ils prétendaient me prendre dans mon cachot. Il demandait d'être autorisé à me traiter ainsi, ayant pris sur lui de le faire en attendant des ordres ; mais le jeudi suivant, par ordre du ministre, on me servit à midi, le 4 mars, le même dîner des autres prisonniers, dont j'usai très-médiocrement, malgré ma faim extrême, parce que j'eusse pu être bien incommodé de suivre mon appétit et mon besoin. »

On accorda à Le Prevot un répit de *onze jours*, pendant lesquels on avisa de nouveau à son enlèvement.

QUATRIÈME ASSAUT.

Nous copions maintenant textuellement le récit que Le Prevot fait de ce dernier assaut, plus curieux encore que les autres :

« Le 15 mars 1784, dit-il, arrive dans le donjon le prétendu officier du *baron de Breteuil*, non plus sous son déguisement d'officier de marine, qu'il ne pouvait mettre après avoir été rincé, comme on l'a vu, mais en habit gris. C'était toujours *Royer de Surbois*, inspecteur de police, qui résidait au donjon de Vincennes, depuis sa défaite dans la nuit du dimanche 29 février, pour attendre les ordres du baron de Breteuil. On voit que *Surbois* ne savait pas bien son métier de *captureur*. Ce jour-là, dix heures du matin, *Surbois*, à la tête d'une troupe de brigands enrôlés à la police et précédé d'un chien dogue

de la plus haute taille qui se voie nulle part,
s'annonce par un grand vacarme, comme un
tranchemontagne. Il tempête et fait le démo-
niaque pour animer sa troupe de bandits et
de vauriens. Il fait ouvrir mes portes avec
bruit. Alors tous se taisent et examinent mon
ouvrage pour ma défense : 1° un mur sec bâti
des débris de mon poële de briques, sur le
premier degré de ma chambre, qu'il faut franchir; 2° la tête de mon lit qui domine encore ;
aucun d'eux ne m'entend, ni ne me voit, au
coin de l'ouverture de la porte, étant à couvert par la muraille de ma chambre qui est
octogone.....

— « Comment approcher? disaient-ils. —
Comment entrer pour peu qu'il s'y oppose?
— Voilà un mur, un lit plus haut que le mur,
des chaises couvertes de pierres prêtes à
être lancées sur nous. La fenêtre est fermée
dehors et dedans de deux énormes grilles
avec un abat-jour par dehors. On ne peut
attaquer que par la porte; mais en frappant
il pourrait nous tuer avant que nous eussions pu faire la moindre brèche : il touchera
bout portant quiconque se présentera. Il faut
appeler ici le chien, l'exciter à aboyer, à s'é-
lancer sur le mur et à le franchir. Il vaut mieux
qu'il soit tué que nous. »

« Ils appellent; ils excitent donc le chien de
Surbois, grand comme un petit âne ; mais
plus ils l'encouragent à franchir le mur et à
sauter par dessus la tête de mon lit, moins il
ose l'entreprendre. Voyant les carreaux pleu-
voir sur lui, il s'éloigne rapidement pour les
esquiver. Cependant il reçoit un petit éclat

de brique sur son museau qui l'oblige à s'en aller. En vain *Surbois* le rappelle. Plus sage que son maître, il lui désobéit. »

« Que ferons-nous? disent les garnements de la police? — Composons avec le prisonnier, dit un autre. Car, étant à l'abri de la muraille des deux côtés de la porte de sa chambre, il peut assommer le premier qui avance. Il disait vrai ; mais je ne voulais être homicide de personne, ni rendre mauvaise ma bonne cause avec le plus sûr droit de me défendre.

« *Surbois* tint conseil avec ses brigands et mes porte-clefs, qui, ne voulant point s'exposer aux coups, chargent le commis de se présenter seul et le premier; mais avant tout, on délibère d'abattre le mur sec et d'attirer à soi les moellons avec un crochet au bout d'une longue perche, et, pour savoir si je le souffrirais tranquillement, *Surbois*, à qui on reprochait de n'avoir pas encore annoncé sa mission que par un vain tapage, en arrivant m'adresse ce qui suit à haute voix :

— « *Je suis chargé, monsieur, de vous arrêter et vous transférer ailleurs.* »

« Notez qu'il ne dit point encore où il veut me transférer, raison pour laquelle je résiste, parce que je crains que ce ne soit pour le *mont Saint-Michel* ou *Pierre-en-Cise*.

— « *Rendez-vous*, dit-il, *de bonne grâce et il ne vous arrivera aucun mal.*

— « Quoi donc! ne suis-je pas arrêté ici, depuis quinze ans, sans sujet, après un an de Bastille ? Pourquoi parler encore de tran-

slation nouvelle plutôt que de liberté? Quels
sont mes crimes?

— « Je ne le sais pas, répond *Surbois*, je
ne suis qu'exécuteur d'ordres et le devoir de
ma charge me commande.....

— « La maudite charge que celle d'attenter
à la liberté et à la vie des citoyens innocents? Qui vous a envoyé troubler mon repos?

— « MM. le *baron de Breteuil* et *Le Noir*,
lieutenant de police.

— « Que l'enfer les dévore éternellement!
Est-ce que je suis le sujet ou l'esclave de ces
scélérats gagés de la couronne? Ne suis-je
pas, quoi qu'en prison injustement, toujours
le sujet du Roi, et, comme tel, sous sa protection spéciale, logeant dans ses maisons
depuis seize ans? — Pourquoi ne voyant jamais personne, excepté les traîtres, suis-je
recélé, vendu, livré, transféré par ce scélérat,
entre les mains d'autres scélérats, sans être
entendu jamais dans mes plaintes, que de
ceux que j'accuse de forfaits énormes et que
je récuse pour mes juges? — Quel délit me
reproche-t-on, en servant fidèlement l'Etat et
mon souverain contre tant de démons élevés
au ministère et à la police ordurière? Qui
peut être plus tranquille que je suis. Si je
travaille et gémis sans cesse de l'injustice et
de l'oppression, c'est en silence. Par quelle
raison, aujourd'hui, l'entrée du donjon que
mon geôlier refuse au public, à mes parents,
à mes amis, pour me voir et me défendre,
est-elle permise de préférence aux assassins
de la police, qui, détestés et détestables, font
profession impudemment, comme vous, d'as-

saillir les bons citoyens, sous la direction et l'autorité de la servante des boues et des lanternes de Paris? Pour venir ici, il faut un ordre signé du Roi et vous n'en avez pas, quoique vous vous disiez exécuteur de ses ordres.

— « Jour de Dieu ! Je n'ai pas d'ordre ! Je vous en montrerai un signé du *baron de Breteuil* pour vous mener à *Charenton*. Je vous le mettrai en main pour le lire vous-même.

— « Que ne disiez-vous cela plus tôt ? Vous ne savez donc pas votre métier ; car si vous m'eussiez annoncé d'abord que votre ordre était pour *Charenton*, je vous aurais même ouvert le passage de ma chambre.

— « Pourquoi ?

— « Parce que, quoique je ne connaisse pas la maison de Charenton, je ne puis y être plus mal qu'entre les mains du démon de *Rougemontagne*. Vous me promettez de me montrer votre ordre et je vous demande encore que tous mes papiers renfermés dans ma malle viennent avec moi à *Charenton*.

— Oui, dit-il, je vous le promets et je l'exécuterai. »

— « En ce cas, entrez.

« Ne se fiant pas à ma parole, il n'envoie d'abord que son commis, à qui je dis de faire venir les autres ; puisqu'il voyait que je laissais mes armes sur mon lit, sans dessein de ne m'en pas plus servir contre eux que contre lui.

« Tous entrés jusqu'au chien, *Surbois* me donne l'ordre à lire tout haut : il était ainsi conçu :

« De par le Roi il est ordonné au sieur Royer de Surbois de transférer le sieur Prevot en la maison de charité de Charenton jusqu'à nouvel ordre.

« Versailles, ce 10 mars 1784.

« Signé : LOUIS.

« Par la main du facteur d'ordre, et plus bas en griffonnage presque illisible.

« LE BARON DE BRETEUIL. »

On remarquera la date singulière de cet ordre : *10 mars 1784*, alors qu'on était venu pour enlever Le Prevot *le 29 février*. Comment expliquer cela ? N'est-ce pas après coup et seulement en présence de sa résistance qu'on jugea prudent de se pourvoir de cet ordre dont on avait cru pouvoir tout d'abord se dispenser, et Le Prevot n'avait-il pas eu raison de se défier et de supposer que c'étaient ses persécuteurs qui avaient résolu de le faire enlever arbitrairement afin de l'envoyer au mont Saint-Michel ou dans quelque autre prison éloignée dont il ne pourrait jamais sortir.

Quoi qu'il en soit, Le Prevot, qui était sans doute fatigué de la lutte et désireux de mettre fin à une résistance qui n'avait déjà que trop duré et ne pouvait se terminer à son avantage, se tint pour satisfait de l'ordre qu'on lui présentait et se rendit.

Il consentit à tout, moyennant la promesse que sa malle et ses papiers le suivraient, promesse qu'on lui avait déjà faite et qui lui fut renouvelée par *Surbois*.

— « C'est bien mon intention, lui dit celui-ci, qu'il ne vous soit rien ôté, et *je vous le promets;* vos papiers ne me regardent pas, et l'ordre que vous venez de lire ne m'enjoint pas d'en retenir aucun. »

Le Prevot objecta qu'on en voulait autant à ses papiers qu'à sa personne. Cependant il finit par croire à la parole des hommes de la police et remit sa malle scellée de quatre cachets qu'il y apposa. Mais, au moment de partir, on prétexta que la voiture était trop petite pour qu'on pût emporter une malle avec lui et on la laissa, en lui donnant l'assurance qu'on la ferait porter directement et qu'elle lui serait remise une heure après son arrivée à Charenton. Rendu à destination, il attendit vainement. On ne lui remit sa malle ni à *Charenton* ni même à *Bicêtre.* On l'enleva par ordre de Lenoir (sans autrement se soucier des quatre cachets qu'il y avait apposés); ceux de ses papiers que l'on considérait comme compromettants furent déposés dans les archives de la Bastille et le surplus lui fut rendu seulement à Bercy, sa cinquième prison.

Le Prevot avait raison de dire qu'on en voulait autant à ses papiers qu'à sa personne, puisqu'on ne reculait pour s'en emparer devant aucun moyen, pas même devant l'effraction et le parjure.

XXVIII

**Séjour de Le Prevot à Charenton. — La police renvoie
sa malle, mais garde ses manuscrits. — Accusation
de Le Prevot contre Sartines, relativement aux objets
qui lui ont été soustraits à son entrée à la Bastille. —
Translation à Bicêtre. — Même traitement.**

Le 10 mars 1784 Le Prevot était donc installé
dans la maison de *Charenton*.

Cette maison, fondée en 1641 par *Sébastien
Leblanc*, avait été originairement destinée au
traitement des malades ordinaires. Plus tard
elle était passée avec sa dotation entre les
mains des *religieux de la Charité*, qui l'a-
vaient consacrée au traitement de l'aliéna-
tion mentale et qui y joignirent, par des ac-
quisitions successives, la presque totalité des
biens qui composaient alors la *seigneurie de
Saint-Maurice*. De maison de fous, elle de-
vint de fait une véritable maison de séquestration et de détention.

Pendant son séjour dans cette maison, Le
Prevot ne fut pas traité avec beaucoup moins
de rigueur qu'à Vincennes, ainsi qu'il le raconte :

« Les geôliers de *Charenton*, qui ne sont
ni moins tyrans et impies, sous le nom de
frères de charité, ni moins despotes dévoués
à la police que ceux de la Bastille, de Vincennes et de Bicêtre, tiennent ordinairement

cent cinquante prisonniers de trois classes dans les deux maisons qu'ils ont dans ce bourg.

« En arrivant chez eux, ils commencèrent par me fouiller, et le sous-directeur de la geôle, nommé *Mathurin*, en l'absence du directeur, nommé *Prudence,* qui vient de lire les ordres du brutal *baron de Breteuil* et de son subdélégué, apportés par *Surbois,* menace en ma présence le porte-clefs qu'il me donne, de le mettre à la porte s'il voit jamais dans ma chambre numéro 10 de la chandelle, de l'encre, des plumes, du papier, un couteau ou des livres. Il me déclare ensuite qu'il ne doit me laisser voir personne, que je ne sortirai point avec les autres prisonniers pour la promenade, ni pour entendre la messe, et que quelque froid qu'il fasse, je n'aurai ni feu ni lumière, et qu'aucuns vêtements, soit de la maison ou des miens, ne me seront fournis; que je n'aurai enfin qu'un mince ordinaire, parce que je suis réduit à la plus basse pension du roi.

« *Merci, mon bon frère.* »

« Trois mois s'écoulèrent dans cette situation, et le froid était des plus rigoureux cette année : il gelait encore très-fort au mois de mai.

« La police, au bout de quatre mois, renvoie ma malle (prise à Vincennes) pillée de tous mes ouvrages minutés (1), et pour couvrir le vol que le *baron de Breteuil* en a osé

(1) Dans un autre passage, Le Prevot prétend que son linge aurait été également pillé par un prisonnier de Charenton, qu'il appelle le marquis de Saint-Huruge.

faire à l'aide de son subdélégué, Le Noir mande encore aux geôliers de Charenton de retenir cette malle en séquestre chez eux et de ne me donner pour mon usage, dans ma chambre, que huit de mes chemises, avec seulement mes livres de piété, retenant le reste jusqu'à nouvel ordre. »

Le Prevot avait déjà éprouvé ces procédés, qui étaient, paraît-il, dans les habitudes de la police du temps : quand il avait été arrêté, on lui avait volé tout son mobilier et jusqu'à sa malle, pleine d'effets et de papiers ramassés par lui à la hâte. Parmi ces papiers se trouvait une copie du pacte même de *Laverdy*, son écrit intitulé : *l'Araignée de Cour,* qu'il était sur le point de terminer, une foule de papiers imprimés, de pièces relatives à son emploi, d'extraits de ses lectures, de mémoires, de consultations, d'arrêts et de règlements, plus un petit portefeuille en maroquin rouge à serrure d'argent dans lequel se trouvaient deux effets à recevoir de la dame *de Granville :* l'un de *vingt-quatre mille livres* et l'autre de *neuf mille livres pour fin de compte.* La police avait tout saisi et tout gardé. Le Prevot prétend que c'était *Sartines* lui-même qui s'était emparé du tout et se l'*était approprié personnellement.* Cela n'aurait rien d'étonnant. Un pouvoir sans contrôle comme celui qu'il exerçait conduit aisément à ces abus et permet du reste de tout supposer.

Transféré de *Charenton* à *Bicètre* le 19 octobre 1784 (nous ne savons pourquoi), Le Prevot subit à peu près le même traitement dans cette nouvelle prison.

« Quoique Le Noir, dit-il, à propos de son séjour à Bicêtre, eût donné un ordre particulier à *Tristant* de me recéler et de ne me laisser voir personne ni sortir, de ne me fournir d'autres vêtements que ceux que la maison donne aux pauvres, et de me réduire à leur famélique nourriture estimée 2,000 livres par an, qui est très-insuffisante, *Tristant* néanmoins me logea pendant deux mois dans une galerie de cabanon, parmi les *demi-vau-riens*, et me donna par grâce deux de mes robes de chambre, avec quelques chemises et quelques mouchoirs tirés de ma malle ; mais la haine que me portait Le Noir rendit pire de plus en plus le traitement *dont me faisait jouir* Tristant. Bientôt on me fit jeûner *par extraordinaire.* On me fit fouiller impudemment par la garde, durant un an et demi, quatre-vingt-dix-sept fois. On m'enleva souvent le papier, l'encre et les plumes que j'achetais sur mes épargnes, pour m'empêcher de renouveler mes dénonciations, mon testament, l'histoire de mes prisons, le *Journal de Bicêtre*, mes plans de réforme tant sur cette maison que sur celle de Charenton.

« N'ayant rien pour m'occuper, je traçai sur du vieux linge blanc, avec du jus de réglisse noir, six grandes épîtres au roi, qui me furent encore dérobées par le démon *Carpentier*, lieutenant de la garde de Bicêtre. On me plaça seul dans une galerie de cabanon pour m'ôter toute communication. Je m'en procurai une avec une lame de couteau qui perça en très-peu de temps une pierre de taille graveleuse dans l'épaisseur de deux pieds un pouce. Le prisonnier était malheureusement un espion de police et me trahit. On doubla la garde de jour et de nuit, comme l'on fit à Vincennes, pour empêcher l'abbé *de Saint-Cyran* de tracer ses pieuses lettres avec une lame de plomb sur du papier que lui procuraient MM. *Arnauld* et *Nicole* et qu'il cachait dans la muraille. On changea six fois mes porte-clefs dans la crainte que je n'en gagnasse quelqu'un pour me passer du papier. On ne se crut pas encore assuré que je n'y parvinsse. On prit le parti de les fouiller, ensuite d'espionner les vivres que je faisais acheter. On me les faisait servir par un trou, comme les animaux féroces de la ménagerie de Versailles. On me fit défenses, mais en vain, d'écrire ni à mes parents, ni à mes amis, pour les informer de ma situation, et de peur que je n'en reçusse des secours capables d'apaiser une faim et une soif qui m'exténuaient depuis deux ans, on obligea tous mes espions à se surveiller l'un et l'autre. On s'efforçait de me faire périr d'inanition ou de la maladie héréditaire à Bicêtre : du *scorbut*, qui emportait une infinité d'opprimés en très-peu de temps. Je luttai contre tous ces assauts avec une patience courageuse et Dieu me préserva du scorbut ; mais tout cela n'était rien en comparaison de mes douloureuses tribulations sous le démon *Rougemontagne*, durant quinze ans, au donjon de Vincennes.

XXIX

Pour être complétement véridique, il faut dire que Le Prevot ne fut pas toujours traité avec la même rigueur et qu'on n'a pas toujours usé envers lui des traitements barbares qui ont amené ces accès de fureur et ces scènes déplorables que nous venons de raconter. Il y a eu des périodes pendant lesquelles il a été traité avec certains ménagements et certains égards, que méritait d'ailleurs un homme de son éducation et de son caractère. Il rencontra, même parmi les personnes qui étaient préposées à sa garde, des hommes qui lui donnèrent non-seulement des témoignages de sympathie et de bienveillance, mais des marques de confiance et d'estime. Tel fut le comte *de Jumilhac*, gouverneur de la Bastille.

Ce gouverneur a laissé du reste la réputation d'un homme aimable et plein de bonté. Dans l'ouvrage si intéressant qu'il vient de publier, intitulé : *Le Secret du Roi*, M. le *duc de Broglie* raconte que le général *Dumouriez* qui fut incarcéré, lui aussi, à la Bastille, alors qu'il n'était que colonel, par cette raison étrange qu'il avait accepté de remplir pour le Roi lui-même, à l'insu de ses ministres, une mission secrète à l'étranger, n'eut qu'à se louer des excellents procédés de M. de Jumilhac. « Le bon gouverneur, dit M. le duc de Broglie, qui était homme de plaisir, s'amusait si fort de l'entretien jovial de son prisonnier, qu'il venait s'établir dans sa cellule, tous les matins, lui racontant les nouvelles du jour, et même, dit Dumouriez, les anecdotes de toutes les filles de Paris. Le soir, il lui envoyait un plat de sa table, avec des vins étrangers, du sucre et de la limonade. »

M. de Broglie ajoute cette réflexion :

« Vingt ans plus tard, *Dumouriez*, échappé de la Terreur et retiré à Londres, racontant les bons procédés de son gardien, faisait remarquer que s'il s'était laissé prendre dans les prisons de la liberté, il n'y aurait peut-être pas été aussi bien que dans celles de la tyrannie. Il n'avait pas absolument tort. »

La vérité est qu'il en serait sorti plus vite, pour aller probablement au supplice. Chaque despotisme a sa manière de faire ; mais tous se valent à peu de chose près.

Quoi qu'il en soit, le comte de Jumilhac ne s'est pas montré moins bienveillant, ni moins aimable envers Le Prevot qu'envers *Dumouriez*, bien que Le Prevot fût loin d'avoir la gaîté de caractère de celuici. (Il n'avait pas, d'ailleurs, les mêmes raisons pour prendre son malheur gaiement).

« Le comte *de Jumilhac*, qu'il ne faut pas

comparer à *Launay*, son successeur, nous dit Le Prevot, enrageait d'être contraint de se prêter aux méchancetés de Sartines ; il répugnait fort à me recéler ; il me visitait souvent pour adoucir mes peines en tout ce qu'il pouvait, sans se compromettre ; il me procurait une heure de promenade dans la cour et quelquefois sur la plate-forme et le préau. Quand il ne pouvait venir, il m'envoyait à sa place ou le *lieutenant de Roi* ou le *major*, qui me prêtaient des livres et me faisaient fournir du papier à discrétion avec tous les ustensiles de bureau et tout ce que je pouvais désirer ou demander sans indiscrétion. Ils me prévenaient sur toutes choses, sachant que je n'avait point encore éprouvé la prison et que ma première épreuve était d'ailleurs injuste. Ils rendaient souvent à *Sartines* de bons témoignages de ma douceur et de ma conduite. Mais je soupçonnais que ces bons offices ne faisaient qu'accroître la haine du barbare lieutenant de police, qui me trouvait trop bien traité.........

« Le comte de Jumilhac ainsi que ses adjudants à la Bastille avaient autant de regret de me perdre que moi de les quitter pour occuper d'autres prisons qui m'étaient inconnues. Ils m'employaient souvent à leur faire des mémoires relatifs à leurs intérêts, et le gouverneur m'envoyait de temps en temps de sa cave un panier de toutes sortes de vins pour en boire un coup à la fin de mes repas. J'enfermais le panier dans l'un de mes creneaux, au rez-de-chaussée de la *tour du Puits*.

« Rien de ce qu'on pouvait fournir aux plus favorisés ne m'était refusé, café, sucre, miel, chocolat, thé, eau-de-vie, bière, rafraîchissements, liqueurs, bois, chandelle à discrétion, fruits des saisons, tout m'était apporté en abondance par mon porte-clefs. Si tous les autres prisonniers eussent été aussi bien traités que moi à la Bastille, ils n'eussent eu lieu de se plaindre..... *que de la perte de leur liberté.* »

Malheureusement nous avons vu que ce régime n'a pas duré longtemps et que Le Prevot, enlevé de la Bastille et transféré à Vincennes, a eu autant à souffrir des vexations et des persécutions du gouverneur de cette prison, M. *de Rougemont*, créature damnée de *Sartines*, qu'il avait eu à se louer des excellents procédés du comte de Jumilhac.

Le Prevot rencontra aussi parfois, dans les agents subalternes préposés à sa garde, des gens humains, disposés à lui venir en aide, quoique offrant une écorce rude et paraissant avoir peu d'intelligence. Il sut profiter souvent avec beaucoup de tact et d'habileté de leurs bonnes dispositions et de leur intelligence même, et fit tourner en sa faveur jusqu'aux mauvaises passions de ses persécuteurs.

Voici une ruse très-ingénieuse à laquelle il eut recours pour se faire tirer de son cachot, à Vincennes, et se faire réintégrer dans sa cellule.

» J'avais alors pour porte-clefs un vieux soldat invalide nommé *Tranche*, qui ne pouvait pas dire un mot sans jurer aussi grossièrement que le *Père Duchesne*, et qui, en s'exprimant, branlait la tête et faisait les plus ridicules contorsions. Cet homme d'ailleurs était doué de qualités humaines et douces. Je lui dis que *Rougemontagne* n'entendait pas ses intérêts : que s'il visitait toutes les semaines et traitait mieux ses prisonniers, il en recevrait de nouveaux tous les mois qui remplaceraient les anciens, auxquels d'ailleurs la justice était due : que moi seul je lui en procurerais bien une douzaine, s'il était capable de changer sa fureur en bonté pour moi; qu'en faisant venir *Mutel,* commissaire, mon captureur sur ma réquisition, je lui ferais une dénonciation pour le ministre qui lui ferait venir un bon nombre de personnes riches dans la finance ; mais qu'il ne me convenait pas de travailler pour *Rougemontagne* et son magistrat, tandis qu'ils me traitaient si mal.

— « Oui, c'est une *bougre de bête* que *Rougemont*, dit *Tranche*, et je lui vas faire mon rapport de ce que vous me dites; mais il faut qu'il commence par vous rétablir dans votre chambre, pour préparer votre dénonciation avant que *Mutel* arrive, et, sacré nom! cela sera fait ainsi. »

« Moi, continue Le Prevot, dénoncer des particuliers pour les capturer en faveur de *Rougemontagne !* Certes, j'étais bien éloigné d'une action si noire; mais dénoncer des ministres, des lieutenants de police, des parlementaires, c'était offrir du pain à bénir. Mon plan eut un plein succès. *Rougemontagne* donnant dans le panneau, me fit sortir du cachot pour me remettre dans ma chambre avec du papier et tout le reste. »

Le Prevot s'empressa donc d'écrire à *Mutel* et à *Sartines*, et, huit jours après, le 29 mars 1773, le commissaire *Mutel* arrive. Le Prevot lui fait promettre de ne communiquer qu'au ministre, *duc de la Vrillère*, seul et non à d'autres, la pièce qu'il va lui dicter, et il lui dicte en effet, non point une dénonciation proprement dite contre des tiers, mais tout simplement une vigoureuse plainte contre son geôlier *Rougemont* et le chef de celui-ci, *Sartines;* si bien que *Mutel,* qui s'en aperçoit et a peur de se compromettre et de perdre sa place, refuse, un instant, de continuer à écrire; mais Le Prevot insiste, le menace, s'il refuse, de requérir un autre commissaire auquel il revèlerait des choses plus importantes, ce qui pourrait le compromettre davantage. Alors *Mutel* s'exécute, mais ne lui remet pas de double de la pièce signée de lui.

Le Prevot n'en était pas moins arrivé à sa principale fin, qui était de retourner dans sa cellule, et s'était donné le malin plaisir d'emprunter la main du commissaire *Mutel* pour écrire une plainte contre son geôlier en chef.

XXX

La police, ainsi que cela a eu lieu fréquemment pour justifier des détentions arbitraires, chercha à faire passer Le Prevot pour fou ; mais ses écrits ainsi que sa conduite, avant comme après sa liberté, font aisément justice de cette calomnie.

Le Prevot a pu, durant sa longue détention, présenter une sorte d'égarement momentané produit par l'excès de la souffrance et du désespoir, comme dans la révolte à laquelle il s'est livré à Vincennes ; mais il ne faut pas confondre les emportements de la colère et de la douleur avec la folie, et jamais prisonnier n'a joui plus complétement que lui de la plénitude de sa raison.

Répondant aux notes de la police qui lui ont été communiquées après sa délivrance, Le Prevot repousse cette odieuse accusation en faisant observer qu'un fou, certainement, n'eût jamais tenu la conduite qu'*il a gardée pendant ses vingt-deux ans et deux mois de captivité.* Cependant, ajoute-t-il avec raison, il faut avouer que les tyrannies qu'on m'a fait essuyer auraient fait affoler bien des gens qui eussent eu de pareilles épreuves à soutenir si longtemps ; puisqu'il m'a fallu lutter sans cesse contre les plus puissants et les plus méchants du royaume, tant au ministère que dans mes geôles. »

Nous venons de dire que Le Prevot avait eu communication, après sa mise en liberté, des notes de la police où il était question de lui. Ces notes, trouvées parmi les papiers de la Bastille, ont ceci de précieux qu'elles confirment différents faits rapportés par lui et mettent ainsi à même d'apprécier sa parfaite sincérité. Pour en juger, nous allons reproduire quelques extraits de ces documents :

MÉMOIRE DE SARTINES, ÉCRIT PAR DUVAL,
SON SECRÉTAIRE,

A M. LE COMTE DE SAINT-FLORENTIN,
EN DATE DU 28 OCTOBRE 1769

« Le sieur Le Prevot a été arrêté et conduit à la Bastille au mois de novembre de l'année dernière, *pour prévenir la publication de libelles calomnieux et atroces* qu'il se proposait de faire imprimer contre M. le comte de *Saint-Florentin*, le lieutenant de police et d'autres personnes en place qu'il osait accuser de faire le plus grand monopole sur les blés et d'exciter le peuple à la rébellion en le laissant manquer de pain.....

« Depuis sa détention il n'a pas changé et il a osé écrire les mêmes calomnies. C'est *une tête de fer incorrigible* qu'il serait dangereux de mettre en liberté.....

« Comme il est destiné à être détenu *très-longtemps*, c'est-à-dire *toute sa vie*, je pense que c'est le cas de le transférer au donjon de Vincennes, où il n'y a guère de prisonniers, et qui est une décharge pour la Bastille quand elle est pleine.

« Si le ministre pense de même, il est supplié de faire expédier des ordres du Roi pour la sortie de la Bastille du sieur Le Prevot et son transfèrement à Vincennes. »

LETTRE DE M. DE ROUGEMONT A M. DE SARTINES

EN DATE DU 16 OCTOBRE 1772

« Je m'étais flatté que ma santé m'aurait permis de vous faire ma cour et de vous remettre une lettre du sieur Le Prevot, que son porte-clefs trouva au pied de sa trémie, ouverte et rongée par les vers.

« *Je lui ai fait supprimer, ainsi que vous l'avez approuvé, sa nourriture*, à commencer du jour qu'il avait commencé à démolir chez lui, numéro 3, à se barricader et à faire le refus de laisser entrer son porte-clefs, et *je ne lui ai fait donner que ce qu'il fallait de pain, chaque jour, pour l'empêcher de mourir de faim.*

« Je me propose de le remettre au cachot autant de fois qu'il dégradera sa fenêtre. »

EXTRAIT DU MÉMOIRE ADRESSÉ PAR LE NOIR AU BARON DE BRETEUIL

LE 3 OCTOBRE 1784

« Le Prieur de Charenton m'a porté plusieurs fois des plaintes sur la conduite du sieur Le Prevot, qui a été transféré dans sa maison lors de la suppression du donjon de Vincennes.....

« Depuis qu'il est à Charenton, il ne fait qu'y troubler la paix et l'ordre qu'on cherche à y établir. Le Prieur, qui craint relativement à ses autres prisonniers les effets des discours séditieux qu'il ne cesse de tenir, demande qu'il soit retiré de sa maison. Il m'a remis plusieurs écrits de la main du sieur Le Prevot qui prouvent sa méchanceté et son égarement. J'ai l'honneur de les remettre sous les yeux du ministre pour qu'il puisse en juger par lui-même, comme ce prisonnier est aux frais du Roi *et qu'on ne lui connaît aucun parent*..... »

EXTRAIT DU MÉMOIRE ADRESSÉ PAR CAUCHI,
SECRÉTAIRE DU SIEUR DE CROSNE

AU BARON DE BRETEUIL
LE 4 FÉVRIER 1787

« Le sieur Le Prevot, détenu à Bicêtre, qui demande sa liberté par le mémoire ci-joint, a été arrêté et conduit à la Bastille en vertu d'ordre du Roi du 17 novembre 1768, comme auteur de manuscrits séditieux contre le gouvernement et surtout contre les lois et opérations relatives au commerce de grains et comme *cherchant à répandre les opinions que contenaient ses écrits*. Il en a été saisi plusieurs lors de sa capture et lui-même est convenu d'avoir adressé à Mme *Adélaïde* et à M. le prince *de Conty*, ainsi qu'à un magistrat du Parlement de Rouen, des fragments et ébauches de ses projets.

« Au mois d'octobre 1769, ce prisonnier,

dont le fanatisme était encore aigri par sa détention, a été transféré à Vincennes, comme destiné à être longtemps enfermé. Il y est resté jusqu'à l'évacuation du donjon en 1784, 15 mars.....

« Transféré depuis à Charenton, il n'y a pas été plus tranquille. Ses déclamations perpétuelles contre le gouvernement, la violence de son fanatisme ont obligé de le transférer à Bicêtre, où il est depuis le 19 octobre 1784, quoique durant le cours de ses détentions successives on ait souvent privé le sieur Le Prevot de Beaumont de la faculté d'écrire et qu'on lui ait refusé des plumes, de l'encre et du papier, il a toujours trouvé le moyen de satisfaire à cette manie, en écrivant avec diverses matières et notamment avec la suie de la cheminée sur du linge.....

« La famille de ce prisonnier a présenté tous les ans des mémoires qui ne paraissent pas avoir été accueillis (1); il m'en a été renvoyé un au mois de mai 1786, qui avait été adressé au ministre par le *maréchal de Broglie*, et d'après lequel j'ai permis à la dame *de Cognary*, chargée à cet effet des intérêts de la famille, de visiter Le Prevot.

« La dame *de Cognary* lui a fait plusieurs visites dont elle *m'a rendu compte* et dans lesquelles, suivant le rapport de l'économe de Bicêtre, elle parait être parvenue à inspirer au prisonnier des sentiments plus doux et à calmer l'effervescence de son imagination.

(1) Il y a là une contradiction assez étrange avec la lettre de Le Noir au baron de Breteuil, du 3 octobre 1784, dans laquelle il est dit : « Qu'on ne lui connaît aucun parent. »

« Il m'a écrit plusieurs lettres qui annoncent plutôt une *tête affaiblie* qu'*un esprit dangereux*.

« Je ne crois pas cependant qu'il convint de le remettre dans la société avant d'avoir éprouvé, pendant quelque temps, ses dispositions; mais comme il paraît que la rigueur de sa détention a beaucoup contribué à aigrir son caractère, qu'il a joui d'un état honnête, ayant occupé des places de confiance et que son âge avancé le rend susceptible de quelques égards, on pourrait le transférer dans une maison de repos. Les adoucissements qu'on lui procurerait ramèneraient, par degrés, le calme dans son esprit et prépare - raient le retour absolu de sa raison.

« Si le ministre adopte ce parti, je le prie d'expédier des ordres du Roi pour transférer le sieur Le Prevot dans la maison du sieur *Piquenot* où la pension, qui est de 600 livres, pourrait être payée en une ordonnance expédiée sur le trésor royal pour le temps qu'il y resterait. »

Tous ces documents, ces appréciations empreintes de plus ou moins de bienveillance apparente, de la part de gens plus ou moins intéressés à faire passer Le Prevot pour fou, ne sauraient établir en aucune façon qu'il ait été réellement insensé, surtout qu'il le fût avant d'avoir été séquestré, et que sa découverte ait été purement imaginaire et le rêve d'un visionnaire; à moins qu'on allât jusqu'à soutenir que le Parlement de Rouen tout entier, qui partageait ses idées sur l'existence du monopole royal des blés et les accaparements, et qui avait pressenti et en quelque sorte deviné le traité découvert par Le Prevôt, fût également visionnaire.

Si Le Prevot, durant sa longue et cruelle captivité, s'est livré parfois à des actes de nature à faire croire à un certain dérangement de ses facultés mentales, et si dans ses écrits on voit apparaître, dans quelques passages, une certaine exaltation et régner dans l'ensemble un certain désordre, qui tient beaucoup aussi sans doute à une absence de plan général; on ne saurait y voir que les conséquences du traitement inhumain et véritablement atroce auquel il a été soumis et rien de plus.

XXXI

Après la visite de Malesherbes à Vincennes, Le Prevot avait vu s'adoucir un peu les rigueurs dont il était l'objet de la part de son farouche geôlier *Rougemont*.

Ayant obtenu, par l'ordre du ministre, du papier, de l'encre et la permission d'écrire, il en avait profité amplement ; mais toutes ses lettres comme les précédentes avaient été envoyées de Vincennes aux archives de la Bastille où elles avaient été conservées. Voyant que le temps s'écoulait et qu'il ne recevait aucune réponse, Le Prevot comprit enfin que ses geôliers interceptaient sa correspondance. Il fut un moment sur le point de s'abandonner au désespoir et de se laisser abattre ; mais la mission qu'il avait à remplir était trop noble et trop sainte dans sa pensée pour que Dieu ne lui vînt pas en aide ; il le crut surtout quand il vit le prêtre qui le visitait souvent plaindre son sort et lui prodiguer ses consolations : ce prêtre s'appelait l'abbé *Taff*. Il était à la fois aumônier de la Bastille et de Vincennes.

Comme les prisonniers étaient souvent transférés de la Bastille à Vincennes, selon les besoins du service, l'aumônier de la Bastille continuait ses fonctions auprès d'eux dans cette dernière prison, afin d'obtenir entièrement une confiance qu'il ne parvenait souvent à arracher qu'avec le temps et à force de persévérance.

C'est ce qui eut lieu pour le malheureux Le Prevot. L'abbé *Taff*, qui continua à venir le visiter à Vincennes, paraissait non-seulement un homme loyal et pitoyable, mais un vrai ministre de Dieu. Ce fut à ce double titre que Le Prevot s'adressa à lui. Ce fut sous le sceau du secret de la confession, au tribunal de la pénitence, qu'il lui lut et lui remit, ainsi qu'il le dit lui-même, l'écrit intitulé *Testament*, dont nous avons déjà parlé, dans lequel il avait consigné les causes de son arrestation, sa découverte et l'historique du pacte de famine. Or, l'abbé Taff n'eut rien de plus pressé que de le communiquer au gouverneur de Vincennes, *Rougemont*, qui l'envoya à la Bastille pour être enfoui dans les archives avec les autres documents relatifs au Pacte de famine.

Tel est l'acte odieux dont se rendit coupable l'abbé Taff. C'était un double crime. Comme homme, il commit une lâche trahison, comme prêtre un odieux sacrilége; mais l'abbé Taff était *aumônier de la Bastille.*

On ne doit peut-être, il est vrai, regretter qu'à demi la trahison de cet abbé; car elle nous a valu très-probablement la conservation du *Testament* de Le Prevot qui, sans cela, eût été sans doute détruit ou égaré et ne serait pas parvenu au général *Morin*, qui l'a obligeamment communiqué aux auteurs de l'*Histoire de la Bastille*.

Voici comment débute ce document curieux, l'un des plus importants de l'histoire de Le Prevot et de celle du Pacte de famine :

« Je soussigné Jean-Charles-Guillaume Le Prevot, originaire de la ville de Beaumont, en Normandie, prisonnier, trahi, vendu, livré, recelé, abandonné, persécuté à l'excès, d'abord pendant onze mois à la Bastille, d'où j'ai été transféré, en vertu d'une lettre de cachet, promettant liberté, contrefaite par le sieur de Sartines, lieutenant de police, présentement ministre de la marine, écrite et signée du nom de *Phélippeaux*, de la main de *Duval*, secrétaire dudit sieur de Sartines, au donjon de Vincennes, depuis *neuf ans*, pour y être retenu et tyranisé par le geôlier *Rougemont* à perpétuité, suivant la déclaration que lui en a faite le 22 juillet 1775 le sieur *Albert*, autre lieutenant de police, en la même année.

« Dépose, en présence de Jésus-Christ, mon Dieu et mon sauveur, au tribunal de la pénitence, entre les mains de son ministre Taff, prêtre, docteur, agrégé à la maison et Société de Sorbonne, aumônier en premier du château de la Bastille et aumônier en second de l'ancien manoir royal, dit donjon de Vincennes, situé en l'enceinte du château du même nom, le *présent acte, très-important au roi et à toute la monarchie française*, tel qu'il suit, en forme de dénonciation parlementaire, *pour être ledit acte remis fidèlement* et au plus tôt par mondit sieur Taff, soit à mon souverain Louis XVI en personne ou à la reine, soit à monsieur le premier président, ou à monsieur le procureur général du Parlement de Paris, si mieux il n'aime s'adresser par voie sûre à monsieur le premier président du Parlement de ma province, ou le faire imprimer secrètement et charger l'imprimeur d'en faire tenir des exemplaires, tant à leurs majestés, qu'aux magistrats ci-dessus et au célèbre auteur des *Nouvelles ecclésiastiques* (1) pour l'insérer dans ses mémoires. »

Le Prevot donne ensuite la nomenclature des ouvrages manuscrits qu'il a composés. Il y joint la liste de tout ce qu'il a écrit dans sa prison et ajoute :

« Je désigne ici mes ouvrages entrepris pour le roi, afin de les mettre sous sa protection, à raison de leur utilité à son service et au bien de l'Etat, parce que Rougemont, mon geôlier, qui se ferait pendre pour le service de la basse police, sa bienfaitrice, et qui ne connaît qu'elle pour souveraine, voudra s'en inspirer, comme il a déjà fait de tout ce que j'ai écrit depuis neuf ans, dénonciations, lettres, menaces, tant au feu roi qu'à monseigneur le *chancelier Maupéou*, au feu ministre *Phelippeaux*, à *M. de Malesherbes*, à *M. Amelot*, tous les lieutenants de police, *Sartines*, *Albert*, *Lenoir*. ... »

Après avoir raconté alors l'histoire de la découverte telle que nous l'avons reproduite plus haut, Le Prevot fait le rapide historique du Pacte de famine depuis sa fondation, et

---

(1) Cet ouvrage, aussi intitulé Mémoires pour servir à l'histoire de la Constitution *Unigenitus*, depuis 1713 jusqu'à 1793 inclusivement, par l'abbé Berger, est également connu sous le titre de *Gazette ecclésiastique*. Il a été continué à Utrech, après 1793, par l'abbé Mouton (V. *Dictionnaire des Anonymes*, de Barbier).

indique toutes les pièces à l'appui, ainsi que
les adresses secrètes des agents, leurs registres et papiers et le lieu du dépôt qui était
la Bastille, où tous ces documents ont, en
effet, été retrouvés quand le peuple y est entré en vainqueur.

« On ne pouvait, dit-il, imaginer un lieu plus
convenable à un pareil dépôt qu'un enfer, à moins
de choisir le donjon de Vincennes, qui est entre les
mains de *Rougemont*, un autre enfer encore plus
redoutable ; si ce grand dépôt, qui existait pendant
ma captivité à la Bàstille, en 1768 et 1769, n'a pas
été changé depuis, on le trouvera à droite en entrant, vis-à-vis la chapelle, sous la voûte de l'ancienne porte à pont-levis, dans la salle où le vénérable et fidèle ministre, capitaine de la Bastille, tenait autrefois le trésor de son bon maître, Henri le
Grand. S'il n'y est plus, il faudra sommer tous les
geôliers de l'indiquer, à peine d'en répondre, car ils
ne peuvent l'ignorer, et néanmoins le chercher encore dans leurs chambres et dans les cinquante-cinq
chambres, ainsi que dans les huit cachots des prisonniers, recélés dans les mansardes du prétendu
état-major, dans la grande trie aux pigeons, sur le
plafond de la chapelle ; car on aurait pu en changer
la destination ; dans le logement enfin du prétendu
gouverneur, qui est certainement traître et recéleur
de la Ligue, qui a pour l'un des chefs son beau-frère
Bertin.

« Les fausses lettres de cachet pour ma détention
et celle de mes cinq compagnons, les fausses lettres
de liberté du mois d'octobre 1769 à chacun de nous,
ma protestation du 13 du même mois, sur son registre vert des sorties, en forme de gros in-quarto,

sont entre ses mains et font preuve de son infidélité et de sa complicité avec ses subalternes aux crimes d'Etat. »

En marge de ce même testament, Le Prevot avait écrit aussi à propos de son faux ordre de liberté :

« Cet ordre de fausse liberté, pour surprendre ma décharge en sortant, est resté entre les mains du *comte de Jumilhac*, gouverneur de la Bastille, ainsi que ma protestation sur le registre des sorties à la date du 13 octobre 1769, jour de ma translation à Vincennes. Le geôlier de cette prison, auquel j'ai été livré, mains liées, comme un criminel, pour me recéler et persécuter à perpétuité, m'a reçu aussi bien que mes cinq compagnons, les sieurs *Rinville*, *Turban*, *Peyrard*, *Vincent et Masois*, enlevés pour le même sujet, par la trahison de *Rinville*, *sans expédition d'ordre du feu roi Louis XV*, pour cette translation et sans enregistrement de la part de Rougemont ni décharge. Cependant tous les cinq ont été délivrés en 1770 et 1771, dès que Sartines et Rougemont sont venus à bout de les corrompre pour trahir avec eux le Roi et l'Etat, et tous ont obtenu des emplois pour récompense de leur trahison, et moi une infinité de persécutions pour ne pas vouloir trahir. »

Tel était dans son ensemble le testament de Le Prevot, confié par lui à l'indigne dépositaire l'abbé Taff, son confesseur, et livré par celui-ci à la police. Armée de ce testament, la police en profita pour faire passer Le Prevot pour mort, et le gouvernement s'appropria définitivement tous ses biens et ses valeurs mobilières, qui s'élevaient, comme on l'a vu, à plus de soixante mille livres et qui avaient été mises sous sequestre. La conspiration allait de pair avec les lettres de cachet : quand on volait aux gens leur liberté, on pouvait bien aussi leur voler leurs argent.

XXXII

Le Prevot, comme la plupart des prisonniers, surtout ceux qui sont condamnés à une longue captivité, s'efforça, à de nombreuses reprises, d'établir et d'entretenir des relations tant à l'intérieur qu'à l'extérieur de la prison.

A la Bastille, il commença par se procurer une communication avec la chambre supérieure à sa cellule, où se trouvait le piquet de soldats. Une autre fois, à Vincennes, il fit une ouverture dans un mur communiquant avec une cellule voisine dans laquelle se trouvait un prisonnier; mais celui-ci, qui était attaché à la police et avait peut-être même été placé là à dessein, n'eut rien de plus pressé que de le dénoncer. Une troisième fois il fut plus heureux et se mit en rapport avec un autre prisonnier qu'il qualifie d'*ambassadeur de Russie*. Voici comment il raconte cet incident :

» En 1773, il se passa beaucoup de petits événements que je cachais à *Rougemontagne*. J'imaginai, en cultivant les fleurs de mon jardin, de tenir une correspondance avec plusieurs prisonniers, notamment avec *l'ambassadeur des Russies*, qui, après mon heure de promenade, prenait la sienne. Il entendait le latin. Je mis sur la muraille d'enceinte un anagramme avec ces mots : « *Fode infra. Deinde dele signum cras in loco isto. Responsio.* » Le surlendemain, au même endroit, je trouve sa réponse et comme notre espion porte-clefs était obligé de faire autant de pas que nous; nous le faisions quelquefois marcher devant nous, en parlant de choses indifférentes, pour ramasser nos lettres derrière lui, à l'endroit marqué, couvert d'un demi-pouce de terre, et il ne s'en apercevait pas. Le trou ressemblait à ceux que font les chats pour fienter. Notre correspondance dura quatre mois et demi. L'ambassadeur partit le jour qu'il m'avait indiqué pour retourner en ambassade en Chine, trois jours après sa sortie, ce qui l'empêcha de pouvoir remplir les promesses qu'il m'avait faites par ses lettres. »

Le Prevot parle également d'une correspondance qu'il établit, vers le même temps, avec un homme de la cour qu'il dit avoir été valet de chambre du roi. C'est cet individu dont il a déjà été question, qui lui a soustrait un de ses ouvrages manuscrits : « *Les cris et les gémissements des prisonniers d'État,* » et qui l'a fait imprimer à Londres en 1774, sans nom d'auteur.

Si Le Prevot, comme on le voit, n'a guère réussi dans ses tentatives pour se créer secrètement des intelligences à l'intérieur ; il n'a pas été beaucoup plus heureux quand il a voulu tenter de correspondre avec le dehors. Chose assez étrange, il en a été surtout ainsi quand il a eu affaire à des femmes ; bien que les femmes soient, en général, pleines de sympathies pour ceux qui sont privés de leur liberté et instinctivement portées à leur venir en aide. La femme n'est-elle pas, en effet, le bon ange du prisonnier ? N'est-ce pas à elle que celui-ci doit le plus souvent des adoucissements à son sort et ses meilleures consolations ?

Le Prevot n'eut pas ce bonheur. Non-seulement il ne rencontra pas cet ange consolateur que tant de prisonniers ont trouvé parfois jusque dans les femmes et les filles de leurs geôliers ; mais il tomba malheureusement sur des femmes plus ou moins insensibles qui trahirent sa confiance et prirent parti pour ses persécuteurs.

La première, avec laquelle il se trouva en relations, fut une dame de province qu'il avait connue demoiselle, dans sa jeunesse, et qui, domiciliée à Paris, avait été priée par ses parents de découvrir sa prison.

Le Prevot ne nomme pas cette dame dans ces écrits ; mais on sait par la lettre de *Cauchi* au *baron de Breteuil,* citée plus haut, qu'elle s'appelait *de Cognary.* C'est cette dame qui avait obtenu l'autorisation de le voir, à la suite d'un mémoire qu'il avait fait parvenir au *maréchal de Broglie,* qui s'était sans doute intéressé à lui comme étant originaire de son pays.

Chargée de s'assurer si, comme *Le Noir*, le *baron de Breteuil* et *Vergennes* le prétendaient, Le Prevot était devenu fou, la dame *de Cognary* se présenta accompagnée du vicaire de Bicêtre.

Le Prevot raconte ainsi la première entrevue :

« En me faisant appeler au bureau de Bicêtre, cette dame commença par m'apprendre la mort de ma mère, arrivée *depuis quelques années*(1), de chagrin de me savoir en prison. Elle m'annonça qu'elle était chargée depuis dix ans par ma famille de me chercher, et que mes parents ne cessaient pas de présenter tous les ans des mémoires pour ma délivrance, tant au ministre qu'à la police ; mais qu'on ne leur donnait jamais d'assurance ni de mon existence, ni de ma situation, ni des motifs de ma captivité ; que l'emploi qu'elle exerçait à Paris l'avait mise enfin, par ses connaissances, à portée de me découvrir, avec l'espérance de me faire sortir bientôt, si je n'y mettais obstacle. »

Aussitôt que la dame de Cognary eut informé les parents de Le Prevot de l'horrible prison où elle l'avait découvert, ceux-ci s'empressèrent de lui adresser de l'argent pour leur malheureux parent prisonnier, afin qu'il pût se procurer ce dont il aurait besoin ; mais Le Noir, qui ne perdait pas de vue Le Prevot,

(1) Les prisonniers d'Etat étaient si bien morts au monde, qu'on leur laissait ignorer jusqu'à la mort de leurs plus proches parents, d'un père, d'une mère !!!

s'appliqua à corrompre la dame. Il chargea le nommé *Hagnon*, qui remplaçait alors *Tristant* en qualite d'économe à Bicêtre, d'user de toutes les insistances possibles près d'elle pour la suborner, et il y serait si bien parvenu, selon Le Prevot, qu'elle aurait tenté même de lui soustraire tous ses papiers ; mais Le Prevot ayant découvert la ruse, aurait éconduit la visiteuse, et aurait pris pour correspondant un sieur *Eschard*, avocat, et son économe, qui voulut bien se charger de cette mission.

La seconde femme avec laquelle Le Prevot se trouva en rapport fut une dame Tiron, à laquelle il s'adressa directement dans les circonstances suivantes :

« N'espérant plus rien, dit-il, du lieutenant de police, je tentai, de diverses manières, de sortir de ma prison. Je remis des paquets à des personnes désintéressées et toutes me *trahirent*. J'écrivis à Mme *Tiron*, femme du trésorier de l'ordre de Malte, qui a une jolie maison à côté de ma prison, pour la prier de me procurer la liberté, ce qui pouvait se faire facilement par sa maison, sans que personne le pût voir, en chargeant son jardinier de me passer une petite échelle de douze pieds avec laquelle je serais descendu sans peine dans son jardin, en repassant son échelle de l'autre côté du mur.

« Madame Tiron n'a eu rien de plus pressé que de faire avertir mon geôlier de ma prière et du refus qu'elle faisait de l'écouter. Une autre dame d'aussi mauvaise volonté à obliger un prisonnier d'Etat aurait, du moins, tu

mon dessein et ma confidence à celui qui me
retenait; car si madame Tiron eût eu le malheur d'éprouver vingt-deux ans de captivité,
comme moi, très-injustement, elle eût été
bien aise que quelqu'un fût venu à son secours ; mais madame la trésorière pensait,
comme sous l'ancien régime, à soutenir le
ministre et la police, parce que la Bastille
n'était pas encore prise.

« J'eusse mieux fait de m'adresser au mari
de cette dame, car s'il n'eût pas consenti à
m'obliger ; il n'aurait pas, du moins, révélé
mon secret à mon geôlier, qui ne voulut plus
me confier la clé du jardin où je semais et
plantais des fleurs pour m'amuser. »

Le Prevot, à cette occasion, raconte un
autre trait du même genre, qui fait également peu d'honneur à la dame qu'il concerne.

« Cet événement, dit-il, m'en rappelle un
semblable qui m'est arrivé en 1770 au donjon
de Vincennes, lorsque j'étais logé dans une
chambre au troisième sur la cour royale du
château. Monté debout sur une chaise, j'aper-
çois quatre ou cinq cents ecclésiastiques du
séminaire Saint-Sulpice qui viennent regarder les fossés de l'enceinte du donjon. Vite,
je descelle une barre et la rescelle sur moi.
Entré dans l'embrasure de la fenêtre, je leur
parle à haute voix pour leur dénoncer la
cause de ma captivité. *Une dame* et *sa femme
de chambre*, qui logeaient vis-à-vis, dans
l'appartement du roi, m'entendent et m'aperçoivent encore mieux que les séminaristes.
Aussitôt elle fut avertir *Rougemontagne* qu'un
prisonnier du donjon dénonce ses malheurs

à une assemblée d'ecclésiastiques, en latin et en français. *Rougemontagne* était absent. On court chez son second, nommé La Boissière, qui vient avec le piquet de garde ce jour-là, et il envoie chercher le maçon pour casser la barre que j'avais rescellée.

« Ainsi, par l'intermédiaire de deux dames qui voulurent servir *Rougemontagne*, je fus mis *huit mois et quelques jours* au cachot, et quand on me remonta dans la même chambre, elle était devenue *cachot brun*, par l'abat-jour de planches, en forme d'entonnoir, placé par dehors et élevé jusqu'à la hauteur de la fenêtre, avec une toile d'araignée en petites mailles de fil d'archal, attachée à la grosse grille du dehors, et une autre à la grille du dedans, en sorte qu'un pied de jour, interrompu par ces entraves, n'éclairait par le haut que le bas de la fenêtre auprès de laquelle il me fallait placer ma table pour voir ce qu'on m'envoyait à manger. »

Le Prevot ajoute cette réflexion :

« J'avais toujours eu meilleure opinion de l'humanité des dames, » et, revenant à madame Tiron il rapporte que pour toute vengeance, un soir qu'elle et son mari allaient se promener dans leur jardin anglais, il les arrêta un moment, en leur chantant un morceau d'*opéra de Provence.* »

Il ne dit pas quel était ce morceau, qui devait contenir, sans doute, quelque allusion à leur conduite envers lui. Quoi qu'il en soit, la vengeance était bien inoffensive et monsieur le trésorier et madame la trésorière méritaient mieux qu'un air d'opéra.

XXXIII

Un des plus tristes effets de la séquestration est de rendre ceux qui en sont victimes généralement défiants et injustes envers ceux là même qui leur veulent du bien et cherchent à leur être utiles. Le Prevot a éprouvé aussi ces effets. Nous avons vu comment il se laissa entraîner par d'injustes préventions contre le respectable Malesherbes et contre le lieutenant de police Le Noir, qui lui avaient cependant témoigné à l'origine beaucoup d'intérêt et s'étaient montrés animés d'excellentes intentions à son égard.

Il en a été de même d'un autre personnage important de l'époque, dont le nom est demeuré entouré d'une grande considération dans notre contrée ; nous voulons parler de l'intendant général de Rouen, *Thiroux de Crosne*.

Le Prevot avait fondé tout d'abord sur *de Crosne*, comme il l'avait fait précédemment sur Malesherbes et Le Noir, les plus grandes expérances, et s'était persuadé qu'il lui ferait recouvrer enfin la liberté.

Doué d'un esprit éclairé, épris d'un sincère amour de la justice, *Thiroux de Crosne* s'était associé, comme Le Noir, à l'œuvre rénovatrice de Voltaire, de Maupéou et de Turgot, il fut un de ceux qui par leurs travaux préparèrent les réformes de l'assemblée constituante de 1879.

Nommé en 1767 intendant de la généralité de Rouen, à l'instigation de Turgot, il remplaça, dans sa province, la corvée par des prestations pécuniaires; il mérita la colère du contrôleur des finances en s'élevant avec indignation contre l'impôt écrasant de la gabelle; il créa à Rouen des dépôts de mendicité, agrandit la ville, l'assainit en refoulant le fleuve dans son lit et comblant les marais qui entouraient la cité, et posa en 1770 la première pierre du théâtre des arts, détruit par un incendie le 26 avril 1876.

La ville de Louviers, qui a donné le nom de *de Crosne* à un boulevard, établi sur l'emplacement d'anciens remparts, dont cet intendant avait autorisé la démolition, a conservé par tradition le souvenir des services qu'il rendit à la population lors des épidémies pestilentielles, qui ont sévi cruellement dans ce pays, en 1770, services que rappelle du reste le célèbre médecin *Lepéc de la Clôture*, dans son ouvrage sur les maladies épidémiques, qu'il a dédié même à *de Crosne.*

« Ce serait certainement, dit Lepéc de la Clôture, manquer à la reconnaissance des habitants de Louviers que de taire les services essentiels que *M. de Crosne,* intendant de la généralité, a rendus, dans cette occasion, à cette ville infortunée, jamais on ne marqua plus de zèle pour le soulagement des malheureux ; il s'y livra tout entier avec un empressement qui fera toujours honneur à son cœur et ne fut content que lorsqu'on lui annonça qu'il ne restait pas un malade à Louviers et que tous avaient été secourus. »

Les biographes ajoutent qu'appelé en 1785 par le roi au poste de lieutenant de police dont il fut le dernier titulaire, il rendit les cachots de la Bastille presque déserts, grâce à sa douceur.

Le Prevot raconte que lorsque de Crosne fut devenu lieutenant de police, celui-ci s'empressa de lui faire dire par un de ses commis, *Surbois, « que dans six mois il lui donnerait la liberté entière s'il cessait d'écrire contre le gouvernement. »*

Le Prevot, aigri et très-fier, d'ailleurs, reçut cet avis bienveillant, avec une certaine hauteur. « Quoi ! répondit-il à *Surbois,* est-ce que tous les ouvrages que Sartine, Le Noir, Breteuil, Vergennes, m'ont volés avec vous, Rougemont, Chenon et les geoliers de Charenton, étaient composés contre le roi et l'Etat ? Ne l'étaient-ils pas, au contraire, pour eux ? N'occupaient-ils point le ministère et la police ? Trois ministres infidèles avec la police faisaient-ils le gouvernement? On abuse de tout, je veux bien à présent, si vous dites vrai, en faveur de *M. de Crosne* qui n'a point de part à leurs actions et qui n'a pas encore un an de gestion, me dispenser d'écrire pendant six mois, pour ne pas mettre d'obstacle à sa bonne volonté. Je vous en donne ma parole, vous pouvez y compter; car je n'y manque jamais. »

Il tint en effet promesse, et resta non pas *six mois* seulement, mais *huit mois*, sans écrire. De Crosne, lui, ne tint pas la sienne. Le Prevot l'avertit qu'il attendait avec confiance sa réponse; mais, soit que l'avertissement eut été intercepté, soit toute autre cause, il ne répondit pas.

Le ministère étant venu à changer, Le Prevot s'adressa aux nouveaux ministres pour leur demander sa liberté. Malheureusement il fut trahi de nouveau par la geôlière, *Mme Picquenot*. (Le Prevot n'avait définitivement pas de chances avec les femmes); cette geolière intercepta ses paquets confiés à un Lyonnais nommé Montré et les remit à *de Crosne.*

Le Prévot était à ce moment dans la maison de fous de Bercy, au-delà de la *Barrière des Poules n° 13*, où il avait été transféré sur sur l'ordre même de *de Crosne*, le 18 septembre 1787. Cette maison, à la fois maison de santé et prison, était tenue par un sieur *Picquenot*, élève de chirurgie, qui y recevait, comme les frères de Charenton, des pensionnaires libres de tout âge et de tout sexe, fous, imbéciles ou infirmes, en même temps que des prisonniers d'Etat et des prisonniers de force proprement dit, c'est-à-dire des gens que leurs familles faisaient détenir en vertu d'ordres clandestins de la police

De Crosne faisant sa premiere visite au petit Bercy, le 9 juillet 1788, deux mois après que la dame *Picquenot* avait intercepté la plainte adressée aux nouveaux ministres par Le Prevot, fit descendre ce dernier dans la cour et eut un entretien avec lui, en présence des autres prisonniers.

Le Prevot rapporte la scène dans des termes qui feraient peu d'honneur à *de Crosne* : « Ah ! vous voilà, lui aurait dit celui-ci, vous avez une perruque ! Vous avez un habit ! Vous êtes bien ici. Restez-y. Je me proposais de vous mettre en liberté. J'en ai le pouvoir ; mais vous avez toujours la manie d'écrire ; guérissez-vous-en ; guérissez-vous-en ; j'allais vous délivrer. Je sais ce que je dis, il ne vous manque de rien ici ; c'est moi qui vous y ai envoyé et *je ne puis plus vous en faire sortir...* Mme *Picquenot* (crie-t-il, en s'adressant à cette dame qui n'était pourtant pas loin et en s'en allant par la porte-cochère). Mme *Picquenot*, guérissez-le ; guérissez-le... »

Il débita cela, continue Le Prevot, sans me donner le temps de répondre et partit accompagné de son ami *Lechauve*, et d'un autre ami qu'il venait de rencontrer à son retour de Charenton d'où il sortait pour pareille visite.

On voudrait douter de ce récit, mais il est tellement naturel qu'il est impossible de le faire. On croirait assister à la scène.

Le Prevot ajoute à propos de *de Crosne*

« N'était-ce pas un vrai fou; si ce n'était pas un imbécile ? »

En cela, il a tort. *De Crosne* n'était ni l'un ni l'autre, il était simplement trompé, on lui avait persuadé, très-probablement, qu'il avait affaire à un homme dont la tête était malade et il agissait en conséquence. Mais on comprend que Le Prevot désappointé, déçu dans ses espérances, blessé dans sa dignité, dut être furieux contre *de Crosne*. Aussi, il ne le ménage pas, et ne lui épargne pas les reproches, ni les accusations dans son *Prisonnier d'Etat*. « Plus de cinquante fois, dit-il, j'ai demandé en vain ma liberté à ce traitre, sans l'accuser d'accaparement de grains ni de monopole; par ce que je n'étais pas certain qu'il fit l'un et l'autre, comme ses devanciers; mais s'il n'était pas dans *la ligue dernière*, il favorisait les conjurés ligués de qui il tenait sa place. N'était-ce pas la même chose que d'être ligueur ? il a mieux aimé me retenir que de dénoncer aucun des nouveaux ministres et lieutenants de police, ses prédécesseurs; parce qu'il se serait dénoncé lui-même. Il a vu froidement tous les orages s'élever dans la capitale et les révolutions s'effectuer, sans se mettre en peine de les prévenir et ce ne serait pas un traître? Il a vu la famine se propager dans les provinces et principalement dans la capitale, sur la fin de 1788; il l'a vue s'accroître en 1789, sans en déclarer les causes, que je lui avais fait connaître, et ce serait là, comme disent ses prôneurs gagés, un *honnête homme*, un *homme de bien*, un *homme d'Etat ?*... » Et il continue ainsi ses diatribes contre *de Crosne* pendant plusieurs pages.

Il avait été moins injuste et moins déraisonnable quand, à propos de la première visite que *de Crosne* lui avait faite à Bicêtre, il avait dit simplement : « Le sieur *de Crosne* m'étant venu visiter lui-même, m'aurait peut-être élargi dès-lors, si l'économe et Le Noir, s'appuyant sur *Sartines*, le *baron de Breteuil* et *de Vergennes*, qui étaient encore, pour un peu de temps, les maîtres du Gouvernement, ne l'eussent entravé dans son dessein. »

En réalité, de Crosne avait dû, en effet, subir l'influence de ceux dont Le Prevot s'était attiré l'animosité par ses dénonciations.

De Crosne, qui s'était présenté à l'Hôtel-de-Ville, après la prise de la Bastille, comme ayant été étranger à la résistance, et avait donné sa démission, avait obtenu d'abord la liberté de se retirer où bon lui semblerait et avait quitté la France ; mais, rappelé en 1794 par le besoin de revoir sa famille et de la protéger, il fut arrêté, passa en jugement le 22 avril et *fut condamné et exécuté le même jour*.

Malgré les accusations de Le Prevot, égaré par les souffrances d'une aussi longue et cruelle captivité, *Thiroux de Crosne* est resté l'un des plus nobles représentants de l'esprit libéral et généreux de son époque. Il aimait à répéter cette maxime profondément vraie que les hommes de la Révolution ont trop souvent oubliée :

« Les libertés sont comme les propriétés : elles sont limitées les unes par les autres. »

XXXIV

La Révolution était enfin arrivée. Elle avait été annoncée depuis longtemps ; mais on était loin d'avoir prévu jusqu'où elle s'étendrait. Beaucoup de bons esprits avaient pensé qu'elle pourrait être contenue dans certaines limites et peut être, eût-il pu en effet en être ainsi s'il avait été commis moins de fautes de part et d'autre, de la part de ceux qui voulaient des réformes et de la part de ceux qui n'en voulaient aucunes. « Il me semble, écrivait le sage *Washington* à son ami Lafayette le 18 juin 1788, qu'il s'est développé dans le royaume un esprit, qui, dirigé avec une extrême prudence, peut produire une *révolution graduelle et tacite* qui sera très favorable aux sujets, en abolissant les lettres de cachet et en définissant avec plus de précision les pouvoirs du gouvernement. »

Telle était en effet la grande question qu'il s'agissait de résoudre, au point de vue politique, à la fin du dernier siècle, et qui était la clé de toutes les autres; telle est encore aujourd'hui la question que l'on s'efforce de résoudre, après quatre-vingt dix ans d'essais plus ou moins infructueux et de changements de gouvernements, plus ou moins ruineux pour le pays : assurer complètement la liberté individuelle et déterminer avec une exacte précision les différents pouvoirs de l'Etat, en maintenant entre eux une parfaite harmonie?

Quoiqu'il en soit, au lieu de s'en tenir au programme indiqué par Washington, on eut le tort d'entreprendre de trancher toutes les questions politiques et sociales à la fois et il en résulta presque immédiatement un immense bouleversement.

Après le serment de la salle du Jeu de Paume où Mirabeau de sa voix puissante avait proclamé le principe de la souveraineté nationale, les états généraux s'étaient constitués en assemblée nationale et l'assemblée s'était mise aussitôt à l'œuvre et avait commencé un travail véritablement herculéen; la réforme générale de toute l'organisation politique, administrative et judiciaire du royaume. Tout ceux qui redoutaient les conséquences de ce travail et dont les intérêts étaient plus ou moins lésés ne tardèrent pas à se coaliser pour résister. Groupés autour de la cour, ils résolurent de tenter un effort suprême.

Le plus grand homme de guerre du temps, le *maréchal de Broglie*, à la tête de quarante mille hommes de troupes étrangères et mercenaires, avait promis à la cour de se rendre maître de Paris, et par là même de l'assemblée nationale.

Il se disposait à marcher sur la capitale dont il devait s'emparer dans la nuit du 14 au 15 juillet 1789; quand le peuple de Paris, par un mouvement spontané et presque instinctif, dans la journée du quatorze, se précipita sur la Bastille et, après une lutte de courte durée, s'empara de cette forteresse, l'arsenal et le dernier refuge de la monarchie absolue.

La résistance, quoique courte, avait été vive; cependant on doit à la vérité de l'histoire de dire qu'elle n'avait pas été ce qu'elle aurait pu être; de même que le triomphe des vainqueurs n'a pas été ce qu'il aurait du être et qu'il fut souillé par des crimes particuliers qui bien qu'isolés n'en furent pas moins odieux. Le journaliste royaliste Rivarol raconte lui-même « que le gouverneur de la Bastille ne voulut pas faire tirer le canon sur le peuple, qui se portait en foule du côté de l'arsenal, de peur *d'endommager une petite maison qu'il avait fait bâtir de ce côté là* » et que « dans ce même instant *M. de Buzenval*, général des suisses, s'était caché pour ne pas donner d'ordre à ses troupes de peur que *si l'émeute devenait trop considérable, on ne pillât sa maison qui était voisine, où il avait fait peindre depuis peu un appartement entier et construire des bains charmants;* voilà par quels hommes le roi était servi, dit Rivarol en terminant » c'est-à-dire que la royauté absolue avait fait son temps et que les soutiens de de l'ordre les plus élévés n'avaient plus foi en elle et ne songeaient qu'à leurs intérêts personnels.

Le Prevot avait suivi, de la fenêtre de sa prison de Bercy, à l'aide d'une lunette d'approche, les diverses péripéties du combat. Il avait entendu, avec des battements de cœur, le canon populaire foudroyer cette sombre masse de pierre où avait commencé son long martyre ; il avait appris, le soir, la prise de la Bastille et la résolution arrêtée par le peuple de la démolir ; il avait contemplé, les jours suivants, les progrès de sa démolition. « La Bastille, ainsi que le dit très-bien Esquiros (1), était pour lui une ennemie personnelle dont on le délivrait; chaque pierre que l'on détachait était un poids de moins sur son cœur ; » il avait aperçu avec un immense soulagement les pans de mur s'écrouler et avait mesuré de l'œil les brèches qu'y faisaient incessamment l'affluence des habitants, hommes et femmes, qui s'y portaient en foule et qui y travaillaient avec une activité fièvreuse. Il avait entendu énumérer les noms des divers prisonniers que le peuple avait délivrés et qu'il avait promenés en triomphe par les rues. C'étaient : *Tavernier*, détenu dans la troisième tour de la comté, *Pujard*, à la troisième Bazinière, *La Roche*, à la quatrième, *le comte de Solanges*, à la quatrième, Bertaudière, *de Wayte*, à la première, *La*

____

(1) *Histoire des Montagnards* (Introduction)

Caurège, à la première du Puits et *Bechade,* à la première tour du coin (1).

Tous avaient obtenu leur liberté. Deux mois s'étaient écoulés et lui était toujours prisonnier.

On s'était pourtant occupé, dès avant la prise de la Bastille, du sort des malheureux qu'on savait être détenus arbitrairement par le despotisme ministériel et l'on avait fait signer au Roi, le 23 juin 1789, une déclaration, par laquelle il invitait les états généraux à chercher les moyens de concilier *l'abolition des lettres de cachet* avec la *sureté publique.*

Après la prise de la Bastille, le 24 août 1789, sur la pétition de trois personnes détenues qui sollicitaient leur élargissement, l'assemblée nationale « *avait autorisé son Président à manifester le vœu de l'assemblée pour que toute personne arrêtée sans être prévenue et sans avoir été décrétée, fût mise en liberté.* »

Mais Le Prevot ne voyait venir personne et finissait par désespérer de jouir du bénéfice de cette décision et du nouvel état de choses.

« Je m'avisai alors, dit-il, d'écrire au ministre, *comte de Saint-Priest,* persuadé qu'il ne pouvait manquer, en vertu des décrets de l'Assemblée nationale, de me délivrer ; mais comment lui faire parvenir une lettre dans une prison où règne l'inquisition ancienne de la police ? *De Crosne* avait déjà pris la fuite, heureusement pour lui et pour moi. Ma lettre

(1) On a prétendu qu'au lieu de sept prisonniers, il y en aurait eu huit et que le huitième aurait été un soi-disant comte de Lor ges sous le nom duquel on a même fait paraître une espèce de mé moire, mais ce personnage serait purement imaginaire d'après l'au teur de la *Bastille dévoilée.*

dans ma poche, je guettte le moment où personne ne paraît dans la cour : j'entre dans la cuisine qui donne sur la rue de Bercy ; je casse un carreau de vitre. Parmi les passants, j'appelle un jeune homme, de préférence aux dames, je le prie de vouloir bien me procurer ma délivrance, en mettant seulement ma lettre à la première poste qu'il trouvera sur son chemin. Il me le promet fort obligeamment ; il regarde la maison qui n'avait pas l'air d'une prison. Je l'assure que je suis prisonnier depuis vingt-deux ans deux mois et que la maison renferme plus de quarante individus de tout âge et de toute condition. Il voit que ma lettre est adressée au ministre. Vous serez satisfait, comptez-y, me dit-il en s'en allant rejoindre la personne qui s'en retournait de compagnie avec lui. Je devais donc compter sur sa parole ; mais il fallait que les peines, les contradictions, les trahisons me suivissent jusqu'à la fin, et je n'ai su ce que je vais dire que quelques mois après ma délivrance, par la visite que me firent dans ma retraite à Saint-Mandé, MM. *Sabart, Pocheveux, Gauthier* et *Béatrix*, pour m'apprendre ce qui était arrivé sur la lettre que j'avais mise aux mains du jeune homme. Au lieu de jeter ma lettre dans l'une des boites de la poste, il l'avait décachetée par curiosité pour la lire et se repentant aussitôt de l'avoir ouverte il la remit à M. *Sabart*, praticien dans le marché de la place St-Jean. Celui-ci en tira cinq copies, qu'il distribua à cinq personnes, qui lui dirent de porter l'original au commandant du district de *Saint-Gervais*. Il suffisait de met-

tre une autre enveloppe à ma lettre, à la même adresse du ministre pour réparer la faute
du jeune homme ; personne n'imagina ce
moyen simple. M. Boucheron, muni de l'original se présente et requiert main forte pour
aller me délivrer lui même. Pendant plus d'un
quart d'heure on lui laisse l'autorité de me
faire sortir de prison ; mais le Procureur du
Roi de la maison de ville arrive et s'oppose à
mon élargissement, disant que tels et tels
commissaires sont nommés pour descendre
dans toutes les maisons de force, entendre incessamment toutes les plaintes et rendre justice exacte à chacun; il ajouta même qu'il savait que M. Bailly avait écrit sur cela (ce qui
était vrai) mais cette visite des commissaires
nommés par le Roi n'a eu lieu que plus de six
mois après et ils ont laissé et laissent encore
aujourd'hui une quantité d'individus dans la
prison de Bercy, d'autant plus malheureux
et infirmes qu'ils sont hors d'état de défendre
leur cause.

« Ennuyé de ne recevoir point de nouvelles,
je revins à mon premier projet. Je fis une
nouvelle lettre ; j'épiai l'occasion. Je cassai un
autre carreau de vitre et confiai ma lettre à
la première personne qui vint à passer. Elle
fut fidèle.

« *Trois jours après, qui était le 5 septem-*
1789, on m'annonça ma liberté et sur le champ
je vole à Saint-Mandé, près le bois de Vin-
cennes, pour m'y retirer jusqu'à ce que les
troubles de la Révolution fussent apaisés ».

. . . . »

Et le pauvre prisonnier d'État rendu à la liberté ajoute cette réflexion qui prouve la foi profonde qui n'a cessé de l'animer avant, pendant et après sa détention, et qui donne à sa conduite un caractère vraiment héroïque.

« Voilà enfin mes maux finis, ainsi que l'histoire de mes persécutions et de ma captivité, durant vingt-deux ans deux mois, dans cinq prisons, pour une découverte faite par moi en 1768, sans la chercher ; mais qui regardait tous les habitants du royaume *et ne pouvait être tue par moi,* sans devenir, moi même, aussi coupable que tous les conjurés ligués. »

Ce que Le Prevot a fait et ce qui lui a attiré une si longue captivité, tant de privations et tant de souffrances, il l'a donc fait, non par haine, par passion, par ambition, encore moins par cupidité ; il l'a fait avec le plus entier désintéressement, *par humanité,* dans l'intérêt de son pays et de son Roi même, *par pur dévouement !*

XXXV

Le Prevot était libre, mais il sortait de prison, ruiné et sans aucune ressource.

Entré à la *Bastille* jeune encore et dans la
force de l'âge (42 ans), il sortait de *Bercy* avec
des chéveux blancs et déjà presque un vieillard (64 ans). Sa position était complètement
perdue et il lui était bien difficile de s'en créer
une nouvelle.

Comment en effet retrouver sa place de *sé-
crétaire du Clergé de France*, son cabinet
d'avocat, ses clients, ses protecteurs, ses
amis ?

Qu'était devenu pendant ses vingt-deux années de captivité tout le monde qu'il avait
connu, et au milieu duquel il avait vécu ?

La mort qui fait tant de vides autour de
ceux qui ont le bonheur ou le malheur de

vivre longtemps, avait enlevé la plupart de ses connaissances. Le tourbillon de la Révolution, les vicissitudes de la fortune, les impérieuses nécessités de la vie avaient dispersé les autres.

Dans les premiers jours de sa mise en liberté, Le Prevot serait littéralement mort de faim, sans les secours que lui procurèrent quelques patriotes généreux qui eurent pitié de lui et s'intéressèrent à son sort.

Après avoir passé un certain temps à Saint-Mandé, près Paris, il résolut de venir se refugier à Beaumont-le-Roger, son pays natal, où il avait conservé quelques parents.

Sa pauvre mère était morte depuis longtemps de chagrin de le savoir en prison, ainsi que sa parente *la dame de Cognary*, l'avait annoncé à Le Prevot lors de la visite qu'elle lui avait faite à Bicêtre en 1786 ; mais il avait encore une sœur, une dame *Inou*, qui a été, pendant longtemps, receveuse des postes à Beaumont-le-Roger, et une nièce, fille de celle-ci, Madame d'Orival, dont le mari habitait Bernay (1), et qui avait elle-même une fille, devenue plus tard Madame de Saint-Albin, dont le souvenir subsiste encore dans cette ville (2).

Il avait aussi dans la contrée d'autres parents plus éloignés, indépendamment de ma-

(1) M. Lecordier d'Orival, nommé Juge de Paix de Bernay en l'an XII, a exercé ces fonctions jusqu'en 1836.

(2) Dans la relation de la fête offerte à Dupont de l'Eure par les électeurs de l'arrondissement de Bernay le 9 mai 1830, on voit que le Banquet a eu lieu dans un verger appartenant à M. de Saint-Albin et qu'à la fin du banquet une collecte a été faite par Madame de Saint-Albin à laquelle Dupont de l'Eure donnait la main.

dame *de Cognary* dont nous venons de parler. Au nombre de ces parents nous citerons *Monsieur Duval-Dumesnil* et *sa fille, Madame Chouel,* vénérable octogénaire décédée tout récemment à Beaumont-le-Roger, dont la belle mémoire avait conservé parfaitement le souvenir de son célèbre cousin qu'elle avait très-bien connu dans sa jeunesse et sur lequel elle nous a très gracieusement fourni divers renseignements.

Il était tout naturel que Le Prevot se retirât auprès de cette famille honorable et bien digne de lui ; d'autant plus qu'elle n'avait cessé, pendant sa détention, de faire les plus actives démarches dans son intérêt.

Le Prevot, dans son *Prisonnier d'Etat,* parle de démarches faites par sa nièce, qu'il ne nomme pas, mais qui n'est autre que madame *d'Orival,* et d'une visite que cette dame était parvenue à lui faire dans sa prison.

« Une nièce, dit-il, que je ne connaissais pas et qui était née depuis ma longue détention étant venue à Paris, avec son mari, à dessein de me voir, il lui fallut faire à la police quantité de démarches, pour obtenir la seule permission de me parler, en présence de mon geôlier de Bercy, qui était obligé d'exercer la même inquisition qui avait eu lieu dans les quatre autres prisons, elle m'annonça encore une petite nièce (1) de huit ans pour augmenter ma joie et mon espérance. »

Dans un rapport de la commission des lettres de cachet, à propos d'une pétition que Le Prevot avait adressée à l'Assemblée nationale,

(1) La fille de Madame d'Orival, Madame de Saint-Albin.

il est également question des nombreuses démarches et sollicitations faites par sa famille
en sa faveur. « Ce ne fut, dit le Rapporteur,
qu'après beaucoup de soins et de recherches
que la mère et la sœur de Le Prevot, parvin-
rent à découvrir qu'il vivait encore, qu'il était
prisonnier d'État, et qu'il devait son empri-
sonnement *à quelques imprudences contre le
gouvernement*. En vérité, continue le rapporteur, n'est-ce pas une chose douloureuse
de voir toute une famille honnête aux pieds
d'un lieutenant de police, le supplier dans un
placet de faire grâce à un homme qu'il eût du
récompenser, supposer des torts à un parent
pour obtenir sa liberté au moins à titre de
pardon et de voir le peu d'effet que produisait
cette requête ? « *Rien faire* » disait le lieutenant général qui se la faisait lire, et le sécré-
taire avec sa plume de fer écrivait sur la requête qu'il *n'y avait rien à faire ;* de manière
que dans ce royaume de la police, ce n'était
pas assez de tourmenter un malheureux dont
le crime était d'avoir démasqué des vampires
politiques; il fallait encore désespérer toute
une famille, il ne fallait donner à cette famille
alarmée ni le moindre espoir, ni la plus petite
consolation; il ne fallait pas même lui faire
de réponse. »

Dans une note de la police du 11 janvier
1769 (1), touchant une lettre de Le Prevot du
8 précédent, on disait :

(1) Dans une autre note, on voit la police prétendre « *qu'on ne
connaît à Le Prevot aucune famille.* » Mémoire de Duval, sé-
crétaire de Sartine au comte de Saint-Florentin, en date du 28 octobre 1789. C'était sans doute pour le rendre moins intéressant et
le présenter comme un aventurier.

« Le sieur Le Prevot demande :

1° La liberté, et en attendant, la promenade.

2° Des livres (la dernière édition des œuvres de Voltaire).

Et 3° *d'écrire à sa mère* et à *deux ou trois de ses amis....*

« Néant pour ces articles ! ! »

C'est ainsi que Le Prevot avait été tenu, pendant de longues années, dans une ignorance presque complète de ce que devenait sa famille, de ceux qui y naissaient ou y mouraient, de tous ceux auxquels il était attaché par les liens du sang et de l'affection. Aussi ne doit-on pas s'étonner que sa malheureuse mère fut morte désespérée !

Tel était le triste sort des prisonniers d'Etat ! « souffrir dans une solitude profonde toutes les privations et toutes les inquiétudes, être arraché à tout ce que l'on aime, à tout ce dont on est aimé ! n'est-ce pas infiniment plus que mourir ? dit éloquemment l'auteur des *Lettres de cachet* et des *Prisons d'État.* »

Combien de temps Le Prevot demeura-t-il à Beaumont-le-Roger ? Madame *Chouel*, sa cousine, n'a pu nous le dire exactement, mais d'après ses souvenirs, son séjour a du être assez long et il a dû ne venir se fixer à Bernay que dans les dernières années de sa vie, après la mort de sa sœur, Madame *Inou*, dans le but, sans doute, de se rapprocher de sa nièce, Madame *d'Orival* et d'être plus à portée de recevoir d'elle les soins que son grand âge exigeait.

Cependant nous devons dire qu'il ne cessa de conserver un domicile séparé, et qu'il a

toujours vécu seul et isolé dans dans une petite maison de la rue de la Charentonne, tandis que sa nièce habitait rue du Collége.

Pourquoi ce genre de vie ? Etait-ce par
amour de la solitude, par un effet de l'habitude ou par un autre motif ? Nous croyons
plus volontiers que c'était le résultat de la
longue captivité qu'il avait subie et du long
isolement dans lequel il avait vécu. Quand on
a passé de longues années dans la solitude,
on finit par perdre l'habitude de la société et
par ne plus pouvoir supporter le contact habituel de personne, même de ses proches.
L'isolement rend fatalement sauvage.

On trouvera peut-être que nous sommes
entrés ici et à divers autres endroits de cette
étude touchant Le Prevot, dans de bien petits
détails qui n'offriront pas grand intérêt pour
la majorité des lecteurs; nous prions de nous
en excuser; quand on a entrepris la biogra-
phie d'un personnage historique, on aime à recueillir tout ce qui se rattache à lui et à faire
part de ce qu'on est parvenu à découvrir.
D'ailleurs nous écrivons surtout pour nos
compatriotes; or ces détails présenteront,
peut-être, un peu plus d'intérêt pour eux.
Les habitants d'un pays se plaisent assez à
ces souvenirs locaux qui les aident à faire
revivre en imagination l'homme célèbre qui
est né parmi eux, à le rétablir dans le milieu
où il a vécu et à le rattacher aux familles qui
subsistent encore et qu'ils connaissent. Ils
éprouvent toujours un certain plaisir à se
dire : « *Voilà où il est né ! — Voilà le quartier qu'il habitait, — la promenade qu'il fré-*

quentait, — il était parent de tel et tel, — il est mort dans cette maison. . . . . . »

C'est un sentiment qui est dans la nature de l'homme et qui a été observé depuis long-temps.

« Est-ce un don de la nature, dit Cicéron (1) ou une illusion de notre esprit ? A l'aspect des lieux que nous savons avoir été le séjour habituel de personnages mémorables, notre âme éprouve toujours une vive et douce émotion. »

C'est un petit côté de l'histoire, sans doute, mais qui n'est pas entièrement à dédaigner.

(1) *De Legibus,* Liv V, Chap. iii.

XXXVI

Après avoir raconté la mise en liberté de
Le Prevot à la suite de la prise de la Bastille,
les auteurs de l'*Histoire des Prisons d'État*,
MM. Maquet et Arnould disent : « que sorti
de *cet enfer*, Le Prevot se retira près de ce
qui lui restait de sa famille et se faisant de
nouveaux amis, vécut obscur et retiré, *sans
jamais demander le prix de son courage ni
le dédommagement de ses vingt-deux années
de captivité, aussi injuste qu'atroce*, et s'en-
dormit du sommeil du juste en 1820, dans *la
centième année de son existence.* »

C'est là de l'histoire *par à peu près*, comme
il arrive trop fréquemment d'en faire, à ces
spirituels et agréables conteurs.

Nous venons de voir ce qui restait de famille à Le Prevot. Les auteurs en question ignoraient certainement l'existence de la nièce de Le Prevot, Madame *d'Orival*.

Ils disent que « Le Prevot s'est endormi du sommeil du juste *en 1820, dans la centième année de son existence.* »

C'est une double erreur, il est mort en 1823 et non en 1820, âgé, non de *cent ans*, mais de *quatre-vingt-dix-sept ans*, ainsi que le constate son acte de décès déjà cité.

Ils ajoutent enfin que « Le Prevot ne *demanda jamais le prix de son courage ni le dédommagement de ses vingt-deux années de captivité* » Cela n'est pas exact. Il est certain, au contraire, comme nous le verrons tout-à-l'heure, qu'il a demandé une indemnité (ce qui ne lui retire en rien de son mérite) et qu'il a obtenu même une petite rente qui lui a été servie jusqu'à sa mort, sous tous les gouvernements qui se sont succédés.

Toutes ces erreurs, sans doute, n'ont pas grande importance dans un roman historique, mais il ne faut pas qu'on s'y trompe et que les lecteurs prennent cela pour de l'histoire véritable.

D'un autre côté, un auteur qui a la prétention de faire vraiment de l'histoire, M. Mortimer-Ternaux, que nous avons déjà cité, n'est pas beaucoup plus exact dans ce qu'il rapporte à propos de Le Prevot, sur le même sujet.

Toujours préoccupé de disculper l'ancien régime de cette formidable accusation du *pacte de famine*, qui pèse si lourdement sur lui et de l'écrasante dénonciation du *fameux Le Prevot de Beaumont*, selon son expression, M. Mortimer dit que « ce personnage « devenu légendaire n'inspirait que fort peu « de confiance et fort peu d'intérêt aux assem- « blées constituantes et législatives, qui au- « raient dû cependant se montrer très-em- « pressés de le dédommager des souffrances « qu'il prétendait avoir subies pour prix de « sa dénonciation patriotique, si elles avaient « cru à sa véracité, » et il va jusqu'à repro- cher à Le Prevot « d'avoir joué auprès des as- « semblées révolutionnaires le rôle de sollici- « citeur besogneux et toujours éconduit. »

On a peine à croire en vérité que l'auteur de *l'Histoire de la Terreur* ait pu produire de tels arguments à l'appui de sa thèse et adresser de pareils reproches au malheureux avocat syndical de l'ancien clergé de France, qui avait été si cruellement victime des lettres de cachet. Quoi ! Ce n'est pas as- sez d'avoir été arbitrairement arraché à sa famille, à ses amis, à ses affaires, enfermé succcessivement dans cinq prisons, détenu pendant vingt-deux ans, sans aucun juge- ment, supprimé vivant en quelque sorte du nombre des humains; d'avoir vu confisquer ses papiers, son argent, ses biens, d'avoir été complètement ruiné; quand, au bout de ces vingt-deux années, presque un quart de siècle, une révolution imprévue qui vous a miracu- leusement délivré, vous rend, suivant l'éner- gique expression de Le Prevot, *tout nu à la vie et à la liberté qu'on n'espérait plus;* quand, abandonné sans ressources sur la voie publique, vous venez crier justice et que vous venez demander un dédommagement pour une faible partie (non des maux que vous avez souffert, dont la réparation ne saurait se faire en argent), mais seulement de la perte matérielle que vous avez éprouvée ; parce que vous implorez *l'humanité, la pitié, la générosité* des assemblées qui gouvernent le pays, vous n'êtes aux yeux du noble historien qu'un importun, un *solliciteur besogneux* et il vous fait un crime de votre misère et des iniquités même dont vous avez été victime ! ! !

C'est inouï, et M. Mortimer-Ternaux n'y a vraiment pas réfléchi ! Quant à l'autre reproche adressé par lui à Le Prevot, qui consiste à *n'avoir pas même su inspirer confiance ni intérêt à ces assemblées révolutionnaires* qui eussent du l'accueillir avec empressement, il est tout aussi injuste et aussi mal fondé.

Lors même qu'il serait vrai qu'au milieu des agitations d'une grande Révolution, des complications crées par de vastes réformes et par une immense réorganisation politique et administrative, de troubles incessants, d'émeutes, de guerres civiles et étrangères terribles, d'événements effroyables, qui ont tenu pendant des années l'Europe entière en émoi, lors même qu'il serait vrai que plusieurs assemblées successives auraient négligé de rendre justice à un malheureux, que ses plaintes réitérées seraient passées complètement inaperçues au milieu du bouleversement général, qu'est-ce que cela prouverait contre lui, contre son caractère, contre la sincérité de son récit et la réalité de son martyr,

la véracité même de ses dénonciations, qui
avaient été la cause première de son arrestation et de sa longue détention ? Qu'est–ce que
cela prouverait en faveur de ceux qui l'ont sequestré et torturé ?

Mais en fait, il n'en a pas été ainsi !

Voici ce qui s'est passé :

Le Prevot qui avait été complètement dépouillé, comme on l'a vu, de tout son mobilier et de toutes ses valeurs, qui se montaient
d'après l'état que la police avait écrit de sa
main, à *soixante-trois mille livres*, somme
très importante, surtout pour l'époque, se
voyant désormais libre mais ruiné et sans
aucune ressource avait commencé par adresser une demande au Roi et à l'Assemblée nationale. Il l'avait fait dans des termes nobles
et dignes, avec une certaine fierté même qui
lui fait grand honneur.

« Le Roi, dit il, n'écoutant que sa justice et
sa générosité, daignera réparer envers moi
les *cruautés et énormes injustices des domestiques gagés de la couronne qui étaient de
son choix*. Ils ont persécuté des milliers d'individus victimes de leur pouvoir arbitraire ;
mais toutes ces victimes ne sont pas comme
moi, pour la plus grande cause d'Etat qui ait jamais existé depuis l'origine de la monarchie.
Plaise donc au Roi de m'accorder au plus tôt
une provision pour vivre en attendant les
effets de sa justice ou me nommer à l'une
des places du service de la maison dont ma
santé me rend encore capable.

« C'est aussi la cause de la nation entière
que j'ai soutenue et que je lui dénonce aujour-

d'hui. Il n'est point d'efforts que je n'aie faits tous les ans et dans toutes les occasions pour lui revéler les ligues, les conjurations, les pactes infernaux, qui ont provoqué enfin l'heureuse révolution qui m'a redonné la vie et la liberté. Veuille donc l'auguste assemblée nationale qui vient de me renvoyer *au Comité des lettres de Cachet*, s'intéresser à mon sort, me procurer le dédommagement et le provisoire que je demande au Roi et si je ne puis les obtenir, me nommer elle-même à l'une des places lucratives qui sont en son pouvoir ! *Je connais trop les besoins et les dettes énormes de l'Etat pour exiger de l'argent;* mais il ne lui en coûtera rien pour me donner, de préférence, à tant d'intrigants qui n'ont rien fait pour la patrie, un emploi que je me sens encore capable de remplir fidèlement, sans lui laisser craindre de trahison.

> *Per, si qua est, quæ restet adhuc mortalibus usquam*
> *Intemerata fides, oro, miserere laborum*
> *Tantorum; miserere animi non digna ferentis.*
>
> Virg. Æneïd, Lib. II., v., 142. (1)

Aujourd'hui que *les besoins et les dettes de l'Etat* sont *non moins énormes*, est-il beaucoup de solliciteurs ayant autant de droits que Le Prevot, dont les demandes soient aussi réservées et aussi dignes?

La pétition de Le Prevot fut renvoyée au Comité dit *des Lettres de cachet* qui avait été constitué pour s'occuper des détentions arbi-

---

(1) « Par la foi incorruptible, s'il en est, qui reste encore aux mortels quelque part, je vous en conjure, ayez pitié de tant de maux; ayez pitié d'un malheureux qui succombe sous le poids d'une infortune aussi imméritée. »

traires et de la suppression des Lettres de cachet.

C'était une tâche difficile que celle dont était chargé ce Comité, à cause des nombreuses réclamations individuelles qui lui étaient renvoyées par l'Assemblée. Il n'était pas difficile de supprimer les Lettres de cachet elles-mêmes; mais il fallait prendre des mesures pour assurer l'observation des lois et garantir la sécurité publique tout en empêchant à l'avenir les détentions arbitraires, ce qui ne pouvait se faire qu'en organisant la procédure criminelle et la responsabilité ministérielle.

Quant à ceux qui étaient présentement détenus, il y avait évidemment des distinctions à faire, car leur situation à tous n'était pas la même et il y en avait qui, bien qu'arrêtés et détenus arbitrairement, avaient pu commettre des délits ou des crimes de droit commun et pouvaient tomber sous l'application des lois.

Après la prise de la Bastille, le 24 août 1789, sur la pétition de trois personnes détenues qui sollicitaient leur élargissement, l'Assemblée nationale « *avait autorisé son Président à manifester le vœu de l'assemblée pour que toute personne arrêtée, sans être prévenue et sans avoir été décrétée, fût mise en liberté.* » Plus tard, le 15 janvier 1790, elle avait rendu un décret par lequel « elle avait enjoint à tout gouverneur, lieutenant du Roi, commandant des prisons d'Etat, supérieurs des maisons de force, supérieurs des maisons religieuses et toutes autres personnes chargées de la garde des prisonniers détenus par Lettres de cachet ou par ordre quelconque des agents du pouvoir exécutif, huit jours après la réception dudit décret, d'en demeurer responsables, d'envoyer à l'Assemblée nationale un *état certifié véritable*, contenant les âges, noms et surnoms des différents prisonniers avec les causes et la date de leur détention et l'extrait des ordres en vertu desquels ils ont été emprisonnés.

Puis, le 20 février de la même année 1790, M. de *Castellane*, au nom du Comité des Lettres de cachet, fit un rapport très-remarquable où il traça de la manière la plus nette et la plus judicieuse, les distinctions qu'il y avait à faire entre les détenus et les catégories à établir entre eux :

1re CATÉGORIE. — Détenus pour cause de démence dont l'état devait être régulièrement constaté avec avis de médecins.

2e CATÉGORIE. — Détenus, par ordre illégal, qui auraient été probablement jugés et légalement condamnés à une peine afflictive, qui garderont la prison pendant le temps fixé par l'ordre de leur détention à moins qu'ils ne préfèrent passer en jugement, auquel cas ils ne pourront être condamnés à plus de douze ans de détention.

3e CATÉGORIE. — Détenus déjà jugés en première instance ou sans l'avoir été en dernier ressort ou décrétés de prise de corps, qui devront être renvoyés devant les tribunaux pour y être jugés dans les formes légales.

4e CATÉGORIE. — Détenus enfin, déchargés d'accusation qui devront recouvrer sur-le-champ leur liberté, sans qu'il soit besoin d'aucun ordre nouveau ni permis de les retenir, sous quelque prétexte que ce soit.

Le 16 mars 1790, l'Assemblée adoptant les fins de ce rapport, rendit en conséquence un décret dans lequel on lit notamment ces dispositions :

ART. 10. — Les *ordres arbitraires emportant exil* et *tous autres* de *la même nature* ainsi *que toutes Lettres de cachet sont abolis.* et *il n'en sera plus donné à l'avenir* (1). Ceux qui en ont été frappés sont libres de se transporter partout où ils le jugeront à propos.

ART. 11. — Les ministres seront tenus de donner aux citoyens ci-devant enfermés ou exilés la communication des mémoires et instructions sur lesquels auront été décernés contre eux les ordres illégaux qui cessent par l'effet du présent décret.

Ceci explique comment Le Prevot a obtenu du *comte de Saint-Priest*, à sa sortie de prison, la communication d'un grand nombre de pièces se rattachant à son arrestation et à sa détention, mais cela ne lui avait pas donné la satisfaction qui lui était due.

Les événements politiques s'étaient précipités, la Constituante avait été remplacée par la Législative (2) qui avait eut aussi son *Comité des Lettres de cachet.* Le Prevot reproduisit sa demande à plusieurs reprises et sous plusieurs formes.

---

(1) Cette disposition est restée l'une des règles fondamentales de notre droit public, malgré les atteintes qui y ont été portées à diverses reprises dans des temps agités.

(2) 1er Octobre 1791.

Il adressa d'abord à M. *J.-P. Blanchon*, député à l'Assemblée nationale, une lettre datée
*du cloître de Saint-Germain-l'Auxerrois à
côté de l'ancien presbytère*, le 20 octobre 1791
dans laquelle il disait : qu'il regrettait de voir
que les quatre membres du Comité ne s'occupaient point de *son affaire, non plus que des
autres* et qu'il se mettait à leur disposition
pour aider leurs commis s'ils n'en avaient
point assez. « Je vous assure, ajoutait-il, qu'il
« ne se passera pas de semaine qu'il ne soit
« expédié plusieurs affaires en bon état de
« rapport et qu'il n'en restera pas à la fin de
« l'Assemblée actuelle. » Ce qui prouve qu'il
y en avait beaucoup en retard et que la
sienne n'était pas la seule dans ce cas.

Onze mois plus tard, c'est à dire vers le
mois de septembre 1792, il pria l'Assemblée
d'ordonner à *M. Rever* (1), l'un de ses membres, de leur lire *le petit travail* qu'il avait
fait depuis huit mois en faveur des victimes
du pouvoir arbitraire : « C'est l'affaire, disait-il,
« de quatre à cinq minutes qui vous mettront
« en état de prononcer sur la réclamation que
« je fais depuis trois ans. »

Dans une autre pétition à la même Assemblée, qui porte la date précise du 19 septembre
1792, il insiste sur la même demande, en rappelant que la révolution actuelle, par un bonheur qu'il n'espérait plus, l'a délivré mais

---

(1) M. Rever dont il est question ici, est le savant antiquaire
normand, auteur des *Mémoires sur les Ruines du Vieil-Evreux*
et autres travaux d'archéologie, qui a été directeur de l'école
Centrale de l'Eure et l'un des députés du département à l'Assemblée législative.

qu'elle *l'a rendu tout nu à la vie et à la liberté.* « Daignez donc, dit-il aux députés opiner et décider mon sort, *ce sera finir vos séances par un acte d'humanité et de justice.* »

Dans une autre lettre portant la même date du 19 septembre 1792, adressée au Président de la même Assemblée, il le conjure, sa cause *étant en état et à l'ordre du jour*, de la faire mettre aux voix et de faire sortir le décret qui doit terminer son sort, lui disant « *que la misère le poignarde de plus en plus.* »

Enfin par une deuxième lettre au même Président datée du lendemain, 20 septembre 1792, il lui rappelle l'ajournement de son *affaire d'hier à aujourd'hui, lui dit qu'il a prévenu M. Rever, son rapporteur, et le prie de daigner épier le moment qui lui paraitra le plus favorable, pour demander les voix de l'Assemblée.*

M. Mortimer-Ternaux, en reproduisant ces lettres, fait remarquer qu'en marge de la dernière on lit : « *Le rapport doit-être fait ce soir* » et que deux mentions en marge de la lettre adressée à l'Assemblée elle-même font connaître que *cette lettre fut lue à l'Assemblée nationale et que l'ordre du jour fut adopté; d'où il conclut que l'Assemblée n'a tenu aucun compte de la réclamation de Le Prevot.*

Nous regrettons que M. Mortimer-Ternaux n'ait pas donné le texte même de ces mentions au lieu d'en faire un résumé, qui ne doit certainement pas être fidèle; car nous avons découvert un document dont–il ne dit pas un mot, qui prouve jusqu'à l'évidence que les choses ne se sont pas passées comme il le rapporte. Ce document est un rapport de la *commission des Lettres de cachet* qui n'est autre chose pour nous que le *petit travail* qui avait été préparé par *M. Rever*, dont il est question plus haut, bien que le nom de *M. Rever* n'y figure pas.

Ce rapport contient un résumé très concis, mais très complet et très bien écrit de l'histoire de Le Prevot, des causes de sa détention et de toutes ses infortunes, jusqu'à sa mise en liberté. Le Rapporteur termine ainsi :

« Heureusement cette victime n'a point succombé, J.-C.-G. Le Prevot est encore vivant. Il voulut se rendre utile à sa patrie ; le sort l'en empêcha ; la perversité l'en punit. C'est à l'Assemblée nationale à lui décréter une récompense. Il a *soixante-huit ans*, ses longues infortunes l'ont encore affaibli plus que les années. Depuis qu'il est libre, il n'a vécu que des avances que lui a procurées l'intérêt qu'il inspire. Maintenant il est vieux ; bientôt il sera infirme et les représentants du peuple doivent mettre ses derniers ans à l'abri de tous les besoins. Les pertes qu'il a faites lui donnent droit à des dédommagements ; ses souffrances à des secours *et son zèle à des récompenses.* »

Le rapport est suivi d'un projet de décret ainsi conçu :

« L'Assemblée Nationale, après avoir entendu le rapport de la commission des Lettres de cachet sur la pétition du sieur J.-C.-G. Le Prevot, détenu prisonnier, pendant vingt-deux ans pour avoir dénoncé un traité de commerce sur les blés, *coupable et nuisible à la prospérité publique.*

« Considérant qu'il est du devoir des représentants du peuple d'accorder des indemnités, des secours et des récompenses aux hommes qui se sont exposés pour être utiles à la patrie et qui pour le seul motif du zèle qu'ils ont montré ont été dépouillés de leurs emplois, de leur fortune et de leur liberté, *décrète qu'il y a urgence.* »

Il y a loin, comme on le voit, de ce rapport dont nous possédons une copie *imprimée à l'imprimerie nationale par ordre de l'assemblée nationale,* à la prétendue indifférence et à la prétendue incrédulité dont parle l'écrivain royaliste et qu'il attribue aux Assemblées révolutionnaires, pour le besoin de sa thèse.

On objectera, peut-être, qu'un rapport de la commission des Lettres de cachet, n'est pas une décision de l'Assemblée. Cette décision, que M. Mortimer ne cite pas davantage, existe et est *imprimée à la suite du projet de Décret.*

Elle est conçue en ces termes :

DÉCRET DÉFINITIF

« *L'Assemblée nationale, après avoir décrété l'urgence, décrète qu'il sera payé au sieur J.-C.-G. Le Prevot une pension viagère de......, laquelle lui sera comptée depuis sa sortie de sa dernière prison et le recouvrement de sa liberté.* »

Le chiffre de la pension, il est vrai, est resté en blanc; mais la note suivante, également imprimée au bas de la page, nous en explique le motif :

« Le sieur Le Prevot a demandé une pension viagère de 6.000 livres ; il a fait valoir pour prouver qu'il la mérite ses longues souffrances, son zèle qui ne s'est point démenti, la perte d'un emploi qu'il assure lui avoir valu 22.000 livres par an, celle d'un riche mobilier dont il n'a pas retrouvé une seule pièce en rentrant dans le monde. L'Assemblée nationale a voulu que le compte qui lui a été rendu de cette pétition fût imprimé et s'est réservé à statuer, après l'impression, *sur la pension qu'il était juste d'accorder au sieur Le Prevot.* »

C'est-à-dire que le principe de la pension a été admis par l'Assemblée ; mais qu'il restait à en fixer le chiffre ou à *la liquider*, comme on dit administrativement, ce qui demandait des vérifications et un examen que l'Assemblée n'avait pas matériellement le temps de faire. Les Assemblées, d'ailleurs, de cette époque ne votaient pas des pensions et des dotations à des malheureux, si grands que fussent leurs droits, aussi facilement et aussi largement que d'autres Assemblées en ont voté depuis à des millionnaires, dont les titres étaient parfois bien douteux, pour ne pas dire plus.

Le rapport que nous venons d'analyser, ainsi que le décret qui fait suite et la note ne portent pas de date précise ; mais nous sommes convaincus par leur rapprochement avec les pièces citées par M. Mortimer-Ternaux, qu'ils sont de la même époque, et que c'est *bien le 20 septembre 1792* que l'Assemblée nationale a statué sur la pétition de Le Prevot en votant, *non l'ordre du jour pur et simple,* comme le dit à tort cet auteur, *mais l'urgence et le principe de la pension.*

Or, il ne faut pas oublier que cette date du 20 septembre 1792 était la *veille même de la dissolution de l'Assemblée législative.* On sait que l'ouverture de la Convention a eu lieu le 21 septembre 1792, point de départ de l'ère républicaine d'après le nouveau calendrier. L'Assemblée avait consacré sa dernière séance à voter la loi sur le divorce, et le même jour les Prussiens envahissaient la Champagne. On comprend que l'Assemblée aurait parfaitement pu, dans de pareilles circonstances, refuser à Le Prevot les *cinq minutes* qu'il leur demandait pour entendre la lecture du rapport de *M. Rever,* et l'on ne doit pas s'étonner qu'elle ait ajourné la liquidation du chiffre de la pension qu'elle accordait à Le Prevot, liquidation qui d'ordinaire est plutôt l'œuvre du pouvoir exécutif.

Il n'y a pas là, en vérité, de quoi se récrier que les membres *des assemblées révolutionnaires eux-mêmes ne croyaient pas à la dénonciation du Pacte de famine, ni au martyr de Le Prevot, et ne faisaient pas plus de cas du dénonciateur que de la dénonciation.*

Pour terminer sur cette question, nous devons dire que la pension de Le Prevot a été finalement liquidée à *douze cents francs;* mais nous n'avons pu découvrir à quelle époque précise, si ce fut sous la Convention, sous le Directoire ou sous le Consulat. Tout ce que nous savons, c'est qu'elle a été régulièrement servie à Le Prevot sous l'Empire et sous la Restauration jusqu'à sa mort.

Quoiqu'en dise M. Mortimer Ternaux, cette pension avait été bien méritée, et la Restauration s'est honorée en continuant de l'acquitter.

XXXVII

Il est une autre accusation d'apparence plus sérieuse qui a été dirigée contre Le Prevot par M. Mortimer-Ternaux sur laquelle nous devons donner quelques explications. C'est à propos de son intervention dans le procès de *Laverdy* devant le tribunal révolutionnaire.

De Laverdy, ancien contrôleur général des finances, et ancien ministre, qui avait signé au nom du roi le fameux traité de 1768, dénoncé par Le Prevot, avait pris sa retraite depuis longtemps (1). Jouissant d'une grande fortune (nous n'osons affirmer qu'elle fut le fruit de ses odieuses spéculations), il vivait retiré à Paris, dans un hôtel de la rue *Guenégaud*, numéro 24, occupant ses loisirs à traduire *Horace* (2). Se croyant complétement oublié, il n'avait pas cru nécessaire d'émigrer et avait espéré traverser inaperçu la tourmente révolutionnaire. Malheureusement pour lui, un fatal incident vint, tout-à-coup, attirer sur lui l'attention et causer sa perte.

On était aux approches de l'hiver, au mois d'octobre 1793. La disette commençait à sévir, tant par le défaut de récolte et les difficultés que les troubles apportaient aux approvisionnements, que par les accaparements auxquels la peur et la spéculation donnaient lieu, et que venaient encore accroître, comme on l'a vu trop souvent, d'absurdes et criminels calculs politiques.

Les esprits, dans tous les cas, étaient très-

(1) Laverdy avait été nommé contrôleur général en 1763, par la protection de Mme de Pompadour, à la place de Bertin. On a dit de lui que n'ayant ni l'esprit de la cour, ni l'esprit de sa place, il fit tout mal, même le bien, comme ministre, aussi fut-il renversé la même année qu'il fut nommé ministre, ce qui fit courir sur lui ce refrain :

> Le roi, dimanche
> Dit à Laverdy :
> Va-t'en lundi.

(2) Il était membre de l'Académie des inscriptions et belles-lettres, et a laissé plusieurs ouvrages, entre autres : 1° Un Code pénal, daté de 1752, in-12 ; 2° Un mémoire sur le procès criminel de *Robert d'Artois* ; 3° un écrit intitulé : *De la pleine souveraineté du roi sur la province de Bretagne*, 1765, in-8, et une autre brochure intitulée : *Suite des expériences de Gambais* sur les blés *noirs ou cariés*, 1788, in-8 dont il sera question plus loin.

surexcités et très-disposés à voir partout des complots pour affamer la population et pousser à une contre-révolution. Tout devenait suspect, surtout de la part de ceux qui avaient appartenu à l'ancien régime, qui avaient perdu les positions qu'ils occupaient et qui devaient aisément être supposés regretter ce régime et conspirer contre le nouvel état de choses.

Laverdy possédait à une petite distance de Paris, à *Gambais*, près *Montfort-l'Amaury*, un château assez important. Il avait même été, un instant, au début de la Révolution, commandant de la garde nationale de Gambais ; mais il n'avait pas tardé à donner sa démission et s'était abstenu de retourner à son château, où il aurait pu exciter les défiances des Jacobins du lieu. Toutefois, son concierge, nommé *Michau*, venait assez régulièrement le voir à Paris, et correspondait avec lui, au moyen de lettres qu'il ne *signait pas, par prudence*.

Un jour, le 9 octobre 1793, le bruit se répand tout à coup, dans la commune de Gambais, qu'on a enfoui du blé dans les bassins du parc du château. La municipalité, à laquelle avis en est donné, se transporte aussitôt sur place et trouve, en effet, dans un bassin situé au-dessus du parterre, ayant vingt-cinq pieds de diamètre, sur deux pieds un quart de profondeur, une certaine quantité de boue qui présente tous les caractères de blé pourri, dans laquelle on rencontre des grains encore sains et entiers, et cela sur toute la surface du bassin et sur une épaisseur de plus de six pouces (1), ce qui représentait, d'après les témoins, la valeur de *huit cents setiers* de blé. L'officier municipal du pays, qui était un boulanger nommé *Errard*, ayant pris un peu de cette boue pour s'assurer de sa nature, et formé une espèce de pain qu'il soumit à la cuisson, ce pain offrit à l'odorat absolument le goût du blé, quoiqu'il ne fût pas mangeable. L'accusateur public le qualifie d'*incapable d'être mangé et dit que les chiens n'en voulurent point*.

Là-dessus, naturellement, grande clameur dans le pays. La municipalité dresse un procès-verbal et fait prévenir le directoire de Montfort-l'Amaury. Le même jour, 9 octobre 1793, le directoire du district, considérant que le bassin, dans lequel le blé dont il s'agit a été trouvé, fait partie du ci-devant château de *Gambais*, dont le citoyen *Laverdy* est propriétaire et qu'*il est à croire qu'il y a été jeté par lui ou par ses ordres pour diminuer la subsistance du peuple et l'affamer*, décide d'envoyer deux commissaires pour reconnaître le délit et faire arrêter tous ceux qui leur seront dénoncés pour y avoir participé. Elle fait plus ; elle en informe, immédiatement, la municipalité de Paris, avec invitation de faire arrêter promptement le nommé Laverdy, comme propriétaire du château de Gambais et par conséquent *coupable du délit épouvantable qui s'était commis dans son enceinte*.

Laverdy fut immédiatement arrêté. On fit

(1) Les témoins parlent d'*un pied et demi*.

une perquisition chez lui, rue *Guenégaud*, et l'on trouva dans ses papiers une lettre, *sans signature ;* mais qu'il reconnut lui avoir été écrite par son concierge de *Gambais, Michau,* à la date précisément du 8 octobre 1793, dans laquelle celui-ci témoignait des craintes sur les provisions de chandelle, bougie, café, etc., déposés au château.

On comprend qu'il n'en fallait pas davantage pour que Laverdy fût incarcéré et traduit, peu de temps après, devant le trop célèbre tribunal révolutionnaire. Il comparut le 3 frimaire an II (23 novembre 1793). Le *Bulletin* de ce tribunal, que nous avons compulsé, rapporte, dans son numéro 99, le compte-rendu du procès d'une façon beaucoup plus étendue qu'il ne le fait d'ordinaire (1).

L'accusateur public, ci-devant *Fouquier de Tinville,* devenu *Fouquier-Tinville,* puis *Fouquier* tout court, lit un réquisitoire d'où il résulte, selon lui, que « *les féroces ennemis de la République s'agitent en tous sens et emploient les moyens les plus barbares pour assouvir leur rage, bouleverser la liberté et l'égalité, qui leur rongent le cœur et réduire au désespoir cette portion de citoyens, à qui ils veulent ravir les aliments de première nécessité ; parce que leur conscience et leur courage les font continuellement*

---

(1) Il y a eu, à un certain moment, jusqu'à des *jugements en blanc,* c'est-à-dire dans lesquels on se bornait à transcrire l'acte d'accusation sans autres formalités, et qu'on faisait signer à l'avance par les juges pour abréger le temps et en finir plus vite avec les condamnés ; ce qui valait bien les *lettres de cachet en blanc,* tant il est vrai que la tyrannie retombe toujours dans les mêmes errements.

triompher des complots qu'ils trament, sans cesse, pour pouvoir se baigner dans leur sang, s'ils parvenaient à leurs fins. »

« *Mais*, ajoute-t-il, *qu'ils frémissent, les monstres : l'œil vigilant des amis du peuple les suit jusqu'au fond de leurs repaires et ne se fermera que quand le dernier aura payé, de sa tête, le prix de ses forfaits.* »

Et il conclut de cet affreux pathos :

« Que Laverdy a *méchamment* et à *dessein d'opérer une contre-révolution*, en affamant les citoyens, *fait enfouir* du blé dans un bassin renfermé dans l'enceinte de son château de Gambais, pour ledit blé y être consommé, ou *d'avoir donné des ordres pour que ledit blé y fût enfoui.* »

On procède à l'audition des témoins, venus de Gambais, qui ne font que reproduire les faits relatés plus haut et l'on interroge l'accusé.

Laverdy, alors âgé de soixante-dix ans, paraît montrer beaucoup de calme et se défend avec une grande fermeté. Il invoque l'impossibilité pour lui d'avoir commis le délit qu'on lui impute ; d'abord, parce qu'il n'est point allé à son château depuis plusieurs années ; ensuite, parce qu'il n'avait point de blé en sa possession, percevant toutes ses redevances en avoine, ainsi qu'il est établi par des témoins.

Il objecta en outre, ce qui était plus concluant, l'invraisemblance qu'il y avait à admettre, s'il eût été dans le cas d'exécuter le plan horrible dont on l'accuse, qu'il eût choisi un bassin situé pour ainsi dire sur la grande route ; puisqu'il n'en est séparé que par un fossé et que des ouvriers qui passent nuit et jour au travers du parc n'auraient pas manqué de s'en apercevoir, les grilles étant toujours ouvertes.

Ces arguments qui auraient, sans doute, réussi devant tout autre tribunal que le tribunal révolutionnaire, n'avaient pas grandes chances de succès devant *ce tribunal de sang* qui n'était qu'une monstrueuse parodie de la justice.

On sait, en effet, ce qu'était ce tribunal créé par un décret de la Convention du 10 mars 1793, qui avait pris pour devise ces paroles de Robespierre : « *L'indulgence envers les ennemis de la patrie est atroce. La Clémence est patricide.* » Pour ce tribunal, tout accusé était coupable. Les preuves, qu'il appelait *morales*, remplaçaient toutes les autres preuves écrites ou orales, et tout délit, quelqu'il fût, n'entraînait qu'une peine : *La mort.*

Le sort de *Laverdy* n'était donc pas douteux : n'y eût-il eû que le réquisitoire de *Fouquier* ; il eut suffi, à lui seul, pour déterminer la condamnation.

C'est au milieu du débat d'une pareille affaire qu'intervient Le Prevot. Il a connu, on ne sait comment, l'arrestation du contrôleur général des finances, son ennemi juré, qui l'avait fait arrêter lui-même arbitrairement et auquel il devait ses *vingt-deux ans de captivité.* Il a appris que cet entrepreneur de la *ferme des blés du Roi*, ce spéculateur sur les subsistances, ce monopoleur de l'ancien régime est traduit devant le tribunal révolutionnaire, comme ayant fait consommer des blés pour affamer le peuple. Il croit qu'il possède des renseignements utiles sur cette affaire. Il peut, au moins, faire connaître les antécédents de l'accusé et déposer, sur des faits *de moralité*, comme on dit au palais ; il voit, peut-être, en même temps, arriver l'heure de l'expiation pour cet ennemi qui l'a fait si cruellement souffrir. Alors, cela est vrai, il se présente de lui-même devant le tribunal et vient raconter tout ce qu'il sait de la *ferme des blés du Roi* et du *Pacte de famine* et fait en même temps le récit des tortures qu'il a subies.

La scène devient à ce moment des plus dramatiques.

Le Président, que Le Prevot avait prévenu à l'avance, de son intention de déposer sur les faits à sa connaissance, avait demandé à *Laverdy*, s'il n'avait pas fait autrefois le commerce de grains. Laverdy avait répondu : *Jamais*.

Le Président lui avait demandé s'il n'était pas un des auteurs du *Pacte de famine* de 1768.

Il avait dit qu'il avait donné sa démission du contrôle en cette année là ; mais il avait été obligé de reconnaître *qu'il avait passé un arrangement avec une société pour l'approvisionnement de Paris, moyennant une prime de vingt-quatre mille livres, et que les sécrétaires s'étaient engagés à tenir toujours en réserve à Corbeil quarante mille setiers de blé*, et il avait ajouté que depuis qu'il avait été dehors, on avait rompu le marché, *atten-*

du que ceux qui s'en étaient chargés disaient qu'ils y perdaient.

A ce moment un des jurés avait fait cette observation grave :

. « *J'observe que j'ai vu jeter à Corbeil, cette même année 1768, un grand nombre de sacs de blé, et farine à l'eau afin d'entretenir le prix des blés à un prix supérieur.* »

Laverdy avait protesté qu'il avait ignoré le fait et que s'il l'eût connu il eût fait punir exemplairement les délinquants et il fait valoir que de son temps, le pain n'avait jamais valu plus de trois sous la livre. Mais cet ordre de questions, les réponses de Laverdy et l'observation du juré faisaient pressentir assez les résolutions du tribunal, à supposer qu'elles ne fussent pas déjà complètement arrêtées.

Quand Le Prevot eut fait son récit, le Président demanda à l'accusé :

« Connaissez-vous le témoin ? »

L'accusé répondit : « *Je ne le connais pas, mais j'ai entendu parler de lui depuis sa sortie de prison, dans les journaux* »

Le président : « Qu'avez-vous à répondre à sa déposition ? »

L'accusé : « *Je n'ai aucune connaissance du pacte ou bail dont il parle ; s'il a existé, je n'en ai jamais entendu parler.* »

Ces méconnaissances absolues, peu sincères au moins, quant *au pacte* dont le texte authentique venait d'être retrouvé et publié, n'étaient pas de nature à ramener des juges, ou plutôt des adversaires aussi passionnés et aussi sanguinaires que ceux devant lesquels Laverdy comparaissait.

Les débats terminés, l'accusateur public fut, de nouveau, entendu, ainsi que le défenseur (à ce moment n'était pas encore parue cette incroyable loi du 22 pluviose : *qui ne laissait pour défenseurs aux patriotes que des jurés patriotes et n'en accordait pas aux conspirateurs.*) Le Président posa les questions contenues dans le jugement et le jury rendit à *l'unanimité* un verdict portant :

« 1° Qu'il est constant qu'il a existé un com-
« plot tendant à livrer la République aux
« horreurs de la famine, en jettant et faisant
« pourrir dans les étangs ou pièces d'eau, les
« grains nécessaires à l'existence du peuple,
« pour parvenir, par ce moyen, à opérer la
« contre-révolution et la guerre civile en ar-
« mant les citoyens les uns contre les autres
« et contre l'exercice de l'autorité légitimes.

« 2° Que *Clément-Charles-François La-
« verdy* est auteur desdits faits.

« En conséquence, le tribunal faisant droit
« aux conclusions de l'accusateur public con-
« damne ledit *Laverdy* à la peine de mort
« conformément à l'art. 2 de la section Iere
« du titre Ier de la 2me partie du Code pénal,
« *déclare ses biens acquis à la République,*
« conformément à l'art. 2 du titre 2 de la loi
« du 10 mars 1793, ordonne que le jugement
« sera exécuté sur la place de la *Révolution*
« et qu'il sera imprimé et affiché dans toute
« l'étendue de la République. »

Le même jour, trois frimaire an deux, le *condamné était exécuté !*

Tel est le triste événement auquel Le Prevot s'est trouvé mélé et qui est relevé à sa charge par M. Mortimer–Ternaux, qui le qualifie de *dernier acte de sa vie publique*, ajoutant du reste « qu'à *partir de ce moment, il n'a pu retrouver ses traces ni savoir où, et comment il est mort* » (1).

Pour nous qui connaissons le Prevot, qui savons comment il a vécu depuis et comment il est mort, et qui ne pouvons, en présence de la parfaite dignité de sa vie, le confondre avec un aventurier politique ou un fanatique révolutionnaire ; quelle conclusion devrons-nous tirer du récit que nous venons de faire ?

Faudra-t-il, comme semble le faire M. Mortimer-Ternaux, rendre Le Prevot responsable de la mort de *Laverdy* ? nous disons : non ! sans hésiter.

Quand nous considérons ce qu'était le tribunal révolutionnaire et les juges indignes de ce nom, qui le composaient, leurs passions aveugles et leur férocité, ce qu'était Laverdy, lui-même, l'ancien protégé de la marquise de Pompadour, son passé, les fonctions qu'il avait remplies, son titre de ci-devant noble (crime énorme alors) sa fortune, les charges apparentes qui pesaient sur lui, les constatations matérielles faites dans son château de *Gambais*, la quantité de blé consommé (plus de 800 sétiers) assez difficile à expliquer par un simple accident, la lettre *sans signature* saisie à son domicile à Paris, la malencontreuse brochure qu'il avait publiée en 1788 *sur les blés noirs ou cariés*, qui prouvait qu'il s'était occupé d'*expériences* sur les blés, à

____

(1) *Histoire de la Terreur*, tome V, notes p. 159.

une époque relativement encore récente, dans
ce même château de *Gambais* précisément,
brochure dont le compte-rendu écrit du procès ne parle pas, il est vrai, mais dont il dut
être question et qui avait, certainement,
contribué aux rumeurs populaires qui
avaient amené son arrestation, enfin sa propre défense elle-même qui, malgré sa présence d'esprit et son habileté n'avait pas laissé
d'être compromettante sur certains points;
il nous semble de la dernière évidence, qu'il
y avait dans tout cela beaucoup plus qu'il
n'était nécessaire pour entraîner une condamnation et qu'alors même, que Le
Prevot ne serait intervenu en rien dans le débat cette condamnation n'en était pas moins
inévitable.

D'un autre côté, on ne peut douter que Le
Prevot ne fût profondément convaincu que
Laverdy, qui avait signé *le pacte de famine*
(le fait n'est que trop certain) qui avait figuré
dans la *fameuse instruction* sur l'achat des
blés, trouvée à la Bastille, comme ayant été
de l'entreprise, qui avait enfin spéculé *sur la
misère* et *organisé la famine,* était réellement coupable du nouveau crime qui lui était
reproché. En venant donc révéler spontanément les malversations et les odieuses machinations passées de cet ancien agioteur sur
les grains, Le Prevot devait croire qu'il remplissait un devoir.

D'ailleurs, alors même qu'il aurait secrètement savouré, au fond du cœur, l'acre plaisir
de la vengeance et aurait été heureux de voir
un homme tel que l'ancien associé de *Malisset,*

et le principal signataire du bail des blés de 1768, qui l'avait fait tant souffrir, subir enfin une expiation trop méritée, quelque fussent les agents de cette expiation, pourrrait on lui en faire un grand crime?

Certainement, nous eussions mieux aimé voir le vieil *avocat syndical du clergé de France*, l'homme religieux qui méditait dans sa prison les œuvres de *Louis de Grenade*, le catholique fervent qui n'a cessé de pratiquer, jusqu'à son dernier jour, suivre les enseignements de son divin maître et faire ce que des païens, eux-mêmes, ont fait plus d'une fois ; *pardonner généreusement à son ennemi*, et au lieu de l'accabler dans le danger, prendre même courageusement sa défense.

Mais ces exemples de vertu sont bien rares.

Se figure-t-on bien, du reste, les mouvements tumultueux qui devaient agiter le cœur et troubler l'esprit d'un homme, qui venait, comme Le Prevot, de subir plus de 22 années de détention et qui avait passé la valeur de plus de sept années dans les plus horribles cachots.

Si Le Prevot a eu une faiblesse; s'il a dans cette circonstance manqué de générosité. Quel est celui qui peut affirmer qu'il n'en eût pas fait autant à sa place et qui osera lui jeter la pierre?

Quant *à Laverdy*, sa condamnation n'était pas, sans doute justifiée, et les faits pour lesquels il était traduit, n'étaient pas suffisamment prouvés.

On peut assurément critiquer la légalité de

la sentence, et blamer la violation des formes les plus essentielles de toute justice.

On peut condamner les juges eux-mêmes et en avoir horreur.

On peut plaindre ce malheureux vieillard, envoyé à l'échafaud, pour un prétendu crime qui n'est pas prouvé et qu'il n'a très probablement pas commis, pour ne pas dire certainement.

Tout cela est vrai ; mais ce qui est également vrai et ce qu'on ne peut nier, c'est que, vingt ans auparavant, ce même accusé avait commis un crime non moins grand, digne du plus grand des chatiments que comporte la justice des hommes, et que si injustement qu'il ait été condamné, il avait mérité son sort, trop heureux encore que la Providence lui eût accordé ce répit de vingt ans.

XXXVIII

Délivré par la Révolution, Le Prevot s'est
toujours montré reconnaissant envers sa
grande libératrice et s'est plu à lui rendre
hommage. « Depuis plus de vingt ans, dit-il,
je n'ai cessé de prédire et d'annoncer la *Révolution* qui vient d'arriver. Sans elle, je
n'eus jamais pu sortir des mains exsécrables
des artisans de mes maux. Encore n'est-ce
que plusieurs mois après leur fuite du royaume que l'heureux jour de la délivrance a
commencé à luire pour moi. »

« Sans la *Révolution,* dit-il ailleurs, je n'aurais jamais pu sortir de prison ; tant j'étais
recommandé à mes geôliers inquisiteurs ;
mais les ministres ayant été renouvelés et

choisis parmi les membres de l'Assemblée nationale, je me suis adressé à M. *de Saint-Priest*, qui, en vertu des décrets de cette Assemblée, m'a élargi, sur-le-champ, le 5 septembre 1789. »

« Combien de malheureux, ajoute-t-il avec un sentiment de généreuse sympathie, qui gémissent aujourd'hui (1791) dans les *cinquante-sept prisons, pensions, maisons de force*, dites *maisons de santé*, que la police ministérielle a sourdement établies dans les faubourgs de Paris, sous sa direction et son abominable inquisition, à l'insu du roi et du gouvernement. »

Le Prevot avait, du reste, partagé les illusions de son temps sur la rénovation générale que devait opérer la *Révolution* et sur ses résultats, résultats immenses, sans doute ; mais qu'on s'exagérait, hélas, énormément alors.

« Que de bonheur, dit-il à la fin de son livre, nous promet la Révolution ! Dans quel renversement, dans quelle confiance, dans quel désordre, vivions-nous depuis près de deux siècles ? La misère se répandait partout. Les impôts, sans jamais suffire, croissaient et se multiplaient, tous les ans, au lieu de diminuer. Les biens-fonds, les comestibles, les marchandises, la main-d'œuvre, les salaires, les gages, les travaux industriels, augmentaient sans cesse de prix depuis Louis XIII. *La berlue régnait souverainement à la cour.* On ne savait plus ni ce qu'on faisait, ni ce qu'on voulait. On ne suivait plus que des lois de fantaisie, qui se contredisaient. Ce qu'il ne fallait jamais permettre, on le tolérait, comme s'il y avait jamais des maux nécessaires à un Etat. La *liberté*, la *sûrete*, la *tranquillité personnelle* des citoyens ne subsistaient plus qu'en idée. La justice, comme l'injustice, se trafiquaient à l'encan dans les tribunaux. De plus en plus les mœurs se dépravaient. La foi, la religion s'éteignaient. *La frivolité des spectacles lubriques, les bals, les danses, les mascarades, les festins, les jeux, le fêtes publiques, étourdissaient les citadins* sur leur malheureuse situation. Les crimes de tous les genres inondaient la patrie, comme le déluge. L'improbité, la banqueroute, se décelaient de tous côtés. Les traîtres, les conjurés, les monstres ne se cachaient plus. O siècle ! ô règne ! qui représentaient des villes de malades, riant, dansant sur les tombeaux que le luxe, l'indigence et la misère la plus hideuse leur préparaient ! »

Quand on relit cette page dans laquelle Le Prevot retrace, avec la rhétorique de l'époque, les mœurs du dernier siècle, à l'approche de la Révolution, et qu'on fait un retour sur les vingt années qui ont précédé notre dernière invasion et l'*année terrible*, on se demande si la différence est bien grande et si cet *ancien régime*, comme on l'appelle, date d'un siècle ou ne date pas seulement d'hier. En poursuivant la comparaison, on pourrait se demander même s'il est bien fini !

Sans rechercher davantage quelle a été l'influence de la Révolution sur les mœurs et qu'elle est l'amélioration qui en est résultée sous ce rapport, on peut dire que l'œuvre accomplie par la Révolution, au point de vue de la liberté, n'a pas été aussi grande qu'on l'avait espéré tout d'abord. On n'a pas tardé, en effet, à voir renaître les abus des lettres de cachet, sous un autre nom et sous une autre forme, avec cette différence que le crime de ceux qui les ont rétablis a été plus grand; parce qu'ils n'avaient pas pour excuse les précédents et une tradition séculaire, et qu'ils avaient pleinement conscience de la perversité de leur action. Nous voulons parler des *Prisons d'Etat* du premier Empire et du décret si tristement célèbre du 3 mars 1810, par lequel Napoléon Ier, qui faisait aussi peu de cas de la liberté individuelle que de la vie humaine, a rétabli non pas une seule Bastille, mais *huit*, disséminées dans toute l'étendue de son empire.

Aux termes de ce décret, en effet, le Gouvernement pouvait faire *arrêter* et *détenir indéfiniment* qui bon lui semblait, dans les châteaux forts de *Saumur, Ham, If, Landskrom, Pierre-Châtel, Fenestrelle, Campino* et *Vincennes*, qui avaient été organisés en prisons d'Etat, *huit Bastilles* sans lesquelles le grand homme se déclarait modestement incapable de gouverner, comme si l'art de gouverner devait consister à séquestrer arbitrairement ceux qui pensent autrement que vous, qui vous gênent ou vous déplaisent.

Il ne faut pas croire que, pour être enfermé dans une prison d'Etat, sous le premier Empire, il était nécessaire d'avoir commis quelque crime ou quelque grave attentat politique. Nullement! De simples critiques, dirigées contre l'idole, quelques vers, même mauvais, suffisaient.

En veut-on un exemple ?

Un rimailleur, nommé *Théodore Desorgues*, avait composé un quatrain satyrique (1) adressé à la statue qu'on venait de placer sur le haut de la colonne Vendôme. Napoléon, informé du fait par sa police, toujours aux aguets de tout ce qui se disait de lui, entra dans une violente colère et donna l'ordre d'arrêter le pauvre diable, de l'enfermer à Bicêtre et de l'y retenir *indéfiniment, sans jugement*, ce qui fut fait et le malheureux y mourut.

Le quatrain pouvait blesser le conquérant, qui savait mieux que personne combien de sang son ambition faisait répandre ; mais renfermer arbitrairement l'auteur et le détenir en prison, *à perpétuité*, pour une épigramme, si sanglante qu'elle fût, c'était violent et peu digne d'un homme qui prétendait jouer dans l'histoire le rôle d'un héros.

La détention du pauvre *Desorgues* avait, du moins, pour prétexte, un délit prévu et puni par la loi. Il n'en était pas toujours ainsi et il arrivait parfois qu'on enfermait les gens sans qu'ils eussent commis aucun acte punissable, et les arrêts même de la justice qui *constataient légalement* leur innocence ne suffisaient pas pour les protéger.

---

(1) Voici ce quatrain, qui a été rapporté de différentes manières :

> Tyran, élevé dans l'espace,
> Si le sang, que tu fis verser,
> Pouvait tenir sur cette place
> Tu le boirais, sans te baisser.

Une famille, dont le nom est encore honorablement connu dans le département de l'Eure, en a fait la cruelle expérience.

Faussement impliqués dans une affaire de *chouannerie*, par la basse vengeance d'un misérable attaché à la police impériale, les époux A... et les époux G... furent traduits, en 1809, devant la cour criminelle qui siégeait à Evreux et qui était alors présidée par *Dupont (de l'Eure)*. Acquittés par arrêt de la Cour, en date du 11 mars 1809, qui déclarait solennellement « *qu'ils n'avaient nullement participé aux faits qui leur étaient reprochés, soit comme auteurs, soit comme complices*, et mis sur le champ en liberté, ces malheureux furent repris cinq jours après, par *ordre émané du cabinet de l'empereur* et enfermés successivement à *Bicêtre* et à la *Grande-Force*, où ils restèrent détenus jusqu'en 1814, en vertu de cette véritable *lettre de cachet impérial*.

Peut-être, nous sera-t-il donné un jour de raconter les détails de cette intéressante affaire où *Dupont (de l'Eure)* a rempli un rôle si honorable et qui rappelle une des plus belles pages de sa vie. En attendant, à propos des prisons d'Etat du premier Empire et de Le Prevot de Beaumont lui-même, qu'il nous soit permis de consigner ici le souvenir d'une conversation que nous avons eue avec un savant bibliophile, enlevé naguère à notre amitié, qui avait été témoin dans sa jeunesse de l'application du décret de 1810 : « J'ai entendu dire à mon père qui était greffier du baillage de Beaumont-le-Roger, nous disait notre

vieil ami, qu'on avait fait une ovation à Le
Prevot, lorsque, après sa délivrance, il était
venu revoir sa ville natale, et que cette réception avait donné lieu à une sorte de fête patriotique. On se croyait alors, ajoutait-il, délivré pour toujours des prisons d'Etat et l'on
croyait la liberté individuelle à jamais assurée; mais de quelles illusions se repais-
sait-on ? (1)

« Vingt ans ne s'étaient pas écoulés que les
cellules de *Vincennes* où avaient gémi les
Mirabeau et les *Le Prevot* s'ouvraient pour
de nouveaux prisonniers. En 1811 et 1812 dans
les promenades écolières que nous faisions
à Vincennes, j'ai vu, prenant l'air sur le haut
du donjon, d'infortunés détenus que n'avait
frappés aucun jugement mais qui avaient eu
le malheur d'encourir la colère du maître. »

Et notre ami continuait avec un sentiment
de tristesse, en même temps que de noble
fierté : « Cela me faisait mal alors et aujour-
d'hui avec mes soixante-quatorze ans (c'était
en février 1870) je me sens fier encore de ces
pénibles émotions que j'éprouvais dans ma
jeunesse, dans le beau temps du *mutisme
Oriental* (2). »

---

(1) Ces illusions étaient bien naturelles. N'avait-on pas vu Napoléon, le jour de la distribution des premières croix de la Légion
d'honneur qu'il avait eu soin de fixer au 14 juillet, jour anniver-
saire de la prise de la Bastille, faire célébrer dans un style dithy-
rambique *ce mémorable événement* et n'avait-on pas entendu
son grand chancelier le Sénateur Lacépède attester en son nom :
« *Que tout ce que le peuple avait voulu le 14 Juillet 1789 serait
inébranlable et que rien de ce qu'il avait détruit ne pourrait
renaître.* » Comment aurait-on pu croire au décret de 1810 ?

(2) Lisez hardiement *Impérial*.

Le célèbre *Ampère*, dont on connaît l'extrême douceur de caractère, partageait les mêmes sentiments, touchant les prisons d'Etat de l'ancien régime et celles de l'Empire. Quand il promenait son fils enfant; il aimait à lui montrer l'endroit où s'élevait jadis la Bastille et lui racontait la belle journée qui la vit tomber; de même qu'il lui parlait de la lourde compression du règne de Napoléon Ier et du long silence qui remplit ce règne, tombeau des lettres ainsi que de la liberté.

Ils avaient bien raison l'un et l'autre, Ampère et notre vieil ami; mais trop peu de leurs contemporains ont conservé ces sentiments au milieu de l'enivrement militaire du premier Empire et ont gardé jusque dans leur vieillesse cette haine vigoureuse du despotisme dont la fausse gloire a été si fatale à la France !

Depuis le premier Empire, la liberté individuelle a obtenu, sans doute, quelques garanties; mais ces garanties laissent encore à désirer et que de fois ne les a-t-on pas vues suspendues par des lois d'exception et par des commissions : *Cours Martiales, cours Prévotales, commissions mixtes et conseils de guerre jugeant des délits politiques.* Or on sait ce que valent toutes ces sortes de Tribunaux.

On raconte qu'un jour Francois Ier s'étant fait montrer par un moine le tombeau d'*Enguerrand de Marigny*, manifesta son étonnement qu'un si grand ministre eut été condamné à mort par arrêt de justice. « Sire, lui dit le moine, il n'a pas été condamné *par justice*, mais par *commission*. » Réflexion profonde et très juste qui peut malheureusement s'appliquer à trop de condamnations politiques prononcées sous les différents régimes qui se sont succédés depuis quatre-vingts ans.

De nos jours, nous avons des lois meilleures et une organisation judiciaire moins imparfaite qui permettent de contenir les abus dans certaines limites et nous assurent contre le retour complet des lettres de cachet; mais il faut reconnaître que les plus grandes garanties que nous ayons encore, sont moins, en définitive, dans les lois elles-mêmes et dans l'organisation judiciaire que dans *l'opinion publique*, dans *la Presse* qui fournit les moyens d'y faire appel et dans l'organisation politique, dans la permanence de la représentation nationale et la publicité des débats, dans la faculté d'adresser ses réclamations aux assemblées représentatives et l'obligation pour les ministres de répondre de leurs actes devant ces assemblées ; toutes choses qui n'existaient pas sous l'ancien régime et qui sont des bienfaits de 89.

Cependant malgré tout cela, avec des lois insuffisantes qui ne fixent point de maximum de durée aux détentions préventives (1), avec les pouvoirs exceptionnels et exhorbitants

(1) Un honorable magistrat du département de l'Eure vient de publier une brochure très remarquable sur les réformes les plus urgentes à introduire dans la procédure criminelle, dans laquelle il propose précisément de réparer cette omission de la loi et de limiter la durée des détentions préventives. Voir l'instruction criminelle et la liberté individuelle par E. A. Tessier, Juge au Tribunal civil de Louviers. (Paris, Pedone-Lauriel 1881).

laissés à l'autorité administrative, avec des mœurs et des préjugés qui rendent très-difficile la surveillance des maisons de claustratïon, avec toutes les facilités qui sont accordées pour le placement dans les asiles d'aliénés et la séquestration dans ces asiles, enfin avec les pratiques et les habitudes qui président au fonctionnement adminitratif, la porte reste ouverte à bien des abus.

XXXIX

Depuis l'époque où Le Prevot est venu successivement se fixer à Beaumont-le-Roger, puis à Bernay, jusqu'à sa mort arrivée en 1823, Le Prevot s'est renfermé complétement dans la vie privée et n'est plus sorti de sa retraite.

Son histoire est donc finie et nous avons terminé notre tâche.

Après avoir reproduit fidèlement tout ce que nous avons pu recueillir d'intéressant sur la vie du célèbre prisonnier d'Etat, il ne nous reste plus qu'à résumer en quelques lignes notre opinion sur lui et dire consciencieusement ce que nous en pensons.

N'entendant rien exagérer, nous reconnaissons volontiers que, bien qu'il ait beaucoup écrit, que ses écrits soient intéressants et renferment quelques belles pages, Le Prevot cependant ne peut compter comme écrivain ni prétendre à la gloire du littérateur. Diffus et prolixe, il jette ses idées comme elles lui viennent, sans ordre ni méthode.

Comme homme, Le Prevot n'est pas sans avoir commis des fautes. L'emportement de son esprit et l'exaltation de son imagination surexcitée encore par la séquestration et les rigueurs dont il a été l'objet, l'ont entraîné à des erreurs regrettables et l'ont porté à formuler contre des hommes, dont l'histoire nous a appris à respecter les noms, des accusations graves qui sont restées dénuées de preuves et paraissent peu vraisemblables. Soit ! il a pu se tromper dans quelques-unes de ses appréciations; il a pu tomber dans certaines exagérations. Il s'est donné peut-être plus d'importance qu'il n'en avait effectivement. Il a pu se croire même plus persécuté qu'il ne l'était en réalité. Nous l'admettons ; mais tout cela ne saurait faire révoquer en doute sa bonne foi et sa sincérité. Tout cela ne peut l'empêcher d'avoir été un homme honnête et convaincu, un citoyen dévoué, un caractère énergique et vraiment remarquable.

Il fallait, en effet, qu'il fût bien convaincu, bien dévoué et bien courageux pour agir ainsi qu'il l'a fait, et pour supporter toutes les tortures qu'il a subies pendant vingt-deux ans, sans jamais se démentir un seul instant, sans jamais se laisser arracher des aveux, sans jamais se laisser abattre. Son courage pour endurer toutes les privations et les souf-

frances, sa persévérance, sa dignité, sa noble
fierté en face de ses persécuteurs, l'indépendance, la hardiesse même de son langage
avec eux, la réserve, la modestie, la simplicité
de sa vie durant sa retraite, pendant ses
trente dernières années, toute sa conduite
enfin attestent incontestablement une âme
peu commune et fortement trempée.

Parmi les prisonniers de la Bastille, il n'y
en a pas eu peut-être de plus digne à la fois
de pitié et d'admiration, ainsi que le disent
très-justement les auteurs de l'*Histoire des
Prisons d'Etat.*

« Il a été plus grand que *Latude,* dont la
persévérance et le courage n'avaient que lui
pour objet.

« Il a été plus grand que le *Masque de fer*,
que nous connaissons seulement par sa
résignation.

« Il a souffert autant que ces nobles victimes, plus encore peut-être, et le motif de
ses souffrances, à lui, a été d'avoir voulu
rendre à tout un peuple le pain que lui vo-
laient de puissants monopoleurs. »

Un aussi grand caractère méritait bien, il
nous semble, qu'on le fît connaître.

Ne mériterait-il pas aussi qu'on en perpé-
tuât le souvenir autrement que par quelques
feuilles éphémères d'un journal ou d'une brochure qu'on lit à peine et que le vent emporte
aussitôt ?

Le désir, très-louable en soi, qui anime de
nos jours les plus petites bourgades d'avoir
leur monument, en a fait élever bien souvent
à des personnages qui étaient loin d'avoir

autant de titres à cet honneur que notre courageux compatriote. Combien de fois n'avons-nous pas vu, surtout dans ces derniers temps, la courtisanerie et l'esprit de parti faire ériger des statues à des gloires équivoques, à de vulgaires sabreurs ou de plats valets politiques qui ne devaient leur mince relief qu'à l'abaissement général de leur époque.

Nous ne demandons pas une statue pour Le Prevot de Beaumont. Nous serions satisfaits à moins : il nous suffirait d'une simple inscription.

On a perpétué à Bernay la mémoire d'un respectable savant auquel cette ville s'honore d'avoir donné le jour : *Auguste Le Prevost*, en lui consacrant une plaque commémorative sur la maison où il est né, dans la rue *Alexandre*. Pourquoi, ainsi qu'un de nos concitoyens (1) l'avait proposé il y a quelques années au Conseil municipal, n'en consacrerait-on pas une aussi à son homonyme, le célèbre prisonnier d'Etat, qui a vécu de longues années à Bernay et est mort dans cette ville dont il avait fait sa patrie d'adoption ?

Objectera-t-on que lorsqu'il s'agit de perpétuer le souvenir d'un homme marquant, c'est le lieu de sa naissance qui doit être exclusivement choisi et non celui de sa mort ? Pourquoi en serait-il ainsi ? Tient-on moins à un endroit où l'on a vécu, homme, pendant de longnes années, qu'à celui où le hasard vous a seulement fait naitre et qui n'a connu de vous que les vagissements de l'enfant ?

(1) Le docteur Cordier.

Du reste, rien n'empêche que sa ville natale rende également hommage à la mémoire de Le Prevot et lui élève même un monument. Quant à nous, nous ne demandons à Bernay que d'attacher à la maison où il est mort, dans la rue de la *Charentonne,* une simple plaque commémorative, comme on l'a fait pour le savant archéologue de la rue *Alexandre.*

Nous croyons que ce sera un bon enseignement pour nos jeunes générations que de transmettre, par ces deux tablettes de marbre, le souvenir de ces deux hommes, portant le même nom, devenus célèbres, l'un par sa vaste et patiente érudition, l'autre par son courageux patriotisme, ses souffrances, sa constance et son énergie dans le malheur, puisque ce sera un double hommage rendu à l'amour de la *science* et de la *liberté.*

APPENDICE

—

MÉMOIRE AU ROI LOUIS XV

Contenant la dénonciation du *Pacte de Famine*, par Charles-Guillaume LE PREVOT, originaire de Beaumont-le-Roger, prisonnier depuis 1768 a Vincennes et a la Bastille. (1)

Sire,

De toutes les conjurations que révèlent les annales historiques du monde, il n'en est point de mieux marquée au sceau de Satan que celle dont la divine Providence m'a fait faire la découverte.

Ce n'est point par des soupçons, des rapports, des conjectures ou de fausses relations, que je dénonce cette horrible machination. C'est d'après son pacte,

(1) Écrit dans la 9ᵐᵉ année de sa captivité, c'est-à-dire vers 1777.

toujours renouvelé et toujours subsistant, d'après son exécution actuelle, d'après les détails les plus circonstanciés de la correspondance des conjurés, d'après plusieurs révisions et vérifications, d'après *même l'aveu* forcé des plus coupables d'entre les conspirateurs qui, en faisant enlever avec moi cinq de vos sujets pour les recéler et persécuter dans vos prisons d'État, s'est imaginé de pouvoir cacher ses crimes contre Votre Majesté et contre toute votre monarchie en dérobant les papiers qui le condamnent.

Vos ministres, Sire, pour ne pas vous laisser soupçonner qu'ils pouvaient à leur gré faire naître des calamités, vous ont fait accroire qu'ils n'avaient que vos intérêts et le bien public en vue, et qu'ils croyaient nécessaire, pour prévenir en tout temps les famines, les disettes et la cherté des grains, d'établir en votre nom, à l'exemple du patriarche Joseph, dans les châteaux, les forteresses et les greniers domaniaux de chaque province de prodigieux amas de grains pour les répandre au temps de la nécessité.

Au premier coup d'œil, cette précaution qui a paru à Votre Majesté et paraîtra des plus raisonnables à tous ceux qui ne connaissent pas le dessous des cartes, n'est pourtant, grâce à la divine Providence, nullement nécessaire en France. Elle n'est qu'un prétexte spécieux pour les desseins ténébreux de vos ministres qui n'ont pas la prudence, la fidélité et le désintéressement du saint Patriarche.

Éclairé du Ciel, il avait prédit qu'après sept années d'abondance viendraient sept années de famine. Il fut le sauveur de l'Egypte et vos ministres sont les destructeurs de votre Etat. Il portait fidèlement au trésor de Pharaon tout le produit des blés amassés dans l'abondance et vos ministres se partagent tous les ans, en secret, les dizaines de millions qu'ils ravissent sur vos peuples, gardent le *tacet* sur l'énigme, se servent de votre nom et de votre puissance, surprennent votre bonne foi et trompent votre confiance de plusieurs manières.

Ils ne nient pas qu'ils ont formé une conjuration secrète contre Votre Majesté et contre tous ses sujets, par un pacte avec le démon, pour affamer votre royaume en la manière que le font vos cinq grosses fermes et les droits réunis ; mais se jouant de votre crédulité, ils vous attribuent l'honneur de l'imprévoyance. Ils vous flattent, Sire, de distribuer à vos peuples, dans tous le temps de disette et de cherté, qu'ils savent provoquer et entretenir facilement par leurs manœuvres, des secours que ni vous ni eux-mêmes, ô mon roi, ne donnent pas, puisqu'ils les vendent très-chèrement à leur profit. Hélas ! le dirai-je ? ils vous présentent, Sire, à la nation, tantôt comme un marchand revendeur de leurs blés, au plus haut prix possible ; tantôt calomniant votre règne aussi bien que votre personne sacrée, ils vous font passer pour un monopoleur ; tantôt (c'est avec les larmes et la rougeur de la honte que je le trace), ils vous attribuent par ces furtives opérations en votre nom, d'être l'oppresseur et le tyran des Français, quoique vous ne le soyez pas, et le plus souvent comme l'auteur des maux de votre royaume, ou tout au moins comme l'auteur de leur monstrueuse conjuration que vous ne pouvez pas soupçonner.

Mais, Sire, sans qu'il soit besoin de rassembler tous les motifs qui justifient la droiture des intentions de Votre Majesté pour les peuples ; il suffit à tout le monde de savoir qu'il n'est point d'exemple qu'un monarque pût se porter contre lui-même en agissant contre sa monarchie, et qu'il n'en est point aussi qui ait jamais voulu contre sa conscience son honneur et la gloire, s'entendre avec ceux dont il saurait être trahi, pour faire divorce avec ses sujets soumis et dociles, qui, de bonne volonté, lui paient tous les ans autant de tribut de leur amour et de leur obéissance qu'il lui plaît exiger, quoique le pacte, fait frauduleusement, soit passé au nom de mon souverain Louis XV. Je suis bien sûr que tous les millions, ou plutôt les milliards, extorqués des Français depuis 1729 par messeigneurs les conjurés, il n'en est pas entré un sou au trésor royal. De là, ne faut-il pas conclure que mon prince, par trop de confiance, est trompé, et qu'il ne sait pas même si on le trompe, ni comment on le pourrait faire si hardiment ?

Cependant rien n'est plus certain que Dieu m'en a fait découvrir les preuves sans nombre, et le pacte même dont M. de Sartine m'a ravi des copies, en même temps qu'il m'a englouti dans les prisons. En voici les clauses principales :

(Suit le texte du marché.) (1)

. . . .

. . . .

On nomme le S. Gouyet pour caissier général à qui l'on ordonne de rendre ses comptes, et dresser les états de répartitions des produits de l'entreprise au mois de novembre de chaque année. Enfin, par le vingtième et dernier article, on offre à Dieu, pour bénir cette infernale entreprise, *1,200* livres à distribuer aux pauvres dont on va sucer le sang, et

(1) Voir plus loin.

M. DE LAVERDY signe au nom du roi quatre expéditions de ce bail qui me semble du style du S. Cromot.

..... A cette infernale machination, suivant les découvertes que j'ai faites, sont intéressés : 1° Trois intendants des finances; 2° trois lieutenants de police; 3° *six ministres* (dont LE PREVOT de Beaumont indique les noms) ; 4° des membres du parlement de Paris, amis de M. de Laverdy et de Sartine, Boutin et Langlois; 5° les Cromot et autres premiers commis de ceux-ci, indépendamment de tous ceux que je ne connais pas mais qu'il serait très-facile de connaître tout d'un coup par les moyens que je pourrais donner à votre majesté, si elle daignait vouloir s'en assurer pour y remédier sans peine.

Presque tous les contrôleurs-généraux depuis M. Dodim et presque tous les lieutenants généraux de police, sans en excepter M. Hérault, mon parent, sont entrés sucessivement dans ce fameux complot ; parce que tous n'apportaient à leur ministère qu'une ardente ambition et une rapace avarice. M. de Machault, en 1750 avait pour exécuteur de ses entreprises les nommés Bouffé et Dufourny.

Suivant la voix publique, M. de Laverdy, dans l'espace de son quinquennium au contrôle, avait dépensé trente millions à l'État. Tous ces contrôleurs-généraux, intendants des finances et lieutenants de police, ont dû prêter serment de fidélité entre les mains de Votre Majesté et tous l'ont trahie sans pudeur et l'ont mal servie. Il n'y a que messieurs vos chanceliers et les commandeurs de vos ordres qui qui ne se sont point engagés à ces monstrueuses iniquités, au lieu qu'un prince de votre sang n'a pas eu de honte de s'en rassasier au commencement de votre régne et avec tant d'ardeur que le public indi-

gné le salit de son vivant et publia à sa mort cette
sanglante épitaphe :

> Ci-git le grand duc de Bourbon
> Français, ne faites plus la mine !
> Il rend compte sur le charbon
> Des vols qu'il fit sur la farine (1).

S'occuper en tout temps, jour et nuit, à conniver, provoquer, fomenter et perpétuer, sinon de cruelles famines, du moins à forcer et entretenir sans cesse les plus longues et les plus grandes disettes, malgré les abondants et continuels secours que la divine Providence daigne nous accorder, régler à son gré la cherté des grains, sans que la nation sache comment, et fomenter le désordre parmi les sujets du roi : 1° par les sourdes manœuvres de certain nombre d'inspecteurs ambulants dans toutes les provinces pour les achats et sous les ordres d'un généralissime nommé Mallet; 2° par des milliers d'entreposeurs, de garde-magasins, de meuniers, de voituriers, de bateliers pour le transport des prétendus blés et farines du roi, de jour et de nuit, par terre et par eau, soit sur les mers en exportation, soit sur des rivières navigables en importation dans l'intérieur du royaume ; 3° par d'autres milliers de vanneurs, de cribleurs, d'acheteurs et de revendeurs, tant en grains qu'en farines mixtionnées, toujours au compte, mais pourtant à l'insu du roi, sous la protection de son nom et de son autorité, contre sa religion, sa conscience, ses intérêts et sa gloire, aux dépens même de la tranquillité, de

(1) Dans son testament qu'il écrivit pendant sa captivité à Vincennes, Le Prevot rapporte ce quatrain avec cette variante :

> Il n'est plus le duc de Bourbon,
> Qui faisait naître la famine.
> Il rend compte sur le charbon
> Des vols qu'il fit sur la farine.

la sûreté et félicité de la monarchie, nier à Dieu par l'ingratitude la plus monstrueuse, les récoltes abondantes que sa grande bonté ne cesse de départir aux Français, jeter dans les prisons de l'Etat tous ceux qui ont directement ou indirectement connaissance de l'entreprise, même ceux qui parlent innocemment de ces prétendus blés du roi, maquignonner, emprisonner, les enlever de leur prison sur de faux ordres de liberté, contrefaits par la police pour les livrer à d'autres geoliers qui les recèlent, et les persécutent sans cesse, qui les enchaînent dans les noirs cachots (j'ai été réduit à cet état l'espace de treize cent quatre-vingt-quatre jours) uniquement parce qu'ils veulent dénoncer, ou de peur qu'ils ne révèlent, ainsi qu'ils y sont obligés par les lois divines et humaines, les entreprises contre le roi et l'État.

Voilà, Sire, ce que font vos ministres et la police.

J'ai éprouvé bien d'autres horreurs jusqu'au 29 août dernier, que M. de Malesherbes m'a fait la grâce de me visiter dans ma prison et de me faire donner du papier en me promettant de rendre compte de ma détention à Votre Majesté sur la justice de laquelle je me repose maintenant; parce qu'un bon ministre ne faisant qu'arriver au ministère, ne pourrait pas démêler à fond l'immensité de la conjuration, dont Dieu a voulu me faire faire la découverte sans l'avoir cherchée.

Je me hâte de le dénoncer humainement au roi, à l'acquit de ma conscience et de mon devoir de citoyen. Il y aurait huit ans que j'y aurais satisfait si M. de Vrillère, peu soigneux, eût pu se persuader que la principale obligation de sa place était de prendre lui-même connaissance des prisonniers qu'il faisait et de les visiter tous les six mois, et si M. de Malesherbes, à qui j'ai donné l'éclaircissement de toutes choses, n'avait eu la lâcheté de trahir Votre Majesté par son silence, qui lui a fait prendre plus d'intérêt sans doute pour Messeigneurs ses confrères que pour ceux de votre Personne sacrée et pour ses sujets.

Dans les grandes disettes qu'occupèrent les opérations concertées avec la police, le public ne manque pas de se plaindre. De son côté, le parlement s'assemble, délibère et ordonne la recherche des causes de plainte pour en informer votre majesté; la police s'en alarme. S'il faut se montrer pitoyable; elle affecte de le paraître. S'il faut calmer les craintes, les défiances, les inquiétudes du public, faire semblant d'y prendre part ; elle le fait. S'il faut permettre des secours abondants, toutefois en les faisant chèrement payer ; elle les permet sachant en quel lieu elle les tient en réserve.

Mais faut-il avec une ingénuité feinte, tenir le langage du mensonge, accuser l'intempérie des saisons; rejeter sur elle le malheur des disettes, se plaindre de la Providence par de fausses déclarations au parlement pour arrêter ses recherches ? La police l'a fait. Des citoyens démontrent-ils avec l'éloquence de la vérité, par des écrits et des tableaux frappants, que les récoltes, quoique moindres que les précédentes, ne peuvent jamais causer en France ni disette ni cherté, quand il n'y aura pas de monopole ? Aussitôt elle met la main sur les ouvrages dont les preuves lumineuses l'accablent ; ou bien elle fait paraître avec ostentation de fausses réponses, rédigées conformément à ses desseins, par des écrivains faméliques qu'elle tient à ses gages, et toujours la Providence et la vérité sont attaquées par ces auteurs éphémères qui disparaissent pour faire place à d'autres, destinés à la même fin.

Les pauvres, ces âmes de Dieu, qui dans les crises fâcheuses de disette et de cherté provoquées, ne manquent pas de se multiplier, viennent mendier leur vie dans la capitale? La police les chasse, les poursuit, les arrête et les fait enfermer dans des granges à Saint-Denis. Les boulangers de Paris qui soupçonnent d'où vient le mal, sans en connaître les premiers auteurs, déclament-ils contre Malisset, contre la police, contre le gouvernement, alors la police envoie ses commissaires prier les déclamateurs de la part de M. de Sartine de ne point se plaindre de Malisset, parce qu'il est l'homme du roi. Cependant cet homme obscur et mal famé qui craint à la fin de succomber à l'imposture, demande-t-il (en 1768) aux seigneurs conjurés de vouloir résilier son bail ? La police de Paris, des seigneurs, le flatte, l'encourage, et lui prouve qu'avec sa protection et celle du roi, il achèvera son bail et en fera percevoir tous les frais immenses, jusqu'à la fin de ses douze années qui expireront en juillet 1777, sauf à le renouveler, à lui ou a un autre généralissime. Que des étourdis qui ne veulent s'en prendre qu'au roi même, comme s'il était la cause des calamités, osent murmurer, crier, placarder insolemment les rues de Paris d'injures contre mon souverain et menacer de brûler la ville ; La police, plus alarmée pour elle-même que des injures adressées à Votre Majesté, fait enlever, comme elle le doit, les placards que ces pratiques ont occasionnées. Elle arrête des innocents pour chercher des coupables, quoi qu'elle ne puisse se dissimuler que tous mes Seigneurs, conjurés avec elle, sont seuls auteurs de tous ces maux.

Enfin qu'il arrive comme en 1767 et 1768 par les secousses trop violentes de leurs manœuvres, des émeutes, des pillages et autres semblables soulève-

ments ; mais dans les provinces où le monopole de
mes seigneurs se fait sentir plus sensiblement, la
police, par les feuilles imprimées qu'elle y fait répandre, blâme les officiers de justice des villes provinciales de n'avoir pas su, à leurs dépens, prévenir
ces révoltes, ce qui, si on veut les croire, leur ont
mérité des dédommagements et des récompenses de
Votre Majesté. Voilà, Sire, sur ce sujet une petite
partie des pratiques publiques de M. de Sartines, à
présent ministre de votre marine.

Les conséquences de cette conjuration sont si pro-
fondes et si étendues, qu'on pourrait défier aux plus
habiles écrivains de notre siècle de les pouvoir rassembler toutes en un seul tableau, et s'il est peu de
personnes assez éclairées pour les démêler ; il en est
encore moins qui aient le courage d'en épuiser les
persécutions pour remplir le devoir de citoyen et de
dire la vérité sans la farder.

La plus grande partie des opérations de tout le
ministère de la France et de la police ne se rapportent
qu'aux succès de cette machination, depuis son
existence plus que centenaire. Elle régnait sous
Louis XIV; mais si elle a échappé à la vigilance du
fameux Colbert ; elle n'a pas, du moins, osé se montrer, ni se lier authentiquement en corps, elle n'opérait que par des permissions tacites. Le hardi Machault est peut-être le premier qui ait imaginé de
donner à bail la France entière. M. de Laverdy n'a
eu qu'à suivre le même plan, et tout autre le suivrait;
si son souverain, pardonnant aux coupables, n'y
mettait ordre de telle manière pour l'avenir, que ses
successeurs ne puissent se laisser surprendre aussi
bien que les peuples.

On ne peut, Sire, assez s'étonner jusqu'à quel excès
d'audace on a osé ternir et calomnier votre règne, en

se servant abusivement de votre nom, pour mettre
sur le compte de votre personne sacrée une ligue secrète, par laquelle on n'entreprend pas moins que de
mettre sourdement à contribution, chaque année, la
misère de plus de huit millions de pauvres, sans en
excepter plus de douze millions de sujets plus aisés.
Pesez cette conséquence : si par hypothèse, dans les
années d'abondance, la ligue par sa guerre intestine
est seulement venue à bout de faire enchérir de vingt
sous le boisseau de froment, elle a dû être assurée
déjà sans peine de plus de trente millions ; mais,
combien plus, lorsque la médiocrité des récoltes dans
toute ou partie de la France vient au secours de la
rapacité, pour hausser la vente du boisseau de blé
jusqu'au double et triple de son prix commun. Certes,
les dixaines de millions doivent aller par centaines.
La preuve s'en trouverait dans les états de répartition
et d'émargement ; si les intéressés n'avaient soin de
les brûler après avoir reçu leur contingent.

Oui, je l'ai dit et je le dis encore pour la dernière
fois : il n'a jamais été, depuis la création du monde,
de conjuration plus criminelle par sa nature, plus
énorme par son extension, plus ruineuse par sa
durée, et mieux soutenue dans son exécution ca-
chée, quoique évidente à toute la France, contre elle-
même. Que d'autres causes aient concouru aux calamités depuis un siècle, cela peut-être ; mais que les
famines et les disettes n'aient en d'autres principes
que les irruptions soudaines de cette sourde et monstrueuse entreprise, c'est de quoi l'on ne peut douter.

De ce grand monopole sont venues les famines et
les disettes de 1693, 1694, 1718, 1720, 1725, 1740,
1750, 1760, 1767 et 1768, et beaucoup d'autres
époques que je ne me rappelle pas maintenant. De
là la progression, l'augmentation si considérable des

biens fonds, depuis un siècle, celles des vivres de toutes espèces, des fermages des terres, des loyers, de la main-d'œuvre, des salaires et des gages. Pourquoi ? C'est que le blé, qui est le premier nécessaire et le premier besoin, règle,. par son prix forcé, celui de tous les autres besoins de la vie.

De là, les misères perpétuelles qui, durant la paix même, écrasent depuis si longtemps les peuples, sans que plus d'un milliard d'impôts et de droits de toute espèce, levés sur eux tous les ans, et dont, par des abus innombrables, une grande partie n'entre pas dans l'épargne de votre majesté, sans que les vexations particulières des publicains cessent d'augmenter au lieu de diminuer. De là, enfin, la dépopulation, le divorce, la langueur du commerce et de l'industrie dans une infinité de branches, l'abandon total de diverses manufactures qui étaient de grande utilité.

Signé : LE PREVOT.

———◆———

LETTRE QUI ACCOMPAGNAIT MA DÉNONCIATION AU ROI

SIRE,

Il y a tout à l'heure huit ans que je désire et que je suis empêché, jusqu'à ce moment, de dénoncer à Votre Majesté la découverte que Dieu m'a fait faire, de la plus indigne conjuration qui ait jamais existé. Elle s'exécute jour et nuit et en tout temps contre Dieu, contre votre règne et contre votre Etat. *Contre Dieu*, on dépouille son peuple chrétien, principalement les pauvres, qui sont ses élus ; on attaque jusqu'à son essence, en osant, avec la dernière ingratitude, nier ses bienfaits ou blasphémer sa Providence. *Contre votre règne ;* on séduit Votre Majesté, en la trompant; on abuse de son nom, de son autorité, de sa confiance; on calomnie sa personne sacrée, en mettant sur son compte les plus horribles brigandages. *Contre votre Etat*, on met sourdement vos peuples à contribution; on excite des alarmes et des émeutes; on provoque des disettes et des famines; on entretient continuellement par les opérations du grand monopole, la cherté des subsistances, même dans les années de la plus grande abondance.

De même que les effets naissent de leur cause, de même cette machination naît de plusieurs crimes qui en produisent une infinité d'autres. C'est un monstre, qui a pour père l'orgueil et le mensonge, pour mère, l'avarice et l'ambition, monstre, qui renferme dans son sein une mine désastreuse qui ne croît dans les ténèbres que pour se multiplier par une double multitude de forfaits.

N'est-il pas vrai que si tous vos sujets combattaient les uns contre les autres sans se connaître, le parti qui resterait victorieux ne pourrait jamais l'être qu'aux dépens de l'État, qui ne subsisterait plus alors que de ses propres ruines ? Jugez par là, Sire, quel désordre, quelle désolation, le pillage sourd et perpétuel des conjurations a causé à la monarchie, depuis son existence, bien des fois déjà plus que centenaire, et s'il ne faut pas tenir pour les plus grands ennemis de votre personne et de vos sujets, tous ceux qui en sont les auteurs et les exécuteurs.

Votre Majesté désire déjà savoir quels sont ces auteurs !..... Ce sont, Sire, presque tous vos ministres, anciens et nouveaux, qui, aussi infidèles qu'ingrats, se sont successivement ligués pour se faire un état d'opulence extrême, dans l'État contre l'État.

On voit, dans l'histoire de nos rois, très-peu de monarques qui n'aient été trompés, trahis, mal servis. L'ambition et l'avarice, qui ne peuvent jamais être rassasiées, ne diront jamais : c'est assez. Elles ont de tout temps mis les royaumes en combustion. Le bonheur des peuples dépendra toujours du choix des ministres, et de les surveiller sans cesse.

Je dévoilerai **encore** à Votre Majesté d'autres conspirations étrangères à ses ministres, sitôt que de sa part, monseigneur de Malesherbes m'aura mis en liberté, et je ne cesserai, en remplissant mon devoir de citoyen et de patriote, de prouver que je suis très-respectueusement,

Sire,

De Votre Majesté,
le très-humble et très-fidèle sujet,

Signé : LE PREVOT.

MES DÉFENSES

SIRE,

Vos ministres, depuis huit ans, m'ont mis en pénitence pour leur crime, pour l'avoir découvert, et de peur que je ne le découvre, quoique je ne doute pas, Sire, qu'il n'est jamais permis de se taire quand il s'agit de sauver tout le monde ; il est cependant aussi désagréable que malheureux pour moi, qui suis le plus petit de vos sujets, d'être obligé, n'ayant point de haine contre vos ministres, de les accuser, du fond d'un cachot, de causer seuls volontairement presque tous les maux de votre monarchie.

Le respect leur est dû, l'obéissance même ; mais pour leur plaire on ne doit pas inculper injustement la bonté de mon souverain des crimes de ses mauvais serviteurs. Il vaut mieux, dit saint Cyprien, découvrir les maux qu'on nous a faits, que de les cacher, sans espérance de remèdes ; à quoi le docteur Nicole ajoute, que le mal que l'on couvre en se taisant, est pire que celui que l'on découvre en parlant ; car quiconque peut empêcher le mal en le dénonçant et ne le fait pas, s'en rend responsable devant Dieu et devant les hommes, comme s'il l'avait commis. Je ne pourrais donc taire des conjurations sans y participer, trahir par le silence sans être traitre, ni renoncer mon Dieu, mon roi, ma patrie, sans m'en déclarer l'ennemi. « *Ce n'est pas seulement par l'exécution du mal projeté contre le prince ou contre son Etat, que l'on devient criminel,* disait M. le comte de Brionne, occupant la même place de Monseigneur Amelot sous le régne de la reine mère de Louis XIV ; *mais par le moindre essai dans lequel on se montre capable de le concevoir et de le tenter.* » Le plus grand ministre que la France puisse citer, le généreux et vaillant Sully, dit au vingtième livre de ses mémoires, « *qu'il n'y a que trop de ministres infidèles pour le malheur de l'Etat, que leur conduite est toujours équivoque par quelque endroit ; qu'il n'est pas rare d'en voir qui soient disgraciés par leur cupidité, leurs trahisons et leurs prévarications, et qu'il n'est pas rare non plus qu'ils méritent ce traitement par des procédés reprochables.* »

La loi universelle de tous les Etats, aussi ancienne que les Etats mêmes, fondée sur la loi naturelle, qui fut renouvelée en 1477, par Louis XI, déclare bien positivement que celui d'entre tous les sujets de la monarchie qui aura connaissance d'une conjuration contre la personne du roi ou contre l'Etat, et qui ne viendra pas la révéler, sera puni comme les auteurs mêmes du crime, et encourra les mêmes peines de la perte des biens, de l'honneur et de la vie.

C'est en conséquence de cette loi qu'il serait plus que jamais nécessaire de promulguer et remettre en vigueur en France, où il y a tant de traîtres aujourd'hui, que le fils du président de Thou perdit la vie sur un échafaud, non pour avoir conjuré (il n'en était pas capable), mais seulement pour n'avoir pas dénoncé la conjuration de Cinq-Mars, son ami. Combien plus serais-je coupable, si indifférent aux maux de ma patrie, je n'osais, par crainte ou par lâcheté, par respect humain ou par complaisance, par intérêt personnel ou par connivence, informer mon souverain de l'entreprise de ses ministres. Certainement s'il se pouvait qu'il y eût neuf millions de ministres coupables au service de Votre Majesté, les onze millions de vos sujets, qui ne sont pas moins mes frères que messeigneurs les ministres, seraient à préférer.

Maintenant, grâce à Dieu et louanges à mon roi, me voilà déchargé pour la seconde fois de ce terrible fardeau entre les mains de monseigneur Amelot. S'il vous est plus fidèle que monseigneur de Malesherbes, et si je ne suis pas encore délivré ; j'ai du moins lieu de l'espérer de la justice de mon roi, à qui j'aurai encore à dénoncer, aussitôt que je serai en liberté, d'autres conspirations étrangères à ses ministres, dont je n'ai parlé à personne. Je sais où sont les preuves. Mais sur combien d'autres objets d'importance, mon zèle et mon courage m'amèneraient à servir Votre Majesté aussi bien que l'Etat, sans aucune vue d'intérêt personnel, si je pouvais seulement obtenir sa protection.

Veuille mon Souverain, remédiant à toutes choses, mais usant de sa clémence ordinaire, pardonner à tous messeigneurs ses ministres que j'ai été obligé d'accuser; et quand il lui en faudra un pour la guerre, n'en point choisir d'autre que le grand maréchal de Broglie.

Certainement Votre Majesté ne sera jamais trahie par celui qui après l'avoir si bien servie, n'en est que plus capable de la bien servir encore. Le vrai mérite ne s'offre pas, au lieu que l'ambition, l'amour-propre et l'incapacité intriguent souvent pour occuper tous les plus hauts rangs.

Veuille aussi monseigneur de Malesherbes, pour faciliter en un point de conséquence l'exercice de son ministère et de la *décharge de sa conscience*, ne pas désapprouver, mais au contraire appuyer auprès de Votre Majesté le projet ci-joint, par lequel elle pourrait tout d'un coup extirper des milliers d'abus qui régnent de tout temps dans les prisons d'état! quoiqu'elle se soit réservé depuis deux ans la connaissance des lettres de cachet, et qu'elle ait voulu par là en arrêter l'abusive prostitution; M. de Sartine a bien trouvé les moyens de la tromper et de continuer les contrefactions d'ordres, les translations, les recèlements et les tyrannies. Mais ce projet, si Votre Majesté daigne l'agréer, préviendra tous les abus et tous les maux.

Je suis très-respectueusement,
Sire,
de Votre Majesté,
le très-humble et très-fidèle sujet.
Signé : LE PREVOT.

COPIE TEXTUELLE

DU TRAITÉ POUR LE MONOPOLE DES GRAINS

DANS TOUTE LA FRANCE

Appelé ; LE PACTE DE FAMINE

DÉCOUVERT PAR LE PREVOT

Nous soussignés, Simon-Pierre MALISSET, chargé de l'entretien et de la manutention des blés du roi ; Jacques–Donatien LE ROI DE CHAUMONT, chevalier, grand–maître honoraire des eaux et forêts de France ; Pierre ROUSSEAU, conseiller du roi, receveur général des domaines et bois du comté de Blois,

Et Bernard PERRUCHOT, régisseur-général des hôpitaux des armées du roi, tous cautions dudit Malisset, demeurant à Paris,

Après avoir examiné le *Traité* ou *Soumission* dont copie est ci-après passé, au nom du roi, par monseigneur le contrôleur-général, le 28 août 1765, audit Malisset, pour la garde, entretien, la manutention et le recouvrement des magasins des blés du roi, pendant douze années, dont la première a commencé le 1er septembre de ladite année 1763, avons jugé convenable de pourvoir, par ces présentes, au traitement à faire audit sieur Malisset, et subséquemment aux arrangements relatifs au commerce et aux renouvellements successifs des blés qui ont été confiés audit sieur Malisset ; en conséquence et pour remplir le premier objet, c'est-à-dire celui du traitement dudit sieur Malisset, nous, Roi de Chaumont, Rousseau et Perruchot, cautions dudit sieur Malisset, sommes convenus de ce qui suit :

ARTICLE PREMIER.

Il sera alloué audit sieur Malisset trois sous pour deux cent cinquante livres de grains qui entreront dans les magasins de Corbeil, et en sortiront en nature de grains et qui seront voiturés par ses voitures, et cinq sous par même poids sur les grains convertis en farine (1).

ARTICLE DEUX.

Il sera alloué audit sieur Malisset trente sous pour la mouture de tous les moulins qu'il emploiera soit à Corbeil ou aux environs, à raison du sac de blé pesant deux cent cinquante livres (2).

ARTICLE TROIS.

Il sera alloué audit munitionnaire huit sous de septiers d'issues et six sous par chaque baril que ses bateaux amèneront de Corbeil à Paris, à l'effet de quoi il sera obligé d'avoir à la disposition du service des bateaux suffi-

(1) En ne supposant que 300,000 sacs de blé et 100,000 sacs de farine du poids de 250 livres, voiturées par an, c'est déjà pour Malisset sur le blé, à raison de trois sous du sac, une somme de 45,000 livres, et sur la farine, sur le pied de cinq sous du sac, une autre somme de 25,000 livres.

(2) Partant toujours de la même supposition, la mouture seulement de 100,000 sacs de farine, à trois sous le sac, serait pour les meuniers 130,000 livres ; mais il est à présumer que Malisset payait moins et qu'il retirait sur cela un bénéfice.

samment en état (1). Il sera même tenu de faire garnir les bateaux de tous traits et de couvertures ou bannes, de telle sorte que la denrée ne puisse être avariée dans les bateaux, desquelles marchandises avariées ledit sieur Malisset sera responsable, comme il le sera aussi desdites marchandises, dans le cas de pertes de bateaux, soit qu'ils périssent par la faute des mariniers, par la fortune du temps ou autrement et par quelque cause que ce puisse être, renonçant de la part dudit sieur Malisset aux exceptions portées par les ordonnances, et reconnaissant que le prix fixé pour ses voitures ne l'a été que sous la condition qu'il rendrait toujours les marchandises à leur destination ou qu'il en paierait la valeur.

ARTICLE QUATRE.

Ledit sieur Malisset, dans les prix ci-dessus convenus, ne sera tenu du paiement d'aucun des journaliers qui pourront être employés au chargement et déchargement des bateaux dans les voitures et des voitures dans les magasins ; il sera pourvu au paiement de ces journaliers sur des états détaillés et certifiés qui seront remis tous les mois au directeur caissier, par ledit sieur Malisset, lequel au surplus ne sera chargé que des salaires des mariniers, charretiers et journaliers qui seront employés au criblage.

(3) Supposé la quantité de 300,000 sacs, la manutention du sac de grains, à huit sous, serait encore pour Malisset une somme de 120,000 livres, et le transport de 100,000 barils de farine, à six sous, une autre somme de 30,000 livres.

ARTICLE CINQ.

Il sera payé annuellement audit sieur Malisset une somme de cinq cents livres, au moyen de laquelle il se chargera d'affranchir tous les grains et farines employés dans ladite manutention, du droit de minage, pendant la durée du bail actuel du sieur Houillard (1) ou du sieur Malisset, ou du bail qu'il pourrait renouveler.

ARTICLE SIX.

Il sera alloué audit sieur Malisset dix boisseaux de son par jour, pour lui tenir lieu de reportage des sacs vides (2) de Paris à Corbeil et de Corbeil à Paris, et autres ustensiles appartenant à la manutention et pour l'entretien des chemins.

ARTICLE SEPT.

Enfin, il lui sera passé annuellement une somme de six cents livres pour lui tenir lieu de ses frais de voyage, même jusqu'à Nogent-sur-Seine et des dépenses qui peuvent être occasionnées par les différents marchands et commissaires qui vont journellement à Corbeil chez le sieur Malisset ; et dans le cas où il serait obligé de faire quelques voyages au loin, il sera tenu compte de ses frais de poste,

---

(1) Ces mots *pendant la durée du bail actuel du sieur Houillard*, prouvent qu'il a été fait, antérieurement au présent traité avec Malisset, d'autres entreprises à bail pour l'enlèvement des blés et qu'on se propose de continuer et renouveler en 1777, si aucuns ne s'y opposent.

(2) Ce son, à raison de 120 livres le boisseau, par jour, fait 2,190 livres par an. On voulait que les ânes du roi fussent bien traités.

lorsque la distance sera au-delà de vingt lieues de Paris.

ARTICLE HUIT.

Au moyen desquelles conditions le sieur Malisset s'oblige de faire conduire par ses voitures tous les grains qui arriveront à Corbeil, pour raison de ladite manutention et de les faire transporter des bateaux ou voitures dans les magasins près et loin. Il fera aussi faire par les mêmes voitures tous les portages de grains, farines et issues, soit dans les magasins, soit des magasins (1) aux bateaux et chez les marchands ou boulangers à résidence de deux ou trois lieues de Corbeil. Le sieur. Malisset fera cribler tous les blés qui entreront dans les magasins de Corbeil, et fera moudre tous ceux qui sont destinés à la mouture et il ne leur sera passé pour tout déchet que vingt et demi pour cent, sans toutefois qu'ils puissent profiter du déchet, s'il se trouvait moins considérable.

ARTICLE NEUF.

Ledit sieur Malisset voiturera par ses bateaux de Corbeil à Paris, tous les grains, farines et issues, qu'il sera jugé convenable de faire venir à Paris, sans qu'il puisse rien exiger au-delà de ce qui a été ci-dessus convenu, sous quelque prétexte que ce puisse être.

---

(1) On fait convertir beaucoup de blés en farine, parce qu'elle se vend plus cher que le blé, et que l'acheteur, qui ne calcule pas, croit y gagner la mouture. D'ailleurs le sac de farine tient deux tiers moins de volume pour l'emmagasinement et le transport.

ARTICLE DIX.

Ledit sieur Malisset sera tenu des impositions du vingtième, des tailles et autres accessoires, sauf à lui à en obtenir la décharge,
s'il y a lieu, conformément à son traité avec
le Roi. (1)

ARTICLE ONZE

Reconnaît au surplus ledit sieur Malisset
que par l'article 13 de sa soumission du 28
avril 1765 il est convenu qu'en cas de mort (2)
de sa part, ladite soumission serait résolue
de droit par rapport à lui, sans que les héritiers ou représentants puissent exercer aucuns droits ni prétentions pour raison d'icelle
et que lesdits sieurs Le Roy de Chaumont,
Rousseau et Perruchot, ses cautions, jouiront de tout l'effet de ladite soumission : en
conséquence, en cas de mort dudit sieur Malisset, il sera fait un inventaire, signé du caissier et desdits sieurs cautions, de l'état et situation de l'entreprise, pour les fonds qui
pourront être dûs audit sieur Malisset, être
remis à ses héritiers (3), après toutefois que
l'inventaire et contre mesurage des blés du

(1) C'est donc bien avec le Roi que le banqueroutier Malisset
traite, et Laverdy, comme ministre des finances, se réserve de le
décharger de toutes impositions.

(2) En cas que Malisset meure, ses prétendues cautions s'attribuent tous ses droits, afin que personne ne puisse acquérir ni
part, ni droit, ni même de connaissance sur le fond ou dans le produit de la Société.

(3) Les cautions associées n'entendent pas qu'aucuns Juges dé-
cident des droit de Malisset, ce sont eux-mêmes qui se chargent de
l'inventaire et des comptes de la situation de l'entreprise actuelle,
pour ne donner aux héritiers Malisset que ce qu'ils voudront.

Roi auront été faits, pour dans le cas où les quantités appartenant au Roi ne seraient point entières, lesdites quantités être complétées par les fonds de l'entreprise ou par ceux provenant de la succession dudit Malisset, si le défaut dans les quantités provenait de son fait et ledit sieur Malisset s'oblige, tant pour lui que pour ses représentants, de fournir pendant la durée de douze années, ses moulins, bâtiments et magasins actuellement existant à Corbeil, même ceux qu'il pourra acquérir et faire construire par la suite, se soumet aussi, ledit sieur Malisset à ne faire aucune mouture de grains, achat de blé ou vente de farine, transport de grains de chez les marchands et des magasins de dépôt à Corbeil ou ailleurs, que du consentement de la pluralité de ses cautions et à moins que les marchés (1) ne soient passés par le directeur qui sera nommé à cet effet. Toutes lesquelles clauses et conditions ont été acceptées par le sieur Malisset et garanties par lesdits sieurs ses cautions. Et lesdits sieurs cautions voulant pourvoir à la sureté de ladite entreprise, assurer le progrès du commerce, ont jugé convenable de former un fonds qu'ils augmenteront suivant l'exigence des cas et la contribution duquel ils trouvé juste de faire participer le sieur Malisset, pour lui procurer une portion de bénéfices, si aucun il y a, que

---

(1) Indépendamment des achats de grains dans les marchés, on voit que Malisset en faisait encore chez les fermiers et laboureurs, il paraît même qu'il se faisait pour cela des marchés ou sous traités par le directeur de l'entreprise, pour faire des achats ou enlèvements par d'autres particuliers que Malisset

pour le rendre plus attentif et plus vigilant, en le faisant contribuer aux pertes, si
les événements en produisent quelques unes.
En conséquence ledit sieur Malisset et lesdits
sieurs cautions sont couvenus de ce qui suit:

ARTICLE PREMIER.

La totalité des fonds d'avance sera distri-
buée en 18 sous d'intérêts et repartis savoir :

M. de Chaumont...............	4 sous.
M. Rousseau :.................	4 »
M. Perruchot..................	4 »
Le sieur Malisset.............	6 »
TOTAL.......	18 sous.

ARTICLE DEUX.

Les fonds convenus pour chaque sou d'in-
térèt resteront fixés, comme ils ont été faits, à
la somme de 10,000 livres (1) sauf, suivant les
circonstances, à les augmenter ou diminuer,
ce qui ne pourra être arrêté que par une délibération signée au moins de trois intéressés.

ARTICLE TROIS.

Le sieur Roy de Chaumont, Rousseau et

---

(1) La fixation à 10,000 livres par sol, qui ne fait pour 18 sols
que 180,000 livres d'avance, n'était qu'un déguisement supposé ;
car il a fallu des millions pour approvisionner les magasins cons-
truits et ceux à construire dans tout le royaume, et remplir les
voitures, les bâteaux et les navires qui allaient d'un port à l'autre.
Ce qui le prouve, c'est que toutes les parties d'entreprise réunies,
estimées bien au-dessous de ce qu'elles sont dans l'exécution, se
montaient déjà pour Malisset à 260,000 livres de charge, sans le
gros bénéfice de six sols d'intérêt.

Comme il avait deux sous d'intérêt sans fond, on ne peut
guère douter que les 4 sous d'intérêt qui restaient sous son nom ne
fussent pour M. Laverdy qui ne devait pas se montrer.

Perruchot sont convenus pour exciter d'avantage le zèle et l'émulation dudit sieur Malisset, de lui donner deux sous, sans fonds, sur les six pour lesquels il est compris dans la présente soumission. En conséquence ledit sieur Malisset ne sera tenu de faire les fonds convenus que pour quatre sous seulement.

ARTICLE QUATRE.

Le sieur Goujet a été choisi et nommé pour directeur et caissier de ladite entreprise, sous le cautionnement du sieur Perruchot (1).

ARTICLE CINQ.

Il sera pourvu incessamment au logement dudit sieur Goujet tant pour lui que pour les bureaux de l'entreprise qui seront établis dans le même lieu.

ARTICLE SIX.

MM. les intéressés tiendront leurs assemblées dans la maisons dudit sieur directeur caissier, et tous les papiers, titres et comptes de l'entreprise y seront déposés sous la garde dudit sieur directeur caissier.

ARTICLE SEPT.

Il sera pourvu aux appointements, frais de bureaux et de loyer dudit sieur Goujet par une délibération qui sera signée au moins de trois intéressés.

ARTICLE HUIT.

Les appointements dudit caissier, ceux des

(1) Ils étaient parents.

autres employés, les frais de bureau et ceux de loyer seront payés par ledit sieur caissier, sur des états qui seront arrêtés à la fin de chaque mois et signés au moins par trois intéressés.

ARTICLE NEUF.

Il sera arrêté, tous les trois mois, un état d'intérêt à raison de 10 pour cent des fonds de mise et tous les ans, après le bilan ou inventaire général de l'entreprise, il sera pris une délibération pour la répartition des bénéfices, si aucun il y a, et le montant desdits intérêts, ainsi que celui de la répartition des bénéfices sera payé par le caissier, sur les états qui seront signés au moins de trois associés.

ARTICLE X.

En conséquence du dernier bilan, clos et arrêté au dernier novembre mil sept cent soixante-dix, il sera réparti provisoirement, à chaque sou d'intérêt, la somme de 2,800 livres, qui sera payée par le caissier sur l'état arrêté et signé au moins de trois intéressés.

ARTICLE XI.

Toutes les reconnaissances qui ont été fournies jusqu'à présent, à chaque intéressé par les fonds d'avance, résultant de leurs intérêts, seront converties en des récépissés du caissier, sous les mêmes dates et qui seront contrôlés par un intéressé.

ARTICLE XII.

Le compte de ladite entreprise sera fait et

rendu par le directeur et arrêté annuellement,
signé au moins de trois intéressés, pour servir de base et de compte général aux représentants d'aucuns des intéressés qui pourraient décéder pendant la durée de ladite
entreprise, étant convenus respectivement,
lesdits sieurs Malisset et ses cautions, qu'arrivant le décès d'aucun intéressé, son intérêt
accroîtra aux autres par portion égale, et ses
représentants ne pourront répéter que les
fonds de ladite mise, les intérêts à dix pour
cent jusqu'au jour du remboursement de ladite mise et la portion à lui revenant dans
les bénéfices arrêtés par le dernier compte,
au moins sur les fonds de mise, s'il se trouvait perte au dernier compte.

La convention portée au présent article
n'aura lieu, néanmoins, qu'autant que le ministère se prêterait à décharger les biens,
meubles et immeubles de l'intéressé décédé,
du cautionnement solidaire, et dans le cas où
le cautionnement subsisterait, alors que les
héritiers ou représentants jouiront de l'intérêt
entier, pour participer aux pertes et bénéfices, et il est seulement convenu que les héritiers ou représentants se contenteront, pour
établir leurs prétentions, de la copie signée
et certifiée des autres intéressés, du compte
arrêté annuellement, de la situation de l'entreprise et des différentes délibérations, ordres de paiement et autres arrêtés faits pendant chacune desdites années jusqu'à l'expiration de la commission du sieur Malisset,

acceptés au nom du roi par monseigneur le contrôleur général (1).

ARTICLE XIII.

Aucun intéressé ne pourra céder son intérêt en tout ou en partie, sans le consentement unanime des autres intéressés et arrivant qu'il fût fait une cession au préjudice de la présente clause, il est ici expressément convenu que les intéressés auront la faculté de réunir l'intérêt cédé en remboursement seulement au cessionnaire, le capital du cédant et les intérêts à cinq pour cent du jour de l'acte de cession et en lui tenant compte des bénéfices, ou en lui faisant supporter les pertes, depuis le dernier compte, comme il est dit en l'art. XII.

ARTICLE XIV

Le directeur sera autorisé à passer des marchés conformément aux délibérations : il sera tenu d'en faire approuver les clauses et conditions, avant la signature par deux intéressés et aucun d'iceux ne pourra pas faire de marchés particuliers, à l'exception du sieur Malisset qui pourra vendre des sons et

(1) On fait assez pressentir par cette disposition qu'on est dans l'habitude de se pourvoir vers le ministère des finances, pour cette décharge, ce qui, suivant les articles 5, 10 et 20 des engagements de Malisset, ferait soupçonner que les traités pour l'enlèvement et enchérissement des blés étaient également rédigés et permis par M. Bertin, qui comme M. de Laverdy, a fait trop de mal dans le ministère pour n'y avoir fait aucun bien. Dans le cas où un contrôleur général ne voudrait pas se prêter à commettre ces infamies, sous le nom du Roi, on fait entendre qu'on accordera, par un sacrifice volontaire, l'intérêt en entier aux héritiers de l'intéressé décédé, plutôt que de laisser l'autorité ordinaire pénétrer dans la mystérieuse entreprise.

farines jusqu'à concurrence des 3,000 livres à charge de faire enregistrer les ventes qu'il aura faites dans le jour. (1)

ARTICLE XV

Aucuns des intéressés, directement ou indirectement, ne pourront entrer dans aucune société pour raison du commerce des grains et farines à Paris, ni sur les rivières de Seine et de Marne, et autres navigables, affluentes en icelles, que de l'agrément par écrit des autres intéressés, sous peine d'être exclus de la présente entreprise, à l'exception de M. de Chaumont, relativement à sa manufacture de Blois ou à son commerce maritime.

ARTICLE XVI

Il sera tenu toute les semaines au jour qu'il sera convenu et dans l'appartement qui sera destiné à cet effet, dans la maison du caissier, une assemblée pour conférer des affaires de l'entreprise et pour engager d'autant chaque intéressé à s'y trouver exactement, il sera payé par le caissier, en conséquence de l'état qui sera arrêté à la fin de chaque assemblée, un louis d'or de 24 livres à chaque intéressé présent (2).

ARTICLE XVII

Chaque jour d'assemblée, le caissier remet-

(1) Cette petite vente particulière de son et de farine à raison de 3000 livres par chaque jour, faisait pour 300 jours 933,000, sans parler des recettes de blé qui se montaient à plusieurs millions.

(2) Il se tenait des comités extraordinaires lorsque quelques avis du peuple faisaient craindre une de ces insurrections qui ont été si longtemps des crimes avant que de devenir des devoirs.

tra un état des fonds de la caisse, un second état de situation de l'entreprise en actif et passif et un troisième état des quantités de graines et de farines qui seront dans les différents magasins et entrepôts.

ARTICLE XVIII

Il sera pourvu aux instructions à donner au caissier directeur tant pour la comptabilité que pour la correspondance et les autres opérations relatives à ladite entreprise par des délibérations qui seront signées au moins de tous les intéressés.

ARTICLE XIX

Il sera délivré annuellement une somme de 1200 livres aux pauvres, laquelle sera payée par quart par le caissier à chaque intéressé pour en faire la distribution ainsi qu'il jugera convenable (1).

ARTICLE XX

Ratifions en tant que de besoin les arrêtés, délibérations et autres actes précédement faits comme ayant été jugés nécessaires au bien et à la sûreté de l'entreprise.

Fait quadruple à Paris. . . . . .

Suivent les signatures.

Le bail ci-dessus, consenti par *de Laverdy* était passé en 1765. C'était le troisième depuis 1729 ; il fut encore renouvelé en 1777 par *Taboureau de Reaux*, qui ne fit que paraître au ministère des finances. Ce dernier bail expira juste trois jours avant le premier acte de la

______

(1) Faire l'aumône à ceux que l'on affame!

LETTRE DE LE PREVOT

A M. JEAN-P. BLANCHON, DÉPUTÉ

A L'ASSEMBLÉE NATIONALE

Monsieur,

« Mes affaires ayant été renvoyées hier au Comité des Lettres de cachet, j'ai voulu commencer à le connaître ce matin et rien ne m'a plus surpris que d'apprendre que le bureau n'est point monté; qu'il est fermé; que les quatre membres n'y ont point encore travaillé; qu'il ne s'y trouve quelquefois qu'un ancien commis de l'Assemblée constituante, que les pièces en ont été emportées par M. *Lecamus*, sous le prétexte de les garder. Voilà les affaires du public bien en sûreté dans les mains d'un membre ministériel, pour anéantir toutes celles qu'il voudra; il faut pourtant bien vite les retirer; prendre son affirmation de n'en retenir aucune et l'en décharger s'il les rend.

Vous avez été nommé, Monsieur, pour le retrait avec M. *Baudin*, mais votre collègue a le transport au cerveau depuis trois jours.

révolution, la prise de la Bastille, le 14 juilet 1789. Il n'est pas besoin de dire qu'il ne fut suivi d'aucun autre.

Quelques jours après la prise de la Bastille, le caissier de l'association fut trouvé assassiné près St-Germain-en-Laye. Ses papiers et son portefeuille disparurent, et ses complices se dispersèrent pour ne plus se réunir jamais.

La Révolution eut pour premier honneur et pour premier bienfait de mettre fin à cette odieuse spéculation.

(Voir l'ouvrage de M. Victor Modeste, agrégé de l'institut, intitulé : *De la cherté des grains*, 1854).

Sa maladie peut être longue. En ce cas, daignez vous faire donner un autre adjoint ; demandez aussi quatre commis de bureau pour préparer et mettre les affaires en état d'être rapportées à tour d'ancienneté. Proposez-moi de les disposer en qualité de premier commis du Comité, et je vous assure qu'il ne se passera pas de semaine qu'il n'en soit expédié plusieurs en bon état de rapport, et qu'il n'en restera pas à la fin de l'Assemblée actuelle. Je suis la principale des victimes d'Etat ; mais comme partie, c'est à MM. les commissaires à rédiger le rapport de l'affaire qui me regarde sur toutes les pièces que je produirai. Au lieu de quatre membres du Comité, on eût dû en nommer huit, eu égard à la quantité d'affaires qui sont à expédier. Ceux établis par l'Assemblée constituante n'en ont pas expédié une seule. Ils ne sont pas même venus reconnaître leur bureau ; le fameux Mirabeau n'y est jamais entré : jugez de la formation de ce Comité. Les autres de l'Assemblée constituante ne faisaient rien, non plus, pour le public et tous ne s'occupaient, dans les derniers temps, qu'à augmenter la puissance du roi et à altérer les décrets constitutionnels. On prodiguait les fonds de la nation à des intrigants astucieux, auxquels il n'était rien dû, de préférence aux malheureuses victimes d'Etat qu'on n'écoutait pas. Le public indigné s'est refroidi et maudissait, sur la fin, ce qu'il avait tant admiré. Il est bien important pour la seconde législature de montrer de l'énergie contre le pouvoir exécutif. Ce sera toujours la force du peuple qui soutiendra les Assemblées, quand il se verra lui-même *soutenu d'elles*..

On ne peut être, Monsieur, avec plus de dévouement fraternel que je suis,

« LE PREVOT DE BEAUMONT. »

Le 20 octobre 1791, cloître Saint-Germain-l'Auxerrois, à côté de l'ancien presbytère.

—

PÉTITION
A L'ASSEMBLÉE NATIONALE.

« Législateurs,

« C'est votre décision que je sollicite auprès de vous, avant que vous vous retiriez, et que le procès soit fait au ci-devant roi, qui m'oblige à revenir toujours par pétition d'urgence (1).

« Daignez, Messieurs, ordonner à M. *Rever* de vous lire le petit travail qu'il a fait depuis huit mois en faveur des victimes du pouvoir arbitraire : c'est l'affaire de quatre à cinq minutes qui vous mettront à même de prononcer sur la réclamation que je fais depuis trois ans. Le fond de ma cause regarde la nation entière ; mais la victime qui ne demande qu'à l'auteur de ses maux n'est point satisfaite et elle vous supplie de décréter son sort dans votre justice et votre sagesse.

« J.-C.-G. LE PREVOT DE BEAUMONT,

« *Prisonnier d'Etat dans cinq prisons durant vingt-trois ans, pour avoir découvert et dénoncé cinq pactes de famine renouvelés de douze ans en douze ans, depuis 1729 à 1789, qui ont été exécutés par Louis XV et Louis XIV contre les Français.* »

(1) Cette pièce est écrite à onze mois de distance de la précédente.

« Législateurs,

« Par décret du 13 décembre 1790, l'Assemblée constituante a reconnu et déclaré que tout citoyen qui a bien mérité de la patrie et servi la nation, qui a pour elle sacrifié son intérêt particulier ou qui souffre des tyrannies du despotisme, par des considérations, des pertes et des malheurs inévitables, avait droit de prétendre aux bienfaits de la nation, et l'Assemblée constituante, considérant par principe d'équité qu'une juste indemnité leur est due, a indemnisé sur le champ les sieurs *Debacque* frères, *Chapellon* et *Touchard*, armateurs d'un navire à eux pris par les Algériens. Vous avez vous-mêmes, Messieurs, décrété 300,000 livres de provisoire pour les habitants d'un faubourg de Courtray qu'avait incendié l'un des aides de camp du traître fugitif *Lafayette*, nommé *Jarry*.

« A bien plus forte raison accorderez-vous un sort à des Français connus des meilleurs patriotes, qui, comme moi, ont combattu les despotes et dénoncé les manœuvres tyranniques des rois ét de tous les ministres, accoutumés jusqu'alors à faire naître onze cruelles famines générales dans les provinces du royaume, depuis 1729 jusqu'en 1789. Ces famines, durant soixante ans, n'ont cessé de provoquer la Révolution actuelle qui, par un bonheur que je *n'espérais plus, m'a rendu tout nu à la vie et à la liberté*.

« Actuellement et depuis *trois ans* je ne subsiste péniblement que par la générosité de plusieurs compatriotes. Par nombre de

pétitions, je sollicite les Assemblées natio-
nales et je produis des preuves insurmonta-
bles. Le rapport est imprimé et vous est dis-
tribué. Il ne faut plus qu'un moment. Daignez
donc opiner et décider mon sort. Ce sera finir
vos séances par un acte d'humanité et de
justice.

« LE PREVOT DE BEAUMONT.

« Ce 19 septembre 1792. »

Deux mentions en marge font connaître que
cette lettre fut lue à l'Assemblée nationale et
que l'ordre du jour fut adopté.

Monsieur le Président,

« Ma cause, qui est aussi celle de l'Etat, est
en état et à l'ordre du jour. Le rapport par la
volonté de l'Assemblée est imprimé et distri-
bué à tous MM. les députés depuis cinq à six
jours. La misère qui me *poignarde* de plus
en plus, pour subsister depuis trois ans, me
fait vous conjurer de mettre ma cause aux
voix pour faire sortir le décret qui doit terminer mon sort. C'est l'affaire de deux minutes
de discussion. Que l'humanité, la pitié, la générosité vous engagent à cette bonne œuvre,
au moment des pétitions.

Je suis avec respect,

Monsieur le Président,

le malheureux prisonnier d'Etat en cinq en-
fers, après vingt-trois ans de détention et de
tortures imméritées,

J.-C.-G. LE PREVOT DE BEAUMONT.

Ce 19 septembre 1792.

En marge on lit : « Décrète que le rapport sera fait à la séance de demain au soir. »

Signé : « MARBOS. »

Monsieur le Président,

« Je me présente pour vous rappeler mon ajournement d'hier à aujourd'hui, dont j'ai prévenu M. *Rever,* mon rapporteur : Daignez épier le moment qui vous paraîtra m'être favorable pour demander les voix de l'Assemblée sur mon sort. Beaucoup de ministres et de financiers, auxquels il n'était dû que des punitions, depuis trois ans, ont obtenu des sommes énormes sur les fonds de la nation *et je ne demande que de quoi subsister à l'âge de soixante-huit ans,* et pour pouvoir la servir encore en des points de haute considération. Réservez-moi à poursuivre mes persécuteurs devant les tribunaux : *Laverdy, Sartines, Boutin, Malesherbes, Albert Amelot, Lenoir, Breteuil, Villedeuil, de Crosne,* et autres émigrés qui ont laissé de gros biens en France et qu'on n'a point décrétés.

J'ai l'honneur d'être bien respectueusement,
Monsieur le Président,
Votre très-affectionné frère,

LE PREVOT DE BEAUMONT.

Ce 20 septembre 1792.

En marge on lit : « Le rapport doit être fait ce soir. »

PRISONNIERS D'ETAT
CITÉS PAR LE PREVOT

Le Prevot cite comme ayant été prisonniers d'Etat de son temps à Vincennes :

« Le comte de Mirabeau, Maser de Latude, le baron de Venac, le sieur de Boctey, le marquis de Chabrillant, le marquis de Falaise, M. Indivort-Roster, ambassadeur de Russie, un valet de chambre du Roi, une dame Binet, un prêtre curé, un principal commis de Versailles, un comte dont il a oublié le nom. »

Comme compagnon de captivité à la Bastille, il cite :

« Un Duc traité pour les grands remèdes par ordre de ses parents, parce qu'il avait gâté sa femme qui était d'aussi grand nom que lui, les deux fils, batards de Phelippeaux, deux frères logés ensemble dont l'un était militaire, deux magistrats d'un parlement, un munitionnaire d'armée de France, un imprimeur, un petit nain qui se vouait bêtement à la prison, par le conseil du docteur Taff et que le ministre Malesherbes a forcé de sortir en 1776 (de préférence à moi, dit Le Prevot, qui lui demandait ma liberté à juste titre). Un sieur Mamount et un sieur d'Henry.

(V. le prisonnier d'Etat).

LES PRISONS D'ETAT

SOUS LOUIS XV

Sous Louis XV on comptait 24 prisons d'Etat proprement dites.

Ces prisons étaient :
1. Le château du Taureau,
2. Le château de Saumur,
3. Pierre—Encise,
4. Le château Trompette,
5. Le fort de Bréhon,
6. Le mont Saint-Michel,
7. Le château du Ham,
8. L'île de Sainte-Marguerite,
9. Saint—Lazare, à Paris,
10. Bicêtre, id.,
11. Charenton, id.,
12. Angers,
13. Nancy,
14. Rouen,
15. Tanlay,
16. Amboise,
17. Armentières,
18. Lille.
19 Château—Thierry,
20. Romans,
21. Cadillac.
22. Pontorson,
23. Poitiers,
Et 24. La Bastille.

Les femmes avaient pour prison et souvent pour tombeau :

Le Refuge, à Dijon,
  Les Annonciades, à Clermont,
  La Madeleine, à la Flèche,
  Notre-Dame de la Charité, à Guinchamp,
  Les Ursulines, à Chinon,
  Les Hospitaliers, à Gomont,
  La Salpétrière, à Paris,
  Le château de Valdonne,
  Sainte-Pelagie, à Paris,
Et Les Madelonnettes à Paris.

Dans la séance de l'Assemblée nationale du 4 janvier 1790, M. *Freteau* dit qu'en 1779, il existait dans Paris seulement *trente-cinq prisons secrètes* ou *petites Bastilles* plus ou moins ignorées qui contenaient plus de prisonniers que les prisons du Chatelet et du Palais.

(Voir *Dussaulx*).

LE GOUVERNEMENT

DU CHATEAU ROYAL DE LA BASTILLE EN 1783

1776. M. le marquis de Launay, capitaine et gouverneur.

1768. M. le chevalier de St-Sauveur, lieutenant pour le Roi.

1749. M. Chevalier, major.

1775. M. le Bailli de Gallardon, adjoint et en survivance.

1782. M. Delosme, officier-adjoint à l'état-major.

1765. M. Larcher d'Aubancourt, ingénieur en chef et directeur des fortifications au Gros-Caillou.

1768. M. Delon de Lassaigne, médecin du Roi, rue des Marais, faubourg St-Germain.

1750. M. Lecoq, chirurgien et apothicaire major.

1779. M. Bottin des Essarts, chapelain du château, rue de Long-Pont.

1764. M. Taaff de Gaydon, ancien confesseur à Ste-Croix de la Bretonnière.

1782. M. l'abbé Duquesne, confesseur, rue St-Louis.

M. l'abbé Mac-Mahon, honoraire.

M. l'abbé de Faverly, honoraire, garde des archives des châteaux royaux de la Bastille et de Vincennes.

1774. M. Duval, rue Portefoin.

1782. M. Martin, hôtel de la Police.

1774. M. Chenon, père, commissaire de la police, rue Baillette.

1755. M. Le Faivre, entrepreneur des bâtiments du Roi et du château de la Bastille, rue Beaubourg.

———

ACTE DE BAPTÊME DE LE PREVOT

DE BEAUMONT

Du 26 de novembre 1726, JEAN-CHARLES-GUILLAUME, né d'hier du légitime mariage de Mre Guillaume *Prevost*, Procureur de ce siége et de Marie-Marguerite *Duval*, a été baptisé en cette église par nous curé soussigné et nommé par Jean-Charles de *Cacray*, écuyer, sieur de Bréval et par demoiselle Anne *de Blanfuney*.

Signé : Anne *Blanfuné*, J.-C. de *Caqueray*, et *Le Prevost*.

Extrait des registres de baptême de l'église de Beaumont-le-Roger, déposés aux archives du greffe de Bernay.

ACTE DE DÉCÈS DE LE PREVOT

Du samedi vingt-deux décembre mil huit cent vingt-trois, cinq heures du soir :

Devant nous, adjoint au maire de Bernay, chargé des fonctions d'officier public.

Acte de décès du sieur JEAN-CHARLES-GUILLAUME *Le Prevôt*, vivant de son revenu, décédé de ce jour à une heure après-midi à son domicile, rue de la Charentonne, à Bernay, âgé de quatre-vingt-dix-sept ans, né à Beaumont-le-Roger (Eure), fils de feu Guillaume Le Prevôt et de feue Marie-Marguerite Duval, sur la déclaration à nous faite par François *Vesque* et Jacque-Nicolas-Robert *Sausset*, cordonnier, demeurant à Bernay, le premier, rue des Fontaines, le second, place Royale, et de l'âge requis par la loi, lesquels ont signé avec nous après lecture.

Signé : *Sausset*, *Vesque*, et *Maisan*, adjoint.

Le 22 mai 1872, M. le docteur Cordier, aujourd'hui décédé, a adressé au Maire et au Conseil municipal de Bernay la lettre suivante :

« *A Monsieur le Maire de la ville de Bernay,*

« *A Messieurs les Conseillers municipaux,*

« L'humble soussigné a l'honneur de vous exposer :

« Que M. *Jean-Charles-Guillaume Le Prevot,* mort à Bernay, le 22 novembre 1823, après avoir eu le courage de dénoncer au Parlement de Rouen le Pacte de famine, en fut récompensé par vingt-sept ans de Bastille.

Qu'il importe à la ville de Bernay et non pas au romantisme de sortir de l'oubli ce grand nom.

« Que décédé dans la maison qui appartient présentement à M. *Bori*, il importerait à l'honneur de tous de remplacer le nom de la rue de la Charentonne (par celui de rue *Charles Le Prevot*), et de faire attacher, à la maison de M. *Bori*, une plaque de marbre noir, sur laquelle serait gravée en lettres d'or l'inscription suivante :

AU COURAGEUX DÉNONCIATEUR
DU PACTE DE FAMINE
MONSIEUR CHARLES LE PREVOT
DÉCÉDÉ DANS CETTE MAISON AGÉ DE 97 ANS
LE 22 NOVEMBRE 1823
RÉCOMPENSÉ DE SON DÉVOUEMENT
PAR 27 ANS DE BASTILLE

« A vous, Messieurs, de faire revivre le souvenir de ce nom historique. Alors la ville de
Bernay sera dignement honorée par son Administration municipale.

« Recevez, messieurs, mes sincères salutations.

« LE Dr CORDIER. »

Bernay, ce 12 mai 1872.

CURIEUX EXEMPLE

DE DÉTENTION ARBITRAIRE PRESQUE CONTEMPORAIN.

Si, grâce à nos lois et à nos institutions modernes, les détentions arbitraires sont devenues plus difficiles qu'autrefois, il ne faudrait pas croire cependant qu'elles sont aujourd'hui absolument impossibles. On pourrait, malheureusement, citer encore un certain nombre de cas qui, pour avoir été opérés de nos jours, avec une apparence de légalité, n'en ont pas été moins iniques au fond et moins odieux que celui dont Le Prevot a été victime.

En voici un, entre autres, que nous allons rapporter, d'après M. Jules Simon, qui en a eu personnellement connaissance, comme membre de la commission des grâces en 1848.

Tandis qu'il étudiait en cette qualité, avec l'attention d'un philosophe, les dossiers des malheureux qui réclamaient soit un adoucissement, soit une remise totale de leur peine ; il lui tomba un jour sous la main, la demande d'un malheureux, qui était *au bagne depuis 1815. « C'était, disait le dossier, un meurtrier et un incorrigible révolté. »*

Depuis 1815, il n'avait cessé de tenter des évasions, comme *Le Prevot de Beaumont*, et de se raidir sous les châtiments, en même temps qu'il en appelait à la clémence royale. Louis XVIII, Charles X, Louis-Philippe, sur les notes sommaires, venues du bagne, n'a-

vaient pu prêter l'oreille ni le cœur à l'appel
de ce forçat obstiné qui passait des mois entiers au cachot, après des bastonnades à faire
frémir.

M. Jules Simon eut l'idée, qu'on n'avait pas
eue sous le règne de Louis-Philippe ni sous
la Restauration, de consulter le dossier et de
se faire apporter les pièces du procès de cet
enragé forçat.

Que découvrit-il ?

Ce meurtrier était, tout simplement, un
soldat qui, en 1815, pleurant de rage de voir
Blücher et ses cinquante mille prussiens
dans Paris, s'était pris de querelle avec un
de ces insolents vainqueurs, et vengeant par
avance le pont d'*Iéna*, qu'on voulait faire sauter, avait assommé le Poméranien.

Traduit devant un conseil de guerre prussien, il avait été condamné à mort ; mais Blücher attendri, on ne sait pourquoi, avait com-
mué la peine de mort en celle des travaux
forcés à perpétuité, et ce brave, qui avait pleu-
ré nos hontes, que l'amour de la patrie et le
sentiment de l'honneur avaient fait meurtrier,
était au bagne depuis 1815, hurlant, criant,
se débattant sans se lasser, sous la flétris-
sure et les tortures de sa captivité.

Pendant 35 ans, l'administration française,
aveuglément soumise à la forme apparente et
à la légalité de l'écrou, faisait exécuter rigou-
reusement la sentence d'un conseil de guerre
et d'un général prussien, et pendant 35 ans,
le malheureux détenu, victime de cet absurde
respect de la forme, était noté comme insu-
bordonné et comme forçat dangereux, parce

qu'il en appelait sans cesse de la justice de *Blücher*, à la justice des Français.

Il n'était point détenu, il est vrai, en vertu d'une lettre de cachet et de la signature du souverain, mais le jugement d'un conseil de guerre ennemi, et la signature d'un général allemand valaient-elles mieux ? n'était-ce pas aussi arbitraire et plus révoltant encore ?

La première règle de la justice n'est-elle pas d'être jugé par ses pairs et non par ses ennemis ?

« *Nullus liber homo capiatur,* dit la grande charte des Anglais, *vel emprisonnetur aut exulet aut aliquo modo destruetur, nisi per legale judicium parium suorum.* »

« Qu'aucun homme libre ne soit arrêté ni emprisonné, ou exilé ou atteint de quelque autre manière, si ce n'est en vertu du jugement légal de ses pairs. »

Le jugement par ses pairs est en effet la méthode la plus parfaite que l'homme civilisé ait inventée pour l'administration de la justice et la meilleure garantie de la liberté personnelle, le plus précieux de tous les biens.

FIN

TABLE DES MATIÈRES

TABLE DES MATIÈRES

APPENDICE

—

BERNAY. — TYP. MIAULLE-DUVAL.